KB042285

한국갈등학회 공론화총서 **1**

KOREAN MINI-PUBLIC DELIBERATIONS

한국 사회 공론화 사례와 쟁점

── 한국형 공론화 모델의 탐색 ──

이강원 · 김학린 공저

박영사

필자들은 2020년 1월 30일과 31일 양일 간 영국 PHM(People's History Museum)에서 개최된 "2020 Democracy R&D Network" 연차회의에 참석하였다. 맨체스터에 있는 PHM은 영국 민주주의 국립 박물관으로 영국 민주주의 과거, 현재, 미래를 담고 있다. 영국 민주주의 사실이 PHM에서 미국, 유럽, 호주, 일본, 한국 등 각 나라에서 진행된 공론화의 경험을 기반으로 "민주주의 혁신"을 토론하는 자리는 상징적 의미가 있었다. 오늘날 정치적 양극화, 유권자의 무관심과 정치적 불신, 그릇된 정보 확산, 위임받은 정치인들이 복잡한 사회현안을 주의 깊게 처리하지 못하는 상황 등 민주주의 위기가 전 세계적인 현상임에도 유럽의 시민의회(Citizen's Assembly), 영·미권의 시민배심제(Citizen's Jury) 및 숙의여론조사(Deliberative Poll) 등 다양한 공론화 모델의 확산은 일반 시민의 숙의적 참여를 통해서 민주주의를 쇄신하고 공공정책의 신뢰성을 높이는 데 기여했다는 평가가 지배적이기 때문이다.

한국갈등학회와 한국사회갈등해소센터는 2019년에 숙의민주주의의 글로벌 네트워크인 "Democracy R&D Network"에 가입하였다. 2020 맨체스터 연차회의는 미국의 '시민배심제'를 창안한 Ned Crosby와 시민배심제를 세계적으로 전파하고 있는 제퍼슨센터의 Kyle Bozentko 소장, 독일의 Panning Cell을 창안한 Peter Dienel(작고)의 아들 Hans Dienel 교수 등 유럽과 미주 그리고 아시아에서 숙의민주주의 연구사 및 전문가 76명이 침석하였디. 공론조사(숙의여론조사)를 개발한 James Fishkin도 회원으로서 참석할 예정이었으나 사정이 있어 참석하지 못했다. 이 자리에서 한국 측 참석자를 대표하여 이선우 교수(한국사회갈등해소센터 이사장)가 신고리 원전 5·6호기 사례 등 한국사회의 공론화 경험을 발표하였는데, 놀랍게도 일부 참석자들은 최근 한국 사회에서 역동적으로 진행되고 있는 공론화에 대해 비교적 잘 알고 있었다. 또한, 참석자들은 한국사회의 공론화가 공론조사(숙의여론조사) 중심으로 진행되는 이유를 궁금해 했고 다양한 공론화 방식의 적용 가능성을 조언하기도 했다. Hans Dienel 교수는 한국 측 참여자들과 토론하는 과정에서 한국에서 "Panning Cell 기법"이 활용되지 않은 이유에 대해 질의하기도 하였다.

한국사회의 공론화 사례는 세계적 차원에서 관심과 연구의 대상으로 인식되고 있었다. 한국사회의 공론화 활용은 최근 정책결정의 영역을 넘어 중앙정부의 예산편성 과정까지 확장되고 있는데, 중앙정부의 예산편성과정에서 시민들의 숙의(공론화)가 연례적으로 진행되는 것은 세계적으로도 그 유례를 찾기 어려운 것으로 주목받았다. 또한, 한국의 공론화 사례의 특징인 "시민참여단의 높은 참여율"과 정부 주도의 공론화가 집중적으로 시도된 것도 관심의 대상이었다. 한편, 대부분의 연차회의 참석자들 역시 공론화와 관련하여 우리와 비슷한 고민을 하고 있다는 사실도 알 수 있었다. 대의민주주의와 직접민주주의 그리고 숙의민주주의와의 관계에 대해 우리와 마찬가지로 그들도 논쟁 중이며, 공론화의 효과성도 상황에 따라, 지역에 따라 그리고 주관자의 의지에 따라 각각 다를 수 있다는 인식을 공유하였다. 또한, 숙의에 참여하는 시민들을 무작위 추출(추첨)하는 과정에 조작의 문제점을 예방하거나, 실질적인 대표성을 담보하는 방안, 그리고 시민들이 충분한 정보를 받고 주의 깊고 열린 자세로 함께 토의하는 방법을 개선해야 할 필요성에 깊은 공감을 했다.

필자들은 그동안 한국사회의 공론화 경험이 축적되면서 공론화 사례에 대한 객관적 평가가 본격적으로 시도될 때라고 생각한다. 실제로 공론화를 바라보는 일반 국민들과 관련 전문가들의 시각은 긍정과 부정이 혼재하고 있다. 한국사회갈등해소센터가 한국리서치와 함께 매년 실시하고 있는 「한국인의 공공갈등인식」조사결과에 따르면, 공론화에 대해 국민적 인식은 긍정적 평가(공론화가 행정의 신뢰를 높이고 숙의민주주의에 기여)가 2018년 65%, 2019년 62%로 비교적 높게 나타나고 있지만, 부정적 평가(공론화가 책임회피수단으로 남용)도 2018년 52%, 2019년 53%로 절반이 넘고 있다. 또한 「2019년 공론화에 참여한 전문가조사(하동현·서정철, 2019)」결과에서도 전문가 대부분은 공론화의 긍정적 효능(92%)에 동의했지만 "졸속추진", "기관장의 책임회피 및 정책 결정의 정당화 악용", "획일적 신고리 모델 적용" 등을 공론화의 문제점으로 지적했다.

공론화가 우리 사회의 갈등 해결과 숙의민주주의에 기여하도록 긍정적 기능을 살리면서 공론화 과정에서 드러난 "졸속추진", "책임회피 우려", "찬/반 승부를 가르는 도구"로 왜곡되는 문제점은 시급히 개선되어야 한다. 신고리 5·6호기 공론화가 한국사회에 공론화의 효능을 확인시켜주고 공론화에 대한 사회적 관심을 증폭시키는 결정적 계기였지만, 사실 한국사회에서는 신고리 5·6호기 공론화 이전부터 다양한 형태의 공론화가 기획되고 실행되어왔고, 이러한 경험이 신고리 5·6호기 공론화 활동의 밑거름이 되었다고 할 수 있다. 구체적으로 2005년 8·31 부동산정책 수립과정에서 숙의 여론조사기법(Deliberative Poll)이 본격적으로 활용된 이후, 2007년 부산 북항 재개발사업, '2014 대한민국 미래비전 국민대토론회', 2015년 '사용후핵연료 공론화위원회' 활동 등에서 적용되었고, 울산 북구 음식물자원화시설 건립에 시민배심원제가 처음 적용되었다. 아울러, 일반 시민이 중심이 된 신고리 5·6호기 공론화와 달리, 이해관계자 중심의 합의형성(consensus building)형 공론화 활동도 진행되었는데, 2009년 '국립서울병원 이전 및 재건축 갈등 공론화' 활동과 2016년 '4·16 세월호 참사 안산시추모사업 공론화' 사례 등이 대표적이라 하겠다. 각각의 공론화 경험들은 하나의 정형화된 모델에 입각하기보다는 주어진 환경 속에서 해결해야 할 과제의 특성에 따라 다양하게 설계되고 실행되어 왔다. 그 결과 일부 사례는 '성공적이다'라는 평가가 나오기도 하고, 일부 사례는 '실패한 사례'로 평가되기도 하였다. 성공이든 실패이든, 각각의 사례는 완벽한 것은 없으며 우리들에게 극복해야 할 과제와 쟁점을 남겨주었다고 평가할 수 있다.

　본 연구는 한국 사회에서 실행된 사례들을 객관적인 분석틀과 필자들이 직접 참여하여 얻은 경험적 교훈을 종합하여 공론화 과정에서 드러난 문제점을 개선하고 한국형 공론화 모델을 탐색하려는 의도에서 기획되었다. 이러한 이유로 본 연구는 공론화 사례에 대한 분석의 객관성을 유지하면서도 공론화 과정에서 체득한 경험을 바탕으로 공론화 과정의 내적 역동성을 파악하는 등 종합적인 맥락을 이해하는 데 초점을 맞추었다.

　제1장 공론화 및 공론화 모델에서 우리는 한국 사회에서 진행된 공론화와 관련하여 몇 가지 유형화를 시도하였다. 우선, 합의형성을 지향하는 이해관계자 중심의 공론화와 찬반옵션 선택(의견분포 확인) 및 의제발굴을 도모하는 일반시민 중심의 공론화로 유형화했다. 비용과 편익이 분산된 대중적 정치 상황에서는 시민

중심의 공론화, 비용과 편익이 집중된 이익집단 정치 상황에서는 이해관계자 중심의 공론화, 비용과 편익이 불일치할 경우에는 혼합형 공론화 모델이 필요하다는 것을 제시했다. 그동안 한국사회에서 진행한 다양한 공론화 사례를 유형화하는 것은 공론화를 설계하고 기획하는 데 가장 핵심적 과제인 공론화 모델의 선택에 도움을 줄 것이다.

다음으로 제2장은 사례분석의 준거틀(framework)을 기술했다. 사례분석을 토대로 한국형 공론화의 일반적인 모델을 탐색하기 위해서는 다양한 사례를 하나의 준거틀로 분석하는 것이 필요하다. 본 연구에서 제시한 준거틀은 특정한 공론화 과정을 기획하고 실행할 때 반드시 고려해야 할 미시적 요소들에 주목하였다. 본 연구에서는 공론화 과정을 크게 1) 공론화 사전준비 단계, 2) 프로세스 설계 단계, 3) 참여 및 숙의 단계, 4) 결과 도출 단계로 구분했고, 각 단계별로 반드시 고려해야 할 핵심 요소들을 도출하여 각 사례를 분석하였다.

제3장은 그동안 진행된 공론화 사례 중에서 사례가 갖는 상징성과 필자들이 직·간접으로 참여한 경험을 중심으로 10개의 공론화 사례를 선택하고 2장에서 필자들이 구축한 준거틀을 바탕으로 사례를 분석하였다. 10개 사례는 연대순으로 구성됐으며 ▲ 국립서울병원이전 및 재건축갈등 공론화(2009) ▲ 2014 대한민국미래비전 국민대토론회 ▲ 4·16 세월호 참사 안산시추모사업 공론화(2016) ▲ 신고리 5·6호기 중단 및 재개 관련 공론화(2017) ▲ 학교생활기록부 신뢰도 개선 정책숙려제(2018) ▲ 2022년 대입제도 개편공론화(2018) ▲ 2018 국민참여예산제도 ▲ 광주 도시철도2호선건설 관련 공론화(2018) ▲ 2018 서울지역 균형발전 공론화 ▲ 제5차 국토종합계획수립을 위한 국민참여단 운영(2018) 등이다.

제4장은 결론 부분으로 본 연구를 통해 확인된 결과를 요약하고, 한국형 공론화 모델 탐색과 관련된 몇 가지 제안을 덧붙였다. 핵심적 내용으로 공론화 모델은 시안의 특성, 갈등 발생의 유·무, 공론화 목적 등을 종합적으로 고려하여 선택할 필요가 있다는 것을 강조했다. 또한 신고리 5·6호기 공론화와 2022년 대입제도개편 공론화에서 활용된 "시민참여형조사", 2018 서울균형발전 공론화 등에서 활용된 "공공토의 모델", 국립서울병원 이전 및 재건축 관련 공론화 및 4·16 세월호 참사 안산시추모사업 공론화에 활용된 "협의체 & 공공토의(또는 숙의여론조사)모델"은 외국의 사례에서 쉽게 찾아볼 수 없는 것으로 이를 보완하고 개선하여 한국형 공론화 모델로 발전시킬 것을 제안했다.

　　끝으로 부록에서는 10개 사례분석을 통해 제기된 이슈 중에서 성공적인 공론화를 위해 사회적 논의가 필요한 10개의 핵심 이슈를 살펴봤다. ▲ 적절한 공론화 유형의 선택 ▲ 합의지향과 의견조사 ▲ 사전공론화의 필요성 ▲ 공론화기구의 구성과 권한 ▲ 공론화의제의 적절성 ▲ 기울어진 운동장(공정성) ▲ 숙의 성찰성 ▲ 시민참여단 구성(대표성) ▲ 온라인참여단 활용 ▲ 공론화의 확장성 등은 핵심적인 이슈로서 한국형 공론화 모델을 탐색하는데 미시적 차원에서 검토해야 할 사안들이다.

　　이 책은 엄밀한 의미에서 논리적 정합성을 갖는 논문이 아니라 공론화와 연관된 필자들의 경험과 문제의식을 토대로 실용적인 관점에서 작성된 일종의 사례분석 보고서이다. 필자들의 역량의 한계로 드러난 여러 가지 부족한 점들은 향후 해당 분야의 연구자 및 활동가 그리고 일반 독자들이 다양한 토의를 통해 보완되길 기대한다. 끝으로 추천사를 작성해주신 한국사회갈등해소센터 이사장이신 이선우 한국방송통신대학교 교수님, 신철영 경실련 공동대표님(전 국민고충처리위원장)께 깊은 감사를 드린다. 아울러 공론화 사례로 언급된 10개 사례에 함께해 준 여러 동료들과 기꺼이 발간을 허락해준 박영사에 감사를 드린다.

한국사회 갈등해소와 공론화

신철영 경실련 공동대표
(전 국민고충처리위원장)

최근 한국사회에서 '공론화'가 주목받고 있다. 일반적으로 공론화라고 통칭되는 방식들은 ① 균형 잡힌 정보의 제공과 학습기회의 제공, ② 소집단 토론 방식으로 다른 사람의 의견을 듣고 논의하는 과정을 거치도록 한다. 이러한 과정을 통해 공론화는 다수결보다는 참여, 대화, 이해, 공감에 기초한 사회적 합의형성을 지향한다. 이러한 지향과 방식은 촛불 이후 한국사회의 시민참여에 대한 욕구를 정확하게 반영한 것이라 할 것이다.

특히, 신고리 5·6호기 공론화의 성공적 실행은 한국사회에서 공론화에 대한 관심이 높아지는 계기로 작용하였다. 실제, 신고리 5·6호기 공론화 활동을 계기로 한국사회의 각 영역에서 공론화를 통해 공공갈등을 예방하거나 해결하려는 시도가 다양하게 이어졌다.

중앙정부 차원에서는 2018년 교육부가 의뢰한 '2022년 대입제도개편 공론화위원회' 및 '학교생활기록부 신뢰도 개선 정책숙려제', 기획재정부의 요구로 추진된 '2018 국민참여예산 공론화'가 실행되었고, 2019년에는 국토교통부의 '제5차 국토종합계획수립을 위한 국민참여단' 활동, 국가기후환경회의의 '미세먼지 문제해결을 위한 국민정책참여단' 활동으로 이어졌다.

지방정부 차원에서도 다양한 공론화 활동이 진행되었다. 2018년 '제주 녹지국제병원 공론화', '대전 월평공원 공론화', '광주 도시철도2호선 공론화', '2018 서울지역균형발전 공론화'와 2019년 '창원 스타필드 입점 공론화' 등 다양한 시도들이 진행되었다.

이러한 공론화 경험은 촛불로 상징되는 시민들의 직접직 참여 욕구를 제도화된 공간으로 흡수할 가능성을 보여주기에 충분한 것이었다. 광장에서 난무하는 자기중심적 일방적 주장을 공론화를 통해 제도화된 합의형성을 도모함으로써 공식적 의사결정과정의 사회적 수용성을 높이는 데 기여했다고 평가할 수 있다. 더나아가 참여와 숙의를 결합시켜 한국사회 주요 문제에 대해 합의를 기반으로 해법 모색을 추구하는 숙의민주주의의 가능성도 확인했다고 할 수 있다.

그러나 숙의 기반 시민참여 방식이 아직 도입단계이기 때문에, 성과 못지않게 다양한 문제점도 노출되고 있다. 이러한 점에서 '한국사회 공론화 사례와 쟁점: 한국형 공론화 모델의 탐색'은 매우 시의적절한 저작이라 할 것이다. 무엇보다 한국사회에서 실행된 다수의 공론화 사례들을 심층적으로 분석하여, 성과와 함께 개선점에 대해 꼼꼼히 정리하고 있다는 점이 매우 인상적이다. 특히, 작은 성과에 매몰되어 공론화가 무분별하게 남용될 위험성을 경고하고 있는 점은 시사하는 바가 크다. 아울러 저자들이 특히 강조하고 있는 바와 같이 특정한 공론화 모델을 과도하게 일반화하여 적용하지 말 것과 상황의 특성에 부합하는 다양한 유형의 공론화 모델을 탐색하여 적용할 필요성을 역설한 점도 주목해 보아야 할 것이다.

마지막으로 공론화를 실천적 관점에서 접근하려는 독자들이라면 반드시 '한국사회 공론화 사례와 쟁점: 한국형 공론화 모델의 탐색'을 정독해 볼 것을 추천하고 싶다. 특히, 제1장(공론화와 공론화 모델)과 부록(공론화 10개 사례분석에 따른 주요 이슈)에 대해 열독해 보기를 권한다.

공공갈등관리와 공론화 활용

이선우 한국방송통신대 행정학교수
(한국사회갈등해소센터이사장)

우리 사회를 흔히 갈등 공화국이라 한다. 한국사회갈등해소센터가 지난 7년간 시행한 공공갈등관련 인식조사에서도 나타나듯이 국민 10명 중 9명 이상은 우리 사회의 집단 간 갈등이 심각하다고 인식하고 있으며, 지난 7년간 별다른 변화가 없다. 오히려 우리 사회에서 양극화와 불평등이 빠르게 심화된 만큼 사회 전반에 다양한 갈등의 형태가 표출됨에 따라 체계적인 갈등관리제도 운영의 필요성이 확산되고 있다.

갈등을 해소하기 위한 방안으로 '협상', '조정', '숙의적 갈등해소방안(공론화기법)' 등 다양한 방식을 활용할 필요가 있다. 기본적으로는 갈등당사자 간 합의형성을 위한 절차가 필수적이지만, '당사자 간 합의'가 어려운 경우 객관적이고 중립적인 '제3자의 도움에 의한 갈등조정과정'은 이해당사자들의 합의안에 대한 만족도가 높고 그만큼 합의안의 실행력도 높아진다. 특히, 갈등조정이나 협상과정에서는 스스로 풀기 어려운 상황들이 발생한다. 이해관계가 첨예하게 대립되거나 이해관계집단 구성원 다수의 의견을 확인할 필요가 있거나, 국가적인 이슈에서 일반국민들의 생각을 확인할 필요가 있을 경우, 여러 형식의 '숙의적 갈등해소방법(공론화기법)'을 운용하는 것이 현명하다. 가장 많이 회자되고 실제로 여러 가지의 변형된 모습으로 시행되었던 '숙의여론조사'가 가장 대표적인 방안이며, '시민배심원단제도'도 구성원들이 동의가 있으면 충분히 활용할 수 있는 방안이다. '합의회의'와 같은 방식도 사용 가능하나, 과학적 입증이나 해석이 상이하여 국가적 갈등을 야기하는 경우도 '전문가회의' 같은 형식을 빌려 과학자들에 의한 문제해결을 시도할 수도 있다.

이처럼 갈등을 해소할 수 있는 방안은 다양하다. 상황에 적합한 방안을 찾아 운영의 묘를 살리는 것이 갈등당사자 집단구성원들의 동의도 구하면서 합의안에 대한 만족도와 실행력도 높일 수 있는 지름길이 된다. 그러나 최근 신고리 원전 5·6호기 공론화 이후로 우리 사회의 갈등해결 수단으로 공론화가 유행처럼 퍼지는 현상은 경계할 필요가 있다. 모든 공공갈등을 공론화로 풀어야 되는 것은 아니며, 숙의여론조사 기법을 천편일률적으로 남용하는 것도 갈등해결에 도움이 되지 않는다. 갈등의 성격, 이해관계자들의 태도 등을 고려하여 갈등관리 수단을 활용하여야 하며, 숙의적 갈등해소방법(공론화기법)을 활용할 때는 이해관계자와 일반시민의 관계, 공론화 목적 등을 종합적으로 고려해야 한다. 특히, 갈등의 성격 등을 무시하고 3개월이란 짧은 기간 동안에 진행되는 우리 사회 공론화는 공공기관의 정책 결정과정에서 정당화 이벤트라는 비난을 태생적으로 받을 수밖에 없다.

이 책은 신고리 원전 5·6호기 공론화, 대입제도 개편 공론화 등 우리사회 대표적인 공론화 과정에 직·간접으로 참여한 경험을 바탕으로 사례를 분석하여 한국사회 공론화의 성과와 문제점을 발굴하는 특징을 갖고 있다. 특히, 2009년 '국립서울병원 이전 및 재건축 갈등조정' 사례를 공론화 관점에서 재조명하고 '2014 대한민국 미래비전 국민대토론회' 사례 발굴을 통해 우리사회 공론화가 우연한 유행이 아니라 한국사회 갈등예방 및 해결, 숙의민주주의 관점에서 다양하게 모색되어온 경험에 기초하고 있다는 점을 밝히고 있다. 그밖에 다양한 공론화 사례를 실증적으로 분석함으로써 한국사회 경험에 입각한 한국형 공론화 모델의 단초를 제시함으로써 우리 사회 공론화 활용의 지평을 넓히는 데 기여했다.

　　갈등 예방과 해결은 이론과 실무적 경험이 중요하다. 공론화의 올바른 적용 또한 마찬가지이다. 10개 사례를 통해서 도출된 공론화 교훈과 시사점은 공론화를 염두에 두고 있는 공공기관과 연구자에게 소중한 자료가 될 것으로 확신한다. 아울러 갈등관리의 실효성과 신고리원전 공론화 이후 무분별한 공론화를 지양하기 위해서 공론화를 포함한 정부의 갈등관리 관련 법제를 빠른 시일내에 완비할 필요가 있다.

공론화와 공론화 모델

1 공론화에 대한 개념적 정의

　공론화(公論化)는 '공론(公論)을 형성한다'는 사전적 의미를 갖고 있을 뿐, 이론적·실천적 차원에서 다양하게 활용되고 있는 개념이자 단어이다. 본 연구에서 공론화란 '해결해야 할 사회적 이슈에 대해 다양한 시민들의 적극적인 의견 개진과 토론 과정을 통해 구성원들의 진정한 뜻을 찾아가는 일련의 공론 형성의 과정'이라고 요약한 김대영(2005)의 정의를 따른다. 더불어 공론화를 '특정 이슈에 대해 공적인 의견(공공선)을 확인하는 또는 형성하는 의견 수렴 절차이자, 정책결정의 참여 과정'으로 파악한다. 따라서 공론화는 다양한 형태의 공론화 모델이 존재할 수 있다.

　본 연구에서는 공론화 모델이란 '공론 형성'을 위해 의도적으로 기획되고 실행하는 일련의 공론화방법론(시나리오 워크숍, 숙의여론조사, 시민참여형조사, 시민배심제, 합의회의 등)과 프로세스를 지칭한다. 한편, Fishkin 교수가 고안한 DP(Deliberative Poll)가 한국사회에서는 공론조사(또는 공론화조사)로 지칭되고 있는데, 우리가 공론을 확인하는 조사방법은 다양하고, DP의 특징은 숙의를 바탕으로 한 여론조사이기 때문에 DP를 숙의여론조사로 개념 짓고자 한다(일본은 DP를 토의형 여론조사로 부른다).

성공적인 공론화의 진행과 결과를 도출하기 위해서 해당 사안의 특성 및 환경, 그리고 공론화의 목적을 종합적으로 고려한 공론화 모델을 선택하는 것이 매우 중요하다. 이를 위해 본 연구에서는 사안의 특성, 환경적 요인으로 갈등의 진행 정도, 공론화의 목적 등 세 가지 기준에 근거하여 공론화 모델을 유형화하고, 각 유형의 적용 가능성과 한계에 대해 논의하고자 한다.

1) 사안의 특성에 따른 공론화 모델의 유형

모든 사회문제(social problem)에 대해 모든 시민이 참여하여 해결하는 것은 한계가 있고 바람직하지 않을 수 있다. 이런 점에서 광범위한 시민 또는 이해관계자의 참여를 전제로 진행되는 공론화는 어떤 특성을 지닌 사회문제에 활용할 것인지를 논의하는 것이 매우 중요하다. 특히, 사안의 특성에 따른 적절한 공론화 모델의 선택은 성공적인 공론화를 위한 핵심 과제이다. 이와 더불어 공론화의 주요 참여자가 누가 되어야 하는지에 대한 검토 역시 공론화 모델의 선택과 설계에서 주요 사항이다.

사안의 특성을 이해당사자들이 감지하는 비용과 편익의 분포 (distribution of the perceived costs and benefits)에 따라 구분하는 것은 공론화 모델의 선택에 유용한 기준이 될 수 있다. 만약 정부정책이나 사업의 추진과정에서 야기되는 비용을 x축에 놓고, 그 비용이 불특정 다수의 많은 사람들에 의해서 넓게 부담되어지는 경우에는 '분산', 작은 지역이나 소수의 사람들로 한정되는 경우에는 '집중'으로 구분하는 한편, 정부정책이나 사업으로 인한 편익을

표 1-1 비용(부담)-편익의 분포에 따른 정치적 상황

		감지된 비용	
		분산	집중
감지된 편익	분산	A. 대중적 정치 (majoritarian politics)	B. 기업가적 정치 (entrepreneurial politics)
	집중	D. 고객 정치 (client politics)	C. 이익집단 정치 (interest-group politics)

자료: Wilson(2012), American Government, Brief Version. 10th eds. 345.

y축에 놓고, 그 편익을 받는 사람이 다수이거나 넓게 퍼져 있으면 '분산', 수혜집단이 작은 지역이거나 소수의 사람들로 한정되는 경우 '집중'으로 구분한다면 네 가지 경우의 수로 구분될 수 있다.

Wilson(2012)은 이러한 비용과 편익의 분포를 기준으로 정부의 규제정책 결정을 둘러싼 정치적 상황(political circumstances)을 네 가지로 구분하였는데, A는 '비용분산-편익분산'을 특성으로 하는 대중적 정치(majoritarian politics) 상황, B는 '비용집중-편익분산'이 특성인 기업가적 정치(entrepreneurial politics) 상황, C는 '비용집중-편익집중'의 이익집단 정치(interest politics) 상황, 마지막으로 D는 '비용분산-편익집중'이 특성인 고객 정치(client politics) 상황이 그것이다(<표 1-1> 참조).

국방, 치안, 국민연금, 국민건강보험 등이 대중적 정치 상황의 대표적인 사례들이라 할 수 있다. 예를 들어, 국민건강보험의 경우 보장성을 강화하면 대부분의 국민이 골고루 혜택을 보는 반면, 이에 대한 부담도 국민이 나누어지게 되는 측면이 동시에 존재한다.[1] 어느 누구도 건강보험 보장성 확대로부터 특별히 편익을 보

거나 비용을 지불하지 않는다. 따라서 건강보험의 보장성 확대를 강력하게 반대하거나 요구하는 집단이 존재하지 않는다. 같은 논리로 고속도로 건설이나 대기오염 개선시설과 같은 국책사업도 '비용분산 – 편익분산'이 특징인 대중적 정치 상황의 대표적 예라 할 것이다. 고속도로의 건설에 국고가 투입되고 이를 이용하는 사람들도 불특정 다수이기 때문이다.

이러한 경우 일반국민들의 의견이 어떤 방향으로 결집되는가에 따라 정책의 향방은 결정된다. 즉, 대중적 정치 상황에서 주어진 사회 문제를 해결하기 위해서는 광범위한 대중에 의한 사회적 합의(social consensus)가 기본 요건이 된다. 일반시민의 광범위한 참여를 통하여 문제를 해결한다는 공론화의 기본 취지를 고려할 때, '비용분산 – 편익분산'의 특성을 갖는 대중적 정치 상황의 경우에 해당되는 사안이 공론화의 기본적인 대상이라고 할 수 있다.

이러한 경우 대표성을 확보한 시민의 참여와 숙의가 성공적인 공론화의 핵심적 과제가 되는데, 이러한 공론화 과정을 본 연구에서는 '일반시민 중심의 공론화'로 유형화한다.

반면, 상호 대체적 관계에 있는 집단 간 갈등 혹은 전통산업과 혁신산업 간의 갈등이나 노사관계를 둘러싼 정부정책 등은 '비용집중 – 편익집중'의 특성을 갖는 이익집단 정치 상황의 대표적 사례이다. 예를 들어, 의약분업제도의 도입을 둘러싼 의사집단과 약사집단 간의 첨예한 대립은 의약분업제도가 어떻게 설계되는가에 따라 양 집단 간의 편익과 비용이 크게 차이가 나기 때문에 이로 인한 양 집단의 조직적 대응에 대한 유인 또한 매우 강력할 수밖에 없다. 통상 '비용집중 – 편익집중'이 특징인 이익집단 정치 상

---

1) 물론, 건강보험 보장성이 건강보험 수가구조와 연계될 때, 의료인의 이해관계에 영향을 미치기도 하지만, 건강보험의 보장성 확대는 특정 계층에게만 편익을 제공한다고는 볼 수 없다.

황은 이해당사자 집단 간의 사회적 대화를 통한 타협과 협약(agreement)을 바탕으로 현안을 해결하는 것이 일반적이다. 이러한 경우 이해관계자 간의 협약으로부터 영향을 받는 제3의 집단(일반적으로 소비자 또는 일반국민)의 이익은 무시되는 경향이 있다(최병선, 2006). 의약분업제도의 도입이 국민들의 의약품 오남용에서 비롯되었음에도 불구하고 제도 설계의 구체적 모습은 의사와 약사 두 집단의 강력한 이해관계를 반영한 결과로 귀착될 개연성이 크기 때문이다.

이처럼, 노사정책 관련 이슈나 이익집단 간 정치 상황에서는 일반시민 중심의 공론화가 문제해결의 기본적인 수단이 되기에는 현실적 제약이 존재한다. 그러나 이해관계자 간의 협약으로부터 영향을 받는 제3의 집단이 존재한다면 이해관계자 간의 협약을 통한 문제해결뿐 아니라 이해관계자 간의 협약 그 자체에 대한 공론화, 즉 이해관계자 간의 협약을 일반국민 혹은 주민들의 사회적 합의(social consensus)와 연계하는 과정이 요구된다. 이러한 과정을 본 연구에서는 '이해관계자 중심의 공론화'로 유형화한다.

문제는 편익과 비용의 집중과 분산이 서로 다른 경우인데, 기업가적 정치 상황과 고객 정치 상황이 여기에 해당된다. 이와 관련하여 윤종설 등(2012)은 시설입지로 인하여 공공갈등이 발생하는 상황에 적용하여 설명하고 있는데, '비용집중 – 편익분산'의 특징을 갖는 비선호시설은 B에 해당되고, '비용분산 – 편익집중'의 특징을 갖는 선호시설은 D에 해당된다고 파악했다. 선호시설이나 비선호시설 입지선정을 둘러싼 갈등은 모두 '비용 – 편익의 불균형' 구조에서 비롯된 것으로 '비용 – 편익의 불균형' 구조를 상쇄시켜주는 것이 갈등예방 및 해결에 필수적 전제라 할 수 있다. 구체적으로 선호시설의 경우 네거티브 인센티브 제공(유치를 원하는 지역이나 집단이 인센티브를 제공하는 것)을 통해 '비용 – 편익의 불균형'

구조를 상쇄시키고, 비선호시설의 경우 포지티브 인센티브 제공 (시설이나 정책 공급자가 인센티브를 제공하는 것)을 통해 '비용-편익 의 불균형' 구조를 상쇄시키는 것이 필요하다.

비용과 편익의 집중과 분산이 불일치한 사안의 경우, 이를 공 론화를 통하여 문제를 해결하려 할 때 "일반시민 중심의 공론화" 와 "이해관계자 중심의" 공론화 유형 사이에서 어느 정도의 긴장 감이 나타날 수밖에 없다. 따라서 '비용-편익의 불균형' 정도에 따라 이를 상쇄시킬 수 있는 혼합형(hybrid) 공론화 모델의 개발 및 적용이 요구된다. 예를 들어, 신고리 5·6호기 원자력발전소의 건설은 전형적인 비선호시설로서 전력의 소비 측면에서 보면 혜 택이 전국적으로 분산되지만, 시설입지로 인한 위험의 측면에서 보면 비용이 특정 입지 지역에 집중되는 성격을 갖고 있다. 비용 과 편익이 불균형한 '신고리 5·6호기 공론화'는 철저하게 전국적 인 대표성을 확보한 '일반시민 중심형 공론화 모델'로 설계되었다. 신고리 5·6호기 원자력발전소가 입지할 주변 지역주민들은 당시 공론화 과정에 불참을 선언했고, 시민참여단 구성도 지역주민들은 1/n 에 불과한 것으로 대표성에 대한 논란은 처음부터 불가피한 것이었다.

한편, 박진(2015)은 특정 이슈에 대해 개인 간 이해관계의 등 가성(等價性)에 따라, 또한 사안의 시야(단기적인 사안 또는 장기적 사 안)에 따라 공론화 방식은 달리 적용되어야 한다고 주장했다. 개인 간 등가성이 낮은 사안은 일반시민에 의한 여론조사가 불공정하 고(다수가 소수 무시 가능), 핵심 이해당사자만의 의견으로는 합의형 성도 불공정(무관심 다수의 이해관계의 합이 더 클 가능성이 높기 때문) 하기 때문에 대중의 의견에 대한 여론/숙의형 여론조사를 바탕으 로 대리인(정부)과 핵심 이해당사자 대표와의 합의형성이 적절하 다고 밝혔다.

표 1-2 등가성에 따른 공론화 방안(박진, 2017)

	단기적 사안	장기적 사안
개인 간 이해 관계의 등가성 낮음	여론/숙의 여론 조사 후 합의형성 (송전탑, 공군기지)	정부의 정책판단 후 합의형성 (사용후 핵연료, 한미 FTA)
개인 간 이해 관계의 등가성 높음	여론/숙의 여론 조사 후 정책결정 (3색 신호등, 쇠고기 수입)	약식 숙의 여론 조사 후 정책결정 (연금정책, GMO)

2) 갈등의 유무에 따른 공론화 모델의 유형

사안의 특성뿐만 아니라 갈등발생의 유무도 공론화 모델의 선택에 주요 영향 요인이 된다. 갈등이 발생하기 이전에는 단순한 이해관계자 혹은 일반시민으로서 다양한 관점을 갖고 특정 사안에 접근하게 된다면 갈등발생 이후에는 단순 이해관계자가 갈등 당사자로 전환되어 특정 사안에 대한 자신의 의견이 고착화되고 결국에는 승패의 기준으로 상황을 인식하게 되는 경우가 일반적이다. 따라서 같은 특성을 갖고 있는 사회문제라 하더라도 갈등이 발생되기 이전에 이를 해결하고자 시민참여를 중심으로 하는 공론화 과정을 실행할 때와 이미 결정된 방안을 집행하는 도중에 발생된 갈등을 해결하기 위해 공론화 과정을 실행할 때는 다른 유형의 공론화 모델이 선택되거나 설계되어야 한다.

통상 발생된 갈등을 해결하기 위한 수단으로 공론화 과정을 활용할 경우 이해관계자의 일부가 갈등당사자로 전환되면서 시민참여를 기본으로 하는 공론화 모델의 선택과 설계에 불가피한 변화를 수반하게 되는데, 공론화 과정에서 갈등당사자의 역할을 어떻게 설정해야 할 것인가의 문제가 핵심 과제가 된다. 특히, 일반 시민이나 이해관계자를 대상으로 한 공론화 과정에 대해 갈등당사자들이 참여자의 대표성, 과정의 공정성, 숙의의 중립성 등에 문제를 제기할 여지가 많으므로 갈등당사자들의 공론화 모델의 선택에 대한 사전 공감대 형성과 적절한 역할 부여가 전제될 필요가 있다.

또한 같은 특성을 갖는 사안이라도 새롭게 사회적 문제로 등장한 경우와 이미 여러 차례 충돌하였지만 해결되지 않아 만성갈등(protracted conflict)으로 고착화된 경우 이를 공론화를 통해 해결하려 한다면 당연히 다른 방식의 공론화 모델이 선택되어야 한다. 만성갈등은 이를 해결하기 위한 다양한 노력이 이미 상당 기간 시도되었고, 또한 그 결과 성공적이지 못한 경우가 일반적이다. 만성갈등의 경우 갈등이 잠재된 상태에서 이를 새로운 관점에서 해결하려는 노력이 주기적으로 시도되는 경우가 많다. 따라서 만성갈등을 해결하기 위한 새로운 시도로 공론화 과정을 실행하고자 할 경우 공론화 과정에서의 갈등당사자들의 적절한 역할에 대한 사전공감대 형성이 필수적이다. 더 나아가 단순 이해관계자에서 갈등당사자로 전환된 집단들이 역사적으로 다양하게 형성되어 있어 이를 면밀하게 식별하는 작업도 추가적으로 진행해야 한다.

예를 들어, 한국사회에서 미세먼지 문제는 새롭게 사회적 문제로 대두된 것인 반면, 원자력발전소와 방폐장 건설 등 탈핵문제를 수반하는 에너지전환정책은 한국사회의 대표적인 만성갈등이다. 두 사안 모두 에너지정책과 연관이 있지만 문제 해결을 위해 공론화 방식을 활용할 경우 서로 다른 공론화 모델을 선택하거나 설계해야만 한다. 2019년 6월부터 국가기후환경회의에서 진행하고 있는 미세먼지 문제해결을 위한 공론화에는 일반시민을 대표하는 국민참여단과 전문가가 주요 행위자로 참여하고 있는 반면,

표 1-3 갈등 전·후 정책프로세스 단계별 공론화 모델 유형

갈등 유무	정책 프로세스	
	정책구상	정책계획
갈등 없음	• 시민의 수용성 제고 필요 • 가시적 비전과 우선 순위설정 필요	• 시민의 수용성 제고 필요 • 미시적 목표와 목표달성을 위한 방법 발굴 필요
	예시) 시나리오 워크숍, 타운홀미팅	예시) 시나리오 워크숍, 공론조사
갈등 있음	• 갈등해결이라는 실무적 목적 있음 • 가시적 비전과 우선 순위설정 필요	• 갈등해결이라는 실무적 목적 있음 • 미시적 목표와 목표달성을 위한 방법 발굴 필요
	예시) 시나리오 워크숍, 타운홀미팅, 숙의적 공공참여회의	예시) 시민배심원, 공론조사

자료. 박혜육·김지수(2018)글 바탕으로 새구성

비슷한 시기에 구성된 '사용후핵연료 관리정책 재검토위원회'의 경우 환경단체나 원자력발전소 소재 지역주민 등 갈등당사자들의 참여와 역할에 대한 이견으로 난관에 봉착해 있는 상황이다.

박해육·김지수(2018)는 "국내의 경우 최근 공공갈등에 관한 연구에서 정책난제 또는 갈등을 해결하기 위한 방안으로 참여적인 정책결정 방안을 결합하고자 하였으나 아직 실험적인 단계"이며, 특히 "갈등의 발생 유무에 따른 차이"를 반영하지 못하고 있는 것이 가장 큰 문제라며 이에 대한 심도있는 논의가 필요하다고 주장하였다. 이들은 갈등의 발생 전과 후를 기준으로 정책 프로세스 단계에 맞는 공론화 방식을 유형화하였는데, 이를 요약하면 <표 1-3>과 같이 재구성될 수 있다.

정책구상 단계에서는 갈등이 발생되기 이전에는 거시적 비전과 우선순위 설정을 목표로 시민의 수용성 제고에 적합한 공론화 모델이 선택되어야 하며, 갈등이 발생된 이후에는 거시적 비전과 우선순위 설정과 더불어 갈등해결이라는 실무적 목적에 부합하는 공론화 모델의 선택이 필요하게 된다. 한편, 정책계획 단계에서는 갈등이 발생되기 이전에는 미시적 정책 목표 및 목표달성을 위한 방법 발굴과 시민 수용성 제고에 적합한 공론화 모델이 선택되고 설계되어야 한다면, 갈등발생 이후에는 미시적 목표 및 목표달성을 위한 방법 발굴과 함께 갈등해결이라는 실무적 목적에 적절한 공론화 모델이 선택되고 설계되어야 성공적인 공론화가 보장된다.

통상 갈등발생 이전에는 일반시민들의 다양한 의견수렴을 위해 공론화 과정을 실행하는 것과 달리 갈등이 발생된 이후에는 이를 해결하기 위해 공론화를 활용하는 것은 난이도가 매우 높은 작업이라 할 것이다. 그렇기 때문에 보다 엄밀한 설계와 실행이 요구된다. 외국과 달리 국내에서 공론화 과정 진행 시 참여의 대표성, 과정의 공정성, 숙의 중립성 등이 민감하게 다루어지는 이유는 갈등발생 이후 이를 해결하기 위한 수단으로 공론화 과정을 적용하는 한국적 특징으로 인한 결과이다.

3) 공론화의 목적에 따른 공론화 모델의 유형

사안의 특성이나 갈등발생 유무와 더불어 공론화의 목적은 공론화 모델의 선택에 영향을 미치는 핵심 요인이다. 실제로 사안의 특성 및 갈등발생의 유무가 공론화 모델을 선택하는 데에 환경적 요인으로 작용한다면 공론화를 기획하고 설계하는 주체가 공론화를 통해 성취하려는 목적은 공론화 모델의 선택에서 직접적 영향 요인으로 작용하기 때문에 보다 중요하게 검토되어야 한다.

역사적으로 많은 국가에서 공공정책이나 사업에 대한 시민들의 의견수렴(여론의 확인) 및 정책이나 사업의 결정, 구체적인 정책 수단의 선택 등과 같이 상이한 목적을 달성하기 위해 다양한 형태의 공론화 모델이 개발되고 활용되어 왔다. 반면, 특정 공론화 모델은 상이한 목적과 상관없이 공론화의 일반적 모델로 상용되는 경우도 많았다.

이러한 이유로 많은 연구자들이나 전문가들 사이에서는 공론화의 목적에 따른 공론화 모델의 선택에 대해 많은 논의가 있어왔다. 특히 대통령자문 지속가능발전위원회(2005)는 공론화 모델을 공론화의 목적을 기준으로 시민참여의 수준을 분류하고, 이를 토대로 공론화 모델에 대한 심층적 논의를 진행하였다. 지속가능발전위원회는 공론화의 목적을 학습(education) 및 정보제공(information provision), 정보제공(information provision) 및 의견수렴(feedback), 참여(involvement)와 협의(consultation), 숙의적 참여(deliberative involvement) 등 네 가지로 구분한다.

'학습 및 정보제공'은 발생한 사안의 성격과 진행경과 그리고 정책 대안 등의 단순한 사실을 다양한 매체를 통해 전달하는 것이 목적이고, '정보제공 및 의견수렴'은 일반시민이나 이해관계자를 대상으로 사업 주체가 현안에 대한 의견이나 제안을 구하는 것을 목적으로 한다. '학습 및 정보제공'이나 '정보제공 및 의견수렴'은 통상 일반적으로 수행되는 행정행위에서 나타나는 시민참여 수준으로 다른 시민참여 방법과 병행하여 다양하게 이용되기도 한다. 이보다 좀더 적극적인 시민참여 수준인 '참여와 협의'는 시민이나 이해관계자가 주어진 장소에서 함께 모여 토론을 통해 상호간 의견 교환 및 선호 전환을 도모하는 것을 목적으로 하며, '숙의적 참여'는 일반시민이나 이해관계자가 일정 기간 정책 형성과 결정에 영향을 줄 수 있는 내용을 숙의와 성찰을 통하여 상호간 의견 접

| 표 1-4 | 공론화의 목적과 참여의 유형에 따른 공론화 모델 분류 |

참여 유형	목적		공론화 모델(예시)
일반적 시민 참여	학습 및 정보제공 • 정보제공 교육 목적 • 일반시민의 의견수렴 기회 매우 적음		홍보책자, 비디오테이프 등 자료배포, 뉴스자료 배포, 대중매체 광고, 인터넷 웹사이트 운영, 공공장소 자료전시
	정보제공 및 의견수렴 • 정보제공 및 (숙의없는) 의견수렴 목적 • 일반시민의 의견반영의 기회 적음		오픈하우스(Open House), 공청회, 여론조사
참여적 의사 결정	참여와 협의 • 시민적 여론에 대한 숙의 • 숙의 후 도출된 여론이 정책에 반영		포커스 그룹, 공론조사
	숙의적 참여 • 합의형성을 목표로 숙의	이해관계자 중심 • 협력적으로 문제해결	시나리오 워크숍, 규제협상, 협력적 의사결정(CPS), 라운드테이블, 시민자문위원회
		일반시민 중심 (이해관계자 배제) • 사회적 목표로서 공공선 추구	시민배심제, 플래닝 셀(Planning Cell), 합의회의

자료: 지속가능발전위원회(2005)를 바탕으로 재구성

근 및 합의를 이루어내는 것을 목적으로 한다. 일반적으로 공론화라 함은 '참여와 협의'나 '숙의적 참여' 단계를 지칭한다.

　여기서 주목해야 할 것은 숙의적 참여의 경우 이해관계자 중심의 숙의와 이해관계자를 배제한 일반시민 중심의 숙의로 구분하여 예시로 드는데, 시나리오 워크숍, 규제협상, 협력적 의사결정, 라운드테이블, 시민자문위원회는 이해관계자 중심의 숙의로 구분하고 시민배심제, 플래닝 셀, 합의회의는 일반시민 중심의 숙의로 구분하고 있다. 아울러 포커스 그룹과 공론조사는 참여와 협의를 목적으로 하는 공론화에 적합한 것으로 분류하고 있다. 그러나 이러한 분류는 편의상 구분으로 실제 공론화를 실행하는 상황과 다루어야 할 사안의 특성에 따라 다양하게 적용될 수 있다(<표 1-4> 참조).

4) 소결

본 연구는 사안의 특성이나 갈등발생 여부, 공론화 목적 등을 종합적으로 고려한 후에 공론화 모델을 선택하는 것이 공론화의 성공을 담보하는 전제로 파악하였다. 특히 공론화의 목적에 부합하는 공론화 모델의 선택이 가장 중요함을 강조하였다. 이상의 논의를 종합하여 공론화 모델을 선택하는 요건과 유형을 압축적으로 정리하면 <표 1-5>와 같다.

우선 <표 1-5>에서 보는 바와 같이 공론화는 다음과 같은 세 가지 요건을 기준으로 분류된다.

▒ 요건 1: 사안 및 참여자의 특성

1) 이해관계자 중심형- 이해관계자 중심(주도)의 공론화 과정은 이해관계자들이 중심이 되는 합의형성(또는 이해관계자 협의 중심)을 기본으로 하면서 일반시민에 대한 의견을 병행적으로 확인(또는 반영)해 공론을 모으는 유형으로 ADR(Alternative Dispute Resolution) 확장형이라 할 수 있음

표 1-5 공론화의 개념적 유형화

		의제발굴 및 구체화형	찬반 등 옵션선택형		합의형성형	
		갈등 발생 전	갈등 발생 전	갈등 발생 후	갈등 발생 전	갈등 발생 후
비용-편익 집중 ↕ 비용-편익 분산	이해관계자 중심: ADR 확장형					
	일반시민 중심: 참여적 숙의 모델					

2) 일반시민 중심형- 일반시민이 주도적으로 참여하는 공론화 과정에 이해관계자들이 초대되어 적절한 역할(주로 정보와 가치에 대한 정보제공 등 증인 역할)을 수행하는 유형으로 참여적 숙의 모델을 말함

요건 2: 갈등발생 유무

1) 갈등발생 이전- 갈등발생 이전 사안에 대한 정확한 정보제공과 의견수렴, 의제발굴 및 구체화 등을 통해 결정된 정책에 대한 시민 수용성 제고를 목적으로 진행하는 유형
2) 갈등발생 이후- 갈등발생 이후 일반시민 또는 광범위한 이해관계자가 참여하는 공론화를 통해 갈등해결이라는 실무적 목표를 갖고 진행하는 유형

▨ 요건 3: 공론화의 목적

1) 의제발굴 및 구체화형- 공론화를 시행하는 목적이 공적인 의제를 발굴하거나 또는 특정 의제를 해결하기 위한 구체적인 수단, 방법에 대해서 다양한 의견을 수렴하고 구체화하는 유형

2) 옵션 선택형- 공론화 시행의 목적이 특정 이슈의 찬/반이나 특정정책의 가/부 또는 특정 이슈와 관련된 가장 합리적인 안을 선택하는 유형

3) 합의형성형- 공론화 시행의 목적이 특정 이슈를 해결하기 위해 합의형성(consensus building)을 도모하는 유형

이러한 세 가지 요건을 기준으로 공론화를 유형화해보면 <표 1-5>에 나와 있는 바아 같이 열 가지로 공론회를 개념적으로 유형화할 수 있다. 그러나 실제 현실에서는 여덟 가지 유형(혹은 영역)으로 공론화가 진행될 것으로 판단된다. 그 이유는 갈등발생 전 이해당사자 중심으로 의제발굴 및 구체화를 시도하는 공론화와 갈등발생 후 일반시민 중심의 합의형성형 공론화는 공론화를 위한 세 가지 요건 중 하나를 결여하기 때문이다. 정책프로세스상 갈등발생 이전 의제발굴과 구체화 단계에서는 이해관계자가 특정되지 않거나 특정될 가능성이 낮으며, 반면 갈등발생 후에는 이해관계자(혹은 갈등당사자)들이 특정되고 갈등해결을 위한 합의형성의 주체가 되는바, 이들을 배제한 일반시민 중심의 합의형성 시도는 무의미할 뿐만 아니라 가능하지도 않다. 결론적으로 현실 세계에서 공론화를 실행하게 된다면, 그것은 <표 1-5>의 빗금친 중심 영역 내부의 어느 한 곳이 될 것이다.

2장

사례분석의 준거와 대상

1 공론화의 절차와 구조

　이해관계자와 일반시민이 참여하는 공론화 프로세스가 항상 타당한 결과를 도출하는 것은 아니다. 조작되거나 잘못된 결과를 야기할 수도 있기 때문이다. 따라서 참여한 시민들이 주어진 정보와 지식을 가지고 숙의과정을 거쳐 내린 결정이 합리적이라고 기대할 수 있느냐는 매우 중요하다. 이와 관련하여 Webler(1995)는 시민참여를 전제로 한 공론화 프로세스의 실효성을 담보하기 위한 기준으로 유능성(competence) 개념을 제시하였는데, 이는 참가한 시민들이 합리적이라고 신뢰할 수 있을 만큼 '잘 설계된 절차(well structured procedure)'를 통해 가능하다고 보았다(Renn 외 1993; 장경석 2002). '잘 설계된 절차'가 되기 위한 밑바탕에는 '공정성'이 요구되는데, 통상 참여의 기회가 균등해야 하고(참여의 공정성), 필요한 정보가 참여자들에게 이해 가능한 형태로 잘 제공되어야 하며(정보의 공정성), 다양한 의견과 주장이 편견 없이 공정하게 받아들여지고 문제해결에 직접 도움이 될 수 있어야 한다(과정의 공정성). 그러나 갈등의 발생 유무, 사안의 특성 및 공론화의 목적에 따라 '잘 설계된 절차'의 구체적인 모습은 다를 수밖에 없다.

　'잘 설계된 절차'를 위해서는 무엇보다도 사안 및 갈등의 특성을 반영하여 공론화의 단계를 설정하고 각 단계별 구조를 잘 설계하는 것이 중요하다(채종헌·정지범 2010). 단계별 구분을 통해 단계별 목표를 구체화하고, 이를 통해 논의의 대상과 범위를 한정하며 참여자들의 역할도 구체화함으로써 공론화 과정의 효율성을 제고시킬 뿐 아니라 이를 통해 공론화 과정의 문제점을 찾아내거나 해결하는 데 도움이 될 수 있다. 이러한 이유로 시민참여형 정책 프로세스가 발달되어 있는 주요 서구 국가들이나 단체 그리고 연구자들은 사안 및 갈등의 특성과 공론화의 목적에 따른 다양한 공론화의 절차와 단계를 제시하고 활용해오고 있다.

대표적으로 공공토론을 주관하는 독립적인 행정기관인 프랑스의 공공토론위원회(CNDP)의 경우 다음과 같은 토론절차로 진행하는데, 일단 해당 사업에 대해 공공토론이 필요하다고 판단된 경우 CNDP 위원장이 공공토론추진특별위원회(CPDP)를 구성하여 토론의 진행을 위임한다. CPDP는 사업자가 제공하는 자료를 바탕으로 최장 4개월 동안 공공토론을 진행하며, 토론결과를 보고서 형식으로 CNDP에 제출한다. CNDP 위원장은 공공토론보고서를 기초로 종합평가보고서를 작성하여 공개적으로 발표하고 사업자에게도 전달한다. 사업자는 공공토론 결과 발표일로부터 3개월 이내에 공공토론 결과를 반영한 사업·변경계획 등을 문서로 작성하여 발표하게 된다(박재근 외 2014). 방사성폐기물 관리정책의 공론화를 위해 독립적 기구로 설립한 영국의 CoRWM(Committee on Radioactive Waste Management)의 경우 준비단계로 정책대안목록을 종합적으로 평가하고 공론화 방식에 대한 설계를 진행하며, 제2단계로 공론화 프로세스를 실행하고, 제3단계로 최종정책선택지 평가와 정책권고안을 작성 보고하는 단계를 설정하고 실행하였다(Public Engagement Commission on Spent Nuclear Fuel Management Task Force 2008).

한국사회에서도 공론화를 통한 국민적 의견을 수렴하려는 시도가 있었는데, 국민대통합위원회가 주관한 '2014 대한민국 미래비전 국민대토론회'가 모범적 예라 할 것이다. '2014 대한민국 미래비전 국민대토론회'는 의제선정단계, 숙의단계, 결과도출단계 등 3단계로 진행하였는데, 의제선정방법으로 의제선정과 관련한 여론조사를 실시하여 상향식으로 의제를 선정하였고, 숙의방법으로 과학적 확률표집으로 대표성을 가지는 시민들을 선발하고, 이들을 중심으로 권역별 토론회와 종합 토론회를 진행했다. 최종 결과도출방법으로 토론의 연속성을 위해 권역별 토론회 참가자들을 종합토론회에 다시 참석시켜 이들의 선호 전환을 조사하여 결과를 도출하였다(권숙도 2016). 채종헌·정지범(2010)도 고준위 방폐장 입지선정과 관련된 공론화를 다룬 연구에서 사전 준비단계, 옵션파악 및 평가기준 마련 단계, 옵션분서 및 결정 단계, 최종 대인 신택 및 평가 단계 등 4단계의 공론화 프로세스를 제시하였다.

2 사례분석의 준거

일반시민이나 다양한 이해관계자가 참여하는 공론화는 사회적 난제를 해결하는 데에 중요한 기제로 활용될 수 있다. 그러나 이러한 주장은 다분히 이론적인 가설일 뿐 경험적으로 충분히 검증된 것은 아니다. 특히 한국사회에서는 사회적 난제를 해결하기 위해 공론화를 본격적으로 시도해 본 경험이 충분하지 않기에 공론화 과정의 작동 조건이나 효과에 대한 체계적인 검토가 많지 않은 것이 현실이다(김학린·전형준 2018).

앞에서 살펴본 바와 같이 공론화는 일반시민이나 다양한 이해관계자들이 폭넓게 참여하고 충분한 정보를 제공받은 상태에서, 학습과 토의 등 이성적 논의를 거쳐 공론을 형성함으로써 갈등을 해결하는 것을 목표로 한다(Fishkin, 2009). 이러한 의미에서 공론화는 참여, 숙의 그리고 결과도출을 핵심 구성 요소로 한다. 그렇기 때문에 대부분의 기존 연구들은 공론화 과정에서 참여, 숙의 그리고 결과도출에 필요한 조건을 얼마나 충족하였는가에 초점을 맞추어 진행되어 왔다(정정화 2018). 구체적으로 기존의 연구들은 참여주체의 다양성과 대표성, 숙의의 공정성과 정보의 대칭성, 그리고 합의의 적절성 등 다분히 규범적인 요인을 근거로 그 효과성을 평가하는 것이 대부분이었다. 규범적 요인을 중심으로 한 이러한 연구들은 참여자들이 숙의 및 합의과정에 동등한 수준에서 동등한 역할을 수행해야 한다는 것을 전제로 하는 것이 일반적이었다(윤종설·주용환 2014, 김학린 2015). 이러한 접근은 해결해야 할 사안의 구조적 특성과 환경적 조건을 구체적으로 반영하지 못할 뿐만 아니라 연구결과 또한 당위적 측면만을 강조하게 되는 한계를 노정할 수밖에 없다.

기존의 연구에서 보여준 이러한 한계를 극복하기 위해 본 연구는 공론화의 시작 단계에서부터 마지막 단계까지 주요 논점과 다양한 참여자들이 어떠한 역할을 하며, 이러한 역할구조가 결과도출에 어떠한 영향을 미치는가에 초점을 맞추어 분석하였다.

우선, 공론화 과정에 참여하는 행위자의 유형과 역할에 관한 것이다. 이와 관련하여 Renn 외(1993)는 공론화 과정의 참여자로 이해당사자(interest groups), 전문가(experts), 일반시민(citizens), 주문자(sponsor), 진행팀(research team) 등 5가지 유형으로 구분하였다. 공론화 프로세스에서 이해당사자는 해당 갈등에서 무엇이 문제인가를 표출하고 상호 관심사를 공유하는 역할을 수행하며, 전문가는

그림 2-1   공론화 단계와 참여자의 역할

행위자 ＼ 단계	이해관심사 도출	대안분석 (대안영향평가)	대안 평가 및 선택
이해관계자	관심과 드러내기 가치의 체계화	대안영향평가 제시(그룹별)	시민패널 증인
전문가	이해관심사 리스트 추가	대안 도출 및 대안영향평가	시민패널 정보제공자
시민	이해관심사 추가 및 수정	전문가 평가를 그룹 효용으로 전환	대안 평가/선택 권고안 도출
주문자	이해관심사 목록 투입	(기관의) 지식 제공	시민패널 증인으로 참여
진행팀	이해관심사를 지표(indicators)로 전환	전문가 평가를 확증(verification)	시민권고안 목록 작성
생산물	Joint Value Tree (공동가치체계도)	대안영향평가 (Impact Assessment)	대한 우선순위 선택/권고안

자료: Renn 외(1993), 192.

이해당사자들에 의해 표출된 이해관심사를 유형화하고, 각각의 유형에 대한 해결대안(options)을 목록화하는 것을 책임지며, 일반시민은 각각의 해결대안(options)을 평가하고(evaluate), 최적의 대안을 선택하는 역할을 한다. 반면, 주문자의 역할은 공론화 과정에서 논의되어야 할 사안의 목록(concern list)을 제출하는 것으로 한정된다. 마지막으로 진행팀은 공론화의 절차를 설계하며, 각 단계마다 무엇을 논의하고 산출(products)할 것인가를 구체화하여 참여자들에게 제공하는 역할을 수행한다(<그림 2-1 참조>).

표 2-1 사례분석 준거틀

단계	주요 행위자	임무
공론화 사전준비 단계	주문자	공론화 의제 제출 공론화 의제의 적절성에 대한 사회적 논의 주관자 지정 또는 조직
프로세스 설계 단계	주관자 (공론화위원회)	공론화 프로세스 설계 시민참여단, 이해관계자 등의 역할 규정 진행자 지정 또는 선택
침여 및 숙의 단계	시민참여단, 이해당사자, 진행자	참여의 대표성 확보 숙의 공정성, 성찰성 확보 성실한 숙의(Sincere deliberation)
결과도출 단계	시민참여단, 주관자	공론화 결과 평가 정책권고안 작성

   한국사회의 경우 사회적 난제를 해결하고자 공론화 과정에 참여하는 집단은 일반적으로 공공정책이나 사업에 대한 찬성과 반대의 입장을 대변하는 핵심 이해당사자(혹은 갈등당사자), 시민을 대표하여 참여하는 집단(시민참여단), 공론화의 전 과정을 설계하고 실행하는 주관자, 공론화 의제를 제출하는 주문자 등이 있을 수 있다(정정화 2018). 이들이 공론화의 각 단계에서 어떠한 역할을 수행하느냐에 따라 공론화의 결과는 달리 나타날 수 있다.

   본 연구에서는 앞에서 검토한 내용을 바탕으로 공론화 사전준비 단계, 프로세스 설계 단계, 참여 및 숙의 단계, 결과도출 단계 등 4단계로 구분하여 한국에서 실행된 공론화 사례를 분석한다. 구체적으로 각 단계별 과제 및 주요 참여자의 역할을 살펴보면 <표 2-1>과 같다.

먼저, 공론화 사전준비 단계로 시민들이 참여해서 숙의하고 결과를 도출할 의제를 선정하는 것이 핵심 과제이다. 구체적으로 공론화 사전준비 단계는 공동체가 해결해야 할 문제를 공론화 의제로 구체화하고, 형성된 의제가 시민이 참여해서 숙의할 대상으로 적절한지를 검토하는 것이다. 다시 말해 설정된 의제가 공론화에 적절한가를 두고 사회적 공감대를 형성하는 단계, 소위 '공론화 과정에 대한 공론화' 단계라 할 수 있다(채종헌 2017).

공론화 사전준비 단계에서의 주요 행위자는 '주문자(Client)'이다. 주문자가 누구인가에 따라 의제선정은 밑으로부터의 의제선정, 제도로서의 의제선정, 위로부터의 의제선정 등으로 구분된다(김학린·이강원 2017). 밑으로부터의 의제선정의 예로 '2014 대한민국 미래비전 국민대토론회'를 들 수 있는데 전국민을 대상으로 설문조사를 실시하여 저출산, 고령화, 양극화, 복지확충 등을 의제로 설정한 바 있다. 제도로서의 의제선정은 프랑스 공공토론위원회처럼 의제선정 여부를 위원회가 사안별로 결정하는 경우이다. 위로부터의 의제선정은 2017년 문재인 대통령의 제안으로 진행된 신고리 원전 5·6호기 공론화와 교육부장관의 의뢰로 실행된 2022년 대입제도개편 공론화 사례를 들 수 있다.

각 유형은 나름대로 장단점이 있는데, 밑으로부터의 의제설정은 국민적 관심 사안이 공론화의 의제로 될 수 있다는 점에서 긍정적 측면이 있으나 정책 수용성 측면에서 많은 한계를 노정할 수 있고, 위로부터의 의제설정은 정책수용성 측면에서는 장점이 있는 반면, 정부 결정을 정당화하는 수단으로 활용될 개연성이 크다. 반면, 제도로서의 의제설정은 일관성과 안정성을 확보할 수 있는 반면, 형식화될 수 있는 가능성이 크다 할 것이다. 그러나 한국적 상황은 대통령 및 장관 등 대부분 위로부터 공론화가 결정됨으로써 책임회피 논란을 야기하고, 사전 공감대 미흡이 주요 문제점으로 지적되고 있다.

또한 공론화 사전준비 단계에서 주문자의 또 다른 주요 역할은 공론화 전 과정을 조직하고 운영할 주제인 '주관사(Convener)'를 지정하거나 조직하는 것이다. 주관자는 주문자로부터 자율적이어야 하고, 이해당사자들과의 관계에서도 중립적으로 구성하는 것이 관건이다. 주관자를 중립적으로 구성하는 방법에는 중앙노동위원회와 같이 이해당사자를 가급적 배제하는 것과 노사정위원회와 같이 이해당사자를 균형 있게 참여시켜 중립화하는 것이 있을 수 있다. 신고리 5·6호기 공론화는 이해관계자를 배제하고 중립적 인사로 공론화위원회를 구성하여 공론화를 성공적으로 수행했으나, 사용후핵연료 관리정책 재검토위원회는 이해관계자 배제로 논란을 야기하고, 결국 공론화 진행에 심각한 장애 요인이 되고 있다.

둘째, 프로세스 설계 단계로서 시민들의 참여와 숙의 방법을 설계하고 구체화하는 단계이다. 이 단계는 숙의여론조사(Deliberative Poll)나 시민배심제(Citizen's Jury) 등 유력한 공론화 방법을 선택하거나 다양한 방식을 조합하여 맞춤형 공론화방법을 설계하고 기본 규칙을 제정하며 실행계획을 수립하는 것이 주요 과제가 된다. 아울러 이해관계를 갖고 있는 이해당사자나 시민참여단 등이 공론화 실행과정에서 어떠한 역할을 수행하며, 어느 정도의 책임성을 가질 것인지를 설계하여야 한다.

이 단계에서의 주요 행위자는 통상 '공론화위원회' 등으로 불리는 주관자가 된다. 주관자는 숙의적 시민참여 프로그램을 진행할 팀을 조직해야 하고, 시민참여단을 모집하고, 공론화 과정에 이해관계를 갖고 있는 이해당사자들의 협의창구인 '소통협의회'를 조직하며, 조사와 숙의토론을 이끌 진행기관(facilitators)을 선정하여야 한다. 아울러 진행과정 전체를 객관적으로 평가할 검증위원회도 구성할 수 있다(신고리 5·6호기 공론화 위원회 2017a).

셋째, 참여 및 숙의 단계로서 선발된 시민들을 참여시키고 숙의를 실제로 실행하는 단계이다. 이 단계는 참여의 대표성과 숙의의 성찰성을 담보하기 위한 환경과 조건을 창출하는 것이 중요한 과제가 된다. 참여의 대표성이 확보되기 위해서는 다양한 집단의 폭넓은 참여가 보장되어야 하며, 특정집단이 과대하게 대표되거나 과소하게 대표되지 않도록 해야 한다. 숙의의 성찰성이 확보되기 위해서는 균형 잡힌 정보제공과 학습의 기회가 충분히 제공되어야 하며, 토론과정에서 상호 존중의 태도와 평등한 참여를 보장해야 한다(김원용 2003).

이 단계에서의 주요 행위자는 선발된 시민참여단이다. 아울러 시민들의 숙의결과에 직접적인 이해관계를 갖고 있는 이해당사자들도 주요한 행위자가 될 수 있다. 특히, 이해당사자들의 협력이 필수적이다. 이들은 상황에 따라 시민참여단이 학습할 자료집을 제작하고 토론회에서 연사로 나서는 등 다양한 활동을 수행하게 되는바, 이들의 역할과 책임을 명확히 하고 이를 성실히 준수할 수 있도록 설계하는 것이 필요하다. 이를 위해 이해관계자 소통협의회를 구성하여 공론화 프로세스 전 과정에서 주관자와 함께하는 것이 바람직하다. 토론의 진행자 또한 주요 행위자이다. 종합토론과 그룹별 토론 모두에서 진행자는 중요한 역할을 하는데, 공정하고 편파적이지 않고 시민들의 평등한 참여를 보장해야 한다.

마지막으로, 결과도출 단계로서 시민참여단의 숙의결과를 평가하고 최종권고안을 도출하는 단계이다. 결과도출 단계는 기존 연구에서 소홀히 다루어진 영역이라 할 수 있다. 공론화 프로세스는 참여자들의 숙의에 기반한 결과도출이라는 측면이 강조된 나머지 숙의과정에서 도출된 결과가 그대로 최종 결과가 된다고 생각하는 경향이 강하다. 그러나 숙의과정에서 도출된 결과가 여러 제약이 있을 수 있고, 최종결정과 관련한 법제도 규정이 있을 수 있기 때문에 최종 결과물은 숙의과정에서 도출된 결과를 기반으로 하지만 이에 대한 종합과 해석은 또 다른 프로세스를 거쳐야 한다. 이러한 의미에서 숙의과정에서 도출된 합의가 그대로 반영되는 구조인가 아니면 숙의과정에서 도출된 합의를 종합 또는 해석해야 하는 구조인가에 따라 최종 결과물은 달라질 것이다. 따라서 결과도출 단계에서의 주요 행위자는 주관자가 될 수도 있고, 시민참여단이 될 수도 있다.

본 연구는 이러한 사례분석 준거틀을 토대로 한국사회에서 공론화를 통해 사회적 난제를 해결하기 위한 여러 시도들을 분석적으로 재검토하고자 한다. 한국사회에서 실행된 공론화 사례들이 가지는 의미를 사례분석 준거틀에 기반하여 분석하여, 숙의적 시민참여를 실효적으로 담보하기 위한 다양한 활동의 성과와 한계를 토론하고자 한다. 이를 통해 한국사회 공공갈등의 특성에 부합하는 한국형 공론화 모델을 탐색하고자 한다.

본 연구는 그동안 한국사회에서 진행된 공론화 사례 중에서 집필진이 공론화 위원 또는 공론화 진행자로 직접 참여하고, 공론화 유형의 대표성과 상징성을 고려하여 열 개의 공론화 사례를 분석하였다. 열 개의 사례는 공론화 사례에 대한 분석의 객관성을 유지하면서도 공론화 과정에서 체득한 경험을 바탕으로 공론화 과정의 내적 동학 등 종합적인 맥락을 파악하는 데 용이하기 때문에 선택되었다. 구체적으로 열 가지 사례는 다음과 같으며, 시계열적으로 공론화가 실행된 순서에 맞추어 분석하였다.

① '국립서울병원 이전 및 재건축 갈등 공론화' (2009.2 - 2010.2)

② '2014 미래비전 국민대토론회' (2014.8 - 2014.12)

③ '4·16 세월호 참사 안산시추모사업 공론화' (2016.7 - 2017.6)

④ '신고리 5·6호기 공론화' (2017.7 - 2017.10)

⑤ '학교생활기록부 신뢰도개선 정책숙려제' (2018.4 - 2018.7)

⑥ '2022년 대입제도개편 공론화' (2018.4 - 2018.8)

⑦ '2018 국민참여예산제도와 예산국민참여단 운영'
   (2018.6 - 2018.8)

⑧ '광주도시철도 2호선 공론화' (2018.8 - 2018.11)

⑨ '2018 서울지역 균형발전 공론화' (2018.9 - 2018.11)

⑩ '제5차 국토종합계획수립을 위한 국민참여단 운영'
   (2018.11 - 2019.7)

3장

공론화 10개 사례 분석

Ⅰ. 국립서울병원 이전 및 재건축 갈등 공론화

- 이해관계자 갈등조정과 숙의적 주민의견수렴 통합사례 -

1 개요

　　서울시 광진구 중곡동에 위치한 국립서울병원(1962.2월 국립정신병원→ 1982.12월 국립서울정신병원 변경→ 2002.5월 국립서울병원 변경→ 2016.3월 정신건강센터로 변경됨)이 노후화되자 보건복지부와 병원은 1989년부터 국립서울병원의 현대화사업(재건축)을 추진했다. 그러나 정신질환 진료기능을 담당하는 국립서울병원이 지역발전에 걸림돌이 된다고 생각하는 지역주민과 광진구청은 국립서울병원의 이전을 촉구하면서 갈등은 20여 년째 지속되었다. 그러다 2009년 2월 복지부장관과 지역구 국회의원, 지역주민을 중심으로 정부 「공공기관의 갈등예방과 해결에 관한 규정」을 활용하여 갈등당사자들이 자율적으로 문제를 해결하는 갈등조정협의체를 구성함으로써 교착상황을 타개하는 기회를 갖게 되었다.

국립서울병원 관련 갈등조정위원회(이하 갈등조정위원회)는 갈등조정전문가의 지원을 받아 복지부, 병원, 광진구청, 범주민이전대책위 등 관련 이해관계자 및 전문가 등 20명이 참여하여 상호 불신을 해소하고, 병원 이전을 위한 공동의 노력을 진행하며 병원과 지역사회가 상호 만족할 수 있는 대안을 모색하는 등 9개월 간의 논의를 통해 2009년 10월 12일 현 국립서울병원 부지 내에 정신건강연구원, 의료행정타운 및 의료 바이오비즈니스센터로 구성된 가칭 종합의료복합단지를 신축한다는 잠정합의안을 도출했다. 그 후 3개월 동안 갈등조정위원회가 도출한 잠정합의안에 대해 지역주민의 의견을 수렴하는 주민보고회 등 다양한 공론화를 거쳐 최종적으로 지역주민의 찬성의견(83%)을 확인하고 2010년 2월 10일 갈등조정위원회는 종합의료복합단지 신축안을 최종 합의하고 복지부·광진구청·지역구의원·광진구의회가 관련 MOU를 체결함으로써 20여 년 간의 갈등을 해소했다.

갈등조정위원회는 최종 결론도출을 위해 세 가지 방법의 주민의견수렴절차(공론화 방식)를 활용했다. 갈등조정위원회가 마련한 잠정합의안에 대해 세 차례 '주민보고회' 개최, 전문여론조사기관 패널을 무작위로 선정하여 심층토의 방식의 '주민참여형 여론조사' 실시 및 인구통계학적 대표성을 고려한 1,000명의 주민을 대상으로 관련 정보를 제공하고 찬/반 여부를 묻는 '정보제공형 여론조사'를 실시했다. 이 사례는 국립서울병원의 이전 및 재건축에 적극적 이해관계를 갖는 갈등조정위원회가 조정절차(mediation)를 활용하여 먼저 잠정합의안을 도출하고, 그 후에 지역주민을 대상으로 잠정합의안에 대한 동의 여부를 확인하는 공론화 절차를 활용하는 이해관계자 중심의 공론화 유형이라 할 수 있다. 또한 이해당사자 간 합의(갈등조정)와 지역주민의 의견수렴(공론화) – 숙의형 여론조사의 일환으로 볼 수 있는 주민보고회, 주민참여형 여

표 3-1 국립서울병원 이전 및 재건축 갈등과 공론화 주요 일지

일시	구분		내용
2009.2.3	갈등조정위원회 잠정합의안 도출		국립서울병원 관련 갈등조정위원회 구성
2009.10.20			위원회 잠정합의안 도출(18차 회의)
2009.11.17			주민의견수렴 공론화 일정 및 방식 확정 (21차 회의)
2009.12.2	주민의견수렴	주민보고회 (3회)	통장 및 직능단체 대상 의견수렴 (1차 주민보고회)
2009.12.7			일반주민 대상 의견수렴 (2차 주민보고회)
2009.12.15			일반주민 대상 의견수렴 (3차 주민보고회)
2009.12.19		참여형 여론조사 (4회)	중곡, 1, 2동 시민패널 대상 의견수렴
2009.12.20			중곡 3, 4동 시민패널 대상 의견수렴
2010.1.27-30		정보제공형 여론조사	중곡동 인구통계적 대표성 고려 1,000명 의견수렴 – 잠정합의안 찬성 83% : 반대 17% –
2010.2.5	위원회 최종합의		위원회 합의문 채택, 관계 간 MOU체결 의결
2010.2.11	위원회 해산		복지부·광진구청·지역구의원·광진구의회 합의안 이행 MOU체결

자료: 국립서울병원 관련 갈등조정위원회 1~31차 회의록 재구성

론조사, 정보제공형 여론조사 – 절차를 활용하여 갈등조정과 주민 의견수렴(공론화 절차)을 성공적으로 통합한 사례라 할 수 있다.

: 이해당사자 간 갈등조정(잠정합의안 도출)

　　1962년 2월에 개원한 국립정신병원은 미국의 원조로 설립되었
고 정신질환에 대한 진료와 정신의학 분야의 조사연구를 담당하
고 있다. 2002년 5월 국립서울병원으로 명칭이 변경된 병원은 3층
짜리 건축물로서 면적은 45,799.1㎡(약 13,854평)이고 건평은 30,741.6
㎡ (약 9,299평)로 본원과 소아청소년진료소, 총 960병상을 갖추고
있다. 개원 당시에는 주택가가 형성되지 않았으나 1990년 이후 본
격적으로 광진구의 도시화가 진행되면서 병원 앞으로 도로가 뚫
리고 인근에 학교와 7호선(1996년 개통) 중곡역이 조성됨으로써 지
역발전을 바라는 지역주민과 갈등이 표출된다(김광구·신창현 2006).
1989년 복지부는 병원시설의 노후화를 개선하고 전국 정신병원의
선도 기능과 공공보건의료의 중추적 기관으로서 위상을 제고하고
자 국립서울병원의 현대화(재건축) 계획을 추진했다. 그러나 1994
년 12월 지역주민이 병원 이전을 요구하는 국회 청원을 제기하고
현대화 사업을 반대하자 1995년 3월 복지부는 병원을 이전하는
사업계획을 수립하고 서울 근교로 이전을 시도했다. 국립서울병원
후보지를 물색하는 두 차례에 걸친 공모 과정이 병원 이전을 반대
하는 해당 후보지 주민과 지방자치 단체의 소극적인 태도로 무산
되자 복지부는 병원 이전이 불가능하다고 판단하고 2003년 현 부
지에 재건축을 시도했다. 반면에 2004년부터 지역구 국회의원들은
국회에서 관련 예산을 삭감하면서 국립서울병원 현대화사업을 좌
초시켰다. 그 결과 국립서울병원 현대화사업을 둘러싼 복지부와
지역주민 간의 갈등은 20여 년간 지속되었다.

2005년 4월 국무조정실은 참여정부 갈등관리 시책의 일환으로 국립서울병원 재건축 사업을 갈등영향분석 시범사업으로 지정하고 중립적인 갈등관리전문기관을 통해 갈등영향분석과 참여적 의사결정 기법인 시나리오 워크숍을 활용하여 갈등해소를 도모했지만 주민 반대로 뜻을 이루지 못했다. 국립서울병원의 현대화와 광진구 지역사회의 발전을 두고 복지부(병원)와 지역주민(광진구청, 지역구 의원) 간의 갈등은 교착상태를 이어오다 2008년 12월 지역구 의원(한나라당 권택기 의원)이 국립서울병원 재건축예산 198억 원을 삭감하자, 관계기관 간에 갈등이 고조되었다. 그 후 "님비에 방치되는 국립서울병원(한겨레 2008.12.25)" 등 언론 보도가 확산되자 복지부, 지역구 의원을 중심으로 정부 「공공기관 갈등예방과 해결이란 규정(이하 갈등관리규정)」을 활용하여 갈등을 합리적으로 해결하려는 새로운 시도가 모색되었다.

2008년 12월 29일 국회 의원회관에서 지역구 의원, 광진구청(부구청장, 도시계획국장), 국무총리실 관계자, 복지부 질병정책관 등이 참석하여 자율적 갈등해결을 위한 방안을 논의했다. 복지부는 국립서울병원의 기능을 정신질환 진료에서 임상실험 위주로 개편하는 국립정신건강연구원(가칭)을 설립하고 부속병원 규모를 960병상에서 300병상으로 축소하며 지역경제 활성화에 기여할 수 있는 의료행정타운 건립을 대안으로 제시했고 지역구 의원과 광진구청은 주민의사에 반하는 실시설계 및 신축은 반대한다는 의사를 밝혔다. 결국 합의를 통한 문제해결이 필요하다는 공감 아래 2009년 1월 19일 국립서울병원에서 지역구 국회의원, 국무총리실, 복지부, 국립서울병원, 광진구 의회의원, 주민대표(중곡동 4개 주민자치위원회 위원장)가 참석하여 갈등관리규정에 따라 향후 갈등조정위원회를 구성하고 대안적 갈등해소방법(Alternative Dispute Resolution)인 조정절차를 활용하여 갈등을 합리적으로 해소한다는 데 의견을 모았다(이선우·이강원, 2010). 그리고 2009년 2월 20일 제1차 갈등 조정위원회가 개최되었다.

공공기관 갈등예방과 해결에 관한 규정

2007년 2월 12일 중앙행정기관 등이 공공정책과 관련된 갈등을 체계적으로 관리할 수 있도록 대통령령으로 제정된 갈등관리 표준절차를 말한다. 동 규정에 따르면 공공정책 등으로 발생한 갈등을 조정하기 위하여 사안별로 사회적 합의촉진을 위한 중앙행정기관은 갈등조정회의를 설치할 수 있고(제16조 갈등조정협의회), 중앙행정기관의 장은 갈등의 예방 및 해결을 위하여 이해당사자·일반시민·전문가 등이 참여하는 의사결정방법을 활용할 수 있다(제15조 참여적 의사결정기법).

갈등조정위원회는 국립서울병원의 현대화와 관련된 직접이해 당사자 대표들이 참여하는 협의체이다. 광진구 시의원(1인), 광진구 구의원(3인), 광진구청 부구청장과 도시계획국장(2인), 주민자치 위원장(중곡4개동별 1인 총 4인), 국립서울병원 이전 범주민대책위원회(1인)가 참여했고, 복지부 및 병원(2인), 중립적 갈등관리전문가(시민단체 및 학계 포함 5인), 학계 및 연구기관(3인) 등 총 21명이 참여했지만 갈등관리전문가 1인이 개인사정으로 참여하지 못하여 총 20명으로 운영되었다. 갈등조정위원회 위원장은 한국사회갈등해소센터(옛. 경실련갈등해소센터) 이사장인 한국방송통신대학교 이선우 교수가 맡았다. 갈등조정위원회는 모든 사항에 대해 위원들의 합의를 원칙으로 운영되었고 주민과 복지부 모두가 만족하는 합의안 모색을 목적으로 두었고 최종결정은 주민의견수렴(공론화)을 통해 확정하기로 첫 회의부터 결정했다. 갈등조정위원회 내에서 이뤄지는 병원 이전 및 재건축과 관련된 일체의 합의안은 주민들의 동의가 필요조건이라는 데 처음부터 인식을 같이했다.

갈등조정위원회는 갈등을 해소하기 위해서 갈등의 원인분석 및 대안 검토 등 10개월간의 논의 끝에 2009.10.20(18차 갈등조정위원회)에 현 부지에 가칭 종합의료복합단지를 신축한다는 잠정합의안을 도출했다. 지역주민과 복지부는 갈등조정위원회를 통해 1) 병원 이전이 우선이란 점, 2) 복지부가 마련한 대안을 지역주민들에게 설명할 기회를 줘야한다는 점, 3) 가칭 국립정신건강연구원은 국립서울병원 이름만 바꾼 형태가 아니라는 점에 상호이해를 같이했다. 그리고 대안개발을 위해서 광진구 외부지역으로 병원을 이전하는 안을 우선 검토하고 → 외부이전이 불가능할 때 광진구 내 대체 부지를 물색하고 이전 가능성을 검토하며 → 광진구 내 이전도 불가능하면 현 부지에 신축하는 안을 검토한다고 합의했다 (5차 갈등조정위원회).

갈등조정위원회는 먼저, 광진구 외부지역으로 국립서울병원을 이전하기 위해서 광진구청이 제안한 4개 후보지(포천시 내촌면, 남양주시 진접읍, 조안면, 성남시 상적동)를 검토한 결과 농림지역 등은 법령상 병원을 설치할 수 없다는 데 의견을 공유했고 포천시가 병원을 유치하겠다는 제안을 다루었다. 포천시는 병원 유치를 위해서 종합병원 수준으로 이전할 것을 요청했지만 갈등조정위원들은 종합병원 설립에 대한 법적요건(입지조건, 인구수 고려, 기재부 동의 등)을 확인하고 포천시 제안을 수용하기 어렵다는 것을 확인했다. 이에 광진구 외부지역으로 이전이 현실적으로 어렵다고 판단한 갈등조정위원회는 광진구 내에 대체 부지를 모색하는 안을 검토했으나 대체후보지 주민들의 반대로 결국 현 부지에 신축방안을 우선적으로 검토하면서 외부이전이 가능한지를 추가로 논의했다.

갈등조정위원회는 외부이전의 현실성을 추가로 타진하기 위해서 서울 마곡지역, 경기도 광교 등 당시 수도권의 첨단의료복합단지 유치신청 후에 탈락한 지자체와 의료산업 발전계획을 갖고 있는 성남시, 고양시, 부천시를 대상으로 유치의사를 확인하는 공문을 보내고 면담을 시도했으나 해당 지자체는 주민 반대를 시유로 면담을 거부했다. 국립서울병원의 외부이전을 위한 추가 노력이 결실을 맺지 못하자 갈등조정위원회는 제12차 갈등조정위원회 (2009.7.8) 회의부터 현 병원부지에 국립서울병원 재건축(원안)을 넘어서 새로운 형태의 대안(신축안)을 본격적으로 검토했다. 갈등조정위원회에 참여하는 지역주민 대표들과 전문가들은 병원의 현대화와 지역발전을 도모하기 위해 새로운 대안을 개발했는데, 주요 내용은 복지부의 당초 협상안(정신건강연구원과 의료행정타운건립) 외에, 추가적으로 의료바이오 - 비즈니스센터 건립과 병원 부지의 종상향 추진(현재 2종 일반주거지역 → 준주거지역)을 연계한 가칭 종합의료복합단지 신축안이었다. 광진구청과 지역구 국회의원, 지역주민 대표들은 당초 복지부가 마련한 대안(정신건강연구원과 의료행정타운 설립)은 지역발전을 충족시키기에는 미흡하다고 판단한 상황에서 새롭게 탐색한 신축안이 지역경제 활성화와 지역사회 랜드마크로서 기능을 담당할 수 있는 획기적인 대안으로 평가하였다.

그러나 복지부는 지역주민 대표와 전문가들이 개발한 의료바이오비즈니스 센터 건립은 중곡동 발전을 위해 추진하는 것으로 원칙적으로 병원과 관련이 없고 결과적으로 병원규모가 축소되기 때문에 의료바이오비즈니스 센터 건립을 반대했다. 종상향 추진 또한 복지부의 권한 밖이며 행정절차 이행 등 사업이 지연될 개연성이 크기 때문에 신축안을 수용할 수 없다며 맞섰다. 종합의료복합단지 신축안을 두고 복지부와 지역주민 대표 간의 이견대립이 심화되고 갈등조정위원회가 공전되자 국립서울병원 현대화사업을 위해서는 지역주민과 합의가 중요하다는 복지부장관(전재희)의 대승적 결단으로 2009.10.20(18차 갈등조정위원회)에 잠정합의안을 마련할 수 있었다.

갈등조정위원회가 마련한 잠정합의안은 종상향을 전제로 현
국립서울병원 부지 내에 정신건강연구원·의료행정타운·의료바이
오–비즈니스센터로 구성된 '가칭 종합의료복합단지' 신축이었고
9개월 동안의 갈등조정위원회에 참여한 이해당사자들의 협력의
산물이었다. 이에 최종결정을 내리기 위해서 지역주민들에게 갈등
조정위원회가 발굴한 잠정합의안에 찬/반 여부를 확인하는 주민
의견수렴(공론화)절차가 본격화된다.

3 공론화방법과 설계

: 주민보고회, 주민참여형 여론조사 및 정보제공형 여론조사

갈등조정위원회는 국립서울병원 현대화 및 이전문제를 합리
적으로 해결하기 위해 위원회가 선(先) 잠정합의안을 마련하되 주
민들의 동의 여부(공론화)를 확인하여 최종 의견을 정리한다는 방
침을 사전에 정하고 운영되었다. 갈등조정위원회에 참석한 정치인
(국회의원, 시의원, 구의원)과 중곡 4개동 주민자치위원장, 반대대책
위원장 등 주민대표들은 그동안 중곡동 주민들의 요구가 국립서
울병원 이전에 있다는 것을 명확하게 알고 있었기 때문에 국립서
울병원의 이전이 아닌 다른 대안을 모색한다는 데 심리적 부담을
갖고 있었다. 따라서 주민의견을 확인하는 공론화 절차를 활용하
여 갈등조정위원회의 최종 결정을 도출한다는 절차에 이견이 없
었다.

갈등조정위원회는 잠정합의안을 도출하고 나서, 21차 회의 (2009.11.17)에서 공론화 의제(갈등조정위원회 활동경과 및 잠정합의안 내용) 및 주민의견수렴 질차(공론화방식)를 확정했다. 먼저 '주민보고회'는 12월 내에 총 세 차례 개최하며 갈등조정위원회의 활동경과 및 가칭 종합의료복합단지 조성안을 설명하고 주민들의 의견을 수렴하며, 신뢰 증진을 위하여 복지부장관이 주민보고회에 모두 참석하도록 권고했다. 또한 갈등조정위원회는 주민들의 광범위한 의견수렴을 위해서 숙의여론조사를 실시하기로 했으나 비용과 시간제약 등을 고려해서 전문여론조사기관(한국리서치) 자문을 통해 숙의여론조사의 대체방안을 마련하였다. 즉, 해당 지역주민들을 대상으로 주민참여형 여론조사(심층토의)와 중곡동 인구 통계학적 대표성을 고려하여 무작위로 선정된 1,000명의 주민을 대상으로 정보제공형 여론조사를 실시하기로 했다. 주민참여형 여론조사 (심층토의)는 여론조사전문기관(한국리서치)이 보유하고 있는 중곡4개동 주민 패널을 활용하여 동별 남녀 8명 총 64명(동별 남·여별로 39세 이하 4명, 40대 2명, 50대 이상 2명으로 구성)을 4개조로 나누고 관련 정보를 제공하고 질의·응답을 거친 후에 참석자 의견을 취합하는 것이다. 이 조사는 주민보고회 때 참여하지 않은 일반 주민들 의견을 확인하는 것으로 참석자에게 관련 정보를 제공하고 토의 등 숙의를 거친 후에 의견을 청취하는 것이 목적이었으며 소규모 약식 숙의여론조사라 할 수 있다. 또한 정보제공형 여론조사는 인구통계학적 구성을 반영해 무작위로 선정된 1,000명을 대상으로 관련 정보를 주고 의견을 확인하는 방법으로, 선발된 시민들이 직접 만나서 상호 토의하는 기회는 제공하지 못했지만 응답자들이 사전에 제공된 정보를 학습하고 생각할 기회를 갖은 후에 최종 의견을 확인한다고 해서 '정보제공형 여론조사'라 지칭했다.

무작위로 선발된 참여자를 대상으로 갈등조정위원회의 활동 경과와 잠정합의안을 설명하는 자료를 전달하고 찬/반 의견을 묻는 '정보제공형 여론조사' 실시를 두고 갈등조정위원회 내 이견이 대두됐다. 표본 구성을 두고 광진구청과 주민대표들은 주택소유자와 50대 이상 비중을 늘릴 것을 주장했으나 복지부와 전문가들은 여론조사기관의 자문(조사의 대표성 확보를 위해 중곡동 인구연령별 특성을 반영해야 한다고 제안)을 따라야 한다고 대립했다. 갈등조정위원회는 논의 끝에 대표성이 중요한 만큼 인구·연령별 특성을 중심으로 표본을 구성하되 주택소유자와 임차, 동별, 연령별 찬/반을 별도로 파악하여 종합적인 판단을 하는 것으로 이견을 해소했다. 또한 광진구청은 '정보제공형 여론조사'의 공정성을 강화하기 위해 찬/반 주민이 참여하는 '여론조사소위원회' 구성을 요구했으나 갈등조정위원회가 구성한 '여론조사 실무위원회'가 이미 찬/반 의견을 갖는 위원으로 구성되었기 때문에 기존 실무위원회에 찬/반 의견을 갖는 주민대표 1인씩을 추가로 참석시키고 참관인을 배석시키기로 결정했다. 또한 '정보제공형 여론조사'의 설문문항과 관련하여 갈등조정위원 중 신축안에 부정적인 의견을 갖고 있는 일부 위원이 "이전과 재건축이 되지 않을 때 중곡동의 도시개발에 지장이 있다는 것에 대해 어떻게 생각하는지"를 반드시 설문조사에 기재해야 한다고 주장했으나 해당 질문이 유도성, 편파성 우려가 있을 수 있다는 견해를 감안하여 잠정합의안의 찬/반을 묻도록 문항을 최종 확정했다. 조사방식의 공정성과 관련하여 논란이 있었으나 갈등조정위원회는 언론학회 등 자문을 받아 ARS방식이 아닌 면접원 조사 방식을 활용하기로 최종 확정하는 등 주민의견수렴 방식을 합의했다.

갈등조정위원회가 주민보고회 등 주민의견수렴 과정에서 활용한 「국립서울병원 관련 갈등조정위원회 논의사항 보고문」은 서두에 "국립서울병원 이전 및 재건축을 둘러싼 갈등을 합리적으로 해소하고 광진구 지역발전과 환자들의 편익증진에 기여할 수 있는 대안을 모색해온 국립서울병원 관련 갈등조정위원회는 그 간의 논의사항을 요약·정리하여 주민보고회 등을 통하여 중곡 1·2·3·4동 주민들의 여론을 수렴한다"고 취지를 명기했고 정보제공의 주요 내용은 다음과 같다.

① 국립서울병원(국립정신건강연구원 조직개편계획 전제)을 외부로 이전할 수 있도록 현장답사 및 설명회 등 적극 노력하였으나 국립서울병원의 유치를 희망하는 지자체 부재 및 해당 지역주민 반대 등으로 외부이전이 현실적으로 어렵다고 판단하여 현 부지 내에서 지역발전에 기여할 수 있는 방안을 마련함

② 보건복지가족부(이하 복지부)는 현 국립서울병원을 폐원(기능전환)하고 국가적 정책 사업으로 가칭 국립정신건강연구원 및 임상센터(부속병원), 의료행정타운, 의료 바이오-비즈니스센터 등으로 구성되는 가칭 종합의료복합단지를 신설하여 유동인구 창출, 고용 및 취업유발 효과 등 지역경제발전에 기여하고 지역의 상징적인 명소로 거듭날 수 있도록 함

③ 가칭 종합의료복합단지는 현재 광진구에서 중곡역 일대 추진하고 있는 지구단위계획과 연계하여 용도지역 상향을 전제로 건립하고 중곡역세권이 종합적으로 발전할 수 있도록 복지부와 광진구청은 협력하여 서울시 등 관계기관과 적극 협의함

④ 복지부는 의료행정타운에 입주하는 관련기관의 추가 유치에 최대한 노력하고 의료 바이오-비즈니스센터 활성화 등 가칭 종합의료복합단지 조성을 위하여 광진구청과 협력양해각서를 체결하고 긴밀하게 협력함

⑤ 복지부는 주민 친화성을 높이기 위하여 새로 신설할 정신건강연구원의 현명한 명칭사용방안을 적극 검토하고 임상센터(부속병원) 내에 노인성 질환 치료시설 등 준 종합병원의 진료기능을 추가함

⑥ 중곡동 주민이 현 국립서울병원부지 내 종합의료복합단지 건립을 동의할 경우 복지부, 광진구, 지역구 국회의원, 중곡 지역 시/구의원, 주민대표 등이 참여하는 종합의료복합단지 추진위원회를 12월 내로 구성하여 구체적인 추진방안을 마련함

⑦ 현 국립서울병원 부지내 종합의료복합단지 건립에 관한 주민의사를 확인하기 위하여 12월에 중곡 1·2·3·4동 주민들에게 보고회를 개최하며 필요할 경우 여론조사 또는 공론조사를 활용함

⑧ 주민동의 여부를 판단할 수 있는 기준으로 여론조사를 실시할 경우 다수결의 원칙에 따르며 공론조사를 실시할 경우 공론조사 참여자들의 권고안에 따른다. 여론조사 또는 공론조사는 공신력 있는 여론조사기관에 의뢰함

⑨ 향후 개최될 주민보고회가 충분한 정보제공과 다양한 주민의견을 진진하게 수렴할 수 있는 자리가 되도록 갈등조정위원회 전 위원들은 적극 협력함

4 ⏐ 숙의단계: 공론화 시행

주민의견수렴 절차로 첫 번째 프로그램인 '주민보고회'는 갈등조정위원장의 개회사 → 내빈 인사말 → 갈등조정위원회 활동보고(부위원장) → 가칭 종합의료복합단지관련 국립정신건강연구원의 설립계획(복지부) 및 가칭 종합의료복합단지 설립에 따른 경제적 효과분석(한국보건산업진흥원) → 광진구 종합발전계획(광진구청) → 참석 주민들과 질의·응답(위원장) → 폐회 순으로 진행되었다. 주민보고회는 2시간 내외로 진행되었고 주민보고회 참석자들로부터 주민보고회가 종료된 시점에서 주민의견서를 취합하는 방식으로 여론을 수렴했다. 1차 주민보고회는 중곡동 통장 및 직능단체 대표를 중심으로 진행되었고 2, 3차 주민보고회는 적극적 관심을 갖는 중곡동 일반주민을 대상으로 개최됐다. 주민의견서는 개방형

표 3-2	주민보고회 진행 개요	

일시	구분	내용
1차 주민보고회 2009.12.2(수)	저녁6시 광진구청	• 2, 3차 주민보고회 참석자를 대상으로 의견서를 취합함 • 참석자들의 중복기재 개연성이 존재하며 총 229명 응답함 • 종합의료복합단지 신축안 찬성 101명, 반대 114명, 중립 13명, 무응답 1명
2차 주민보고회 2009.12.7(월)	저녁5시 중곡문화체육센터	
3차 주민보고회 2009.12.15(화)	저녁4시 중곡문화체육센터	

자료: 국립서울병원 관련 갈등조정위원회 1~31차 회의록 재구성

질문으로서 "국립서울병원을 폐원하고 가칭 종합의료복합단지를 신축하는 것에 대해 어떻게 생각하십니까?"에 대한 자유 기술식 응답을 하도록 구성했고 참여자 의견을 전문여론조사기관에서 교차 체크하는 방식을 통해 찬성/반대/중립으로 분류했다. 주민보고회는 주변 주택소유자 및 적극적 이해당사자들이 주로 참석했으며, 국립서울병원의 이전의 현실성, 가칭 종합의료복합단지 신축안의 효과성을 중심으로 다양한 의견개진이 이루어졌다. 1차 주민보고회는 통장 및 직능단체 대표를 중심으로 안정적이고 질서 정연하게 진행되었지만 2, 3차 보고회는 이전을 추진하는 인사들과 종합의료복합단지 유치를 희망하는 포천 지역주민들이 참석하여 발언권을 요청하는 등 일부 소란이 있었다. 세 차례 주민보고회의 구체적인 결과는 <표 3-2>와 같다.

주민의견수렴 절차 두 번째 프로그램인 '주민참여형 여론조사(심층토의)'는 중곡동 주민 49명을 성별, 동별로 4개 그룹으로 구성하고 갈등조정위원회 잠정합의안을 전달한 후에 중립적인 사회자

일시	구분	내용
2009.12.19 (토)	오전11시 중곡 1, 2동(여)	• 목표 표본 64명 중 49명이 참석함. 주민보고회 응답자 현황과 비교하면 성별, 지역별, 주거형태별 비율이 고르게 분포됨. 연령의 경우 상대적으로 30, 40대 비율이 높음
	오후 3시 중곡 1, 2동(남)	
2009.12.20 (일)	오후 1시 중곡 3, 4동(여)	• 종합의료복합단지 신축안 찬성 41, 반대 1, 유보 7명
	오후 4시 중곡 3, 4동(남)	• 참여자 설문조사 결과: 참여자 90% 잠정합의안에 설명이 객관적으로 이뤄졌다 응답, 참여자 93% 진행이 공정했다고 응답함

표 3-3 주민참여형 여론조사 진행 개요

자료: 국립서울병원 관련 갈등조정위원회 1~31차 회의록 재구성

의 진행으로 토의와 질의·응답과정을 거친 뒤 참여자들로부터 의견서를 취합하는 것으로 여론을 확인했다. 이 조사는 중곡동 주민들이 잠정합의안에 대한 내용을 충분히 숙지했을 때 여론이 어떠할지를 가늠하는 것이 목적이었고 2시간 50분 동안 4개 그룹으로 나누어 동일한 형식으로 진행되었다. 설문문항은 주민보고회와 동일하게 개방형 질문으로서 "국립서울병원을 폐원하고 가칭 종합의료복합단지를 신축하는 것에 대해 어떻게 생각하십니까?"에 대한 자유기술식 응답을 하도록 구성했고 참여자 의견을 찬성/반대/중립으로 분류했다. 구체적인 결과는 <표 3-3>과 같다.

주민의견수렴 절차 세 번째 프로그램인 '정보제공형 여론조사'는 중곡동 주민들의 적극적인 참여를 독려하기 위해 2010년 1월 18~25일까지 관련 자료집을 배포하고 길거리 홍보를 2주간 진행

| 표 3-4 | 정보제공형 여론조사 개요 |

일시	구분	내용
2010. 1.27-30	정보제공형 여론조사	• 2009년 12월 31일 중곡동 주민등록인구현황 기준 동별, 성별, 연령별 인구구성비 및 주택소유 형태별 구성비 고려하여 비례할당 후 무작위 추출함 • 무작위 추출을 전제할 경우, 95% 신뢰수준에서 조사표본 1,000명의 최대허용 표집오차는 ±3.1% • 컴퓨터를 이용한 전화면접조사(CATI) • 종합의료복합단지 신축안 찬성 83.0%, 반대 13.2%, 잘 모르겠다 3.8%임 • 조사응답자의 57.7% 관련 자료 수령 및 인지 • 조사응답자의 56.8% 갈등조정위원회의 현 부지 재건축방안에 타당하다. • 국립서울병원 이전 추진 19.4% < 종합복합단지 조성 74.9%

자료: 국립서울병원 관련 갈등조정위원회 1~31차 회의록 재구성

했다. '정보제공형 여론조사'를 앞두고 갈등조정위원회에서 탈퇴한 반대 대책위원회도 갈등조정위원회의 잠정합의안을 반대하는 홍보활동을 병행했으나 주민들의 적극적인 호응을 받지 못했다. 지역주민들은 세 차례의 보고회 및 간담회 등을 통해 국립서울병원의 이전이 불가능한 상황에서 차선으로 가칭 종합의료복합단지 신축을 통한 지역발전이 필요하고 효과적이라는 주민여론이 확산되고 있었기 때문이다. '정보제공형 여론조사'는 중곡동 인구·통계학적 특징에 따라 1,000명 표본을 선정하여 2010년 1월 27~30일까지 진행되었고 주요 내용은 1) 국립서울병원 관련 자료 수령 및 내용인지 여부, 2) 국립서울병원 관련 갈등조정위원회의 현 부지 재건축 방안에 대한 입장, 3) 국립서울병원 이전 추진 또는 종

합의료복합단지 조성에 대한 입장, 4) 국립서울병원 부지에 가칭 종합의료복합단지 조성 방안에 대한 찬/반 입장을 묻는 것이었고 주요 결과는 <표 3-4>와 같다.

5 결과도출 및 활용

갈등조정위원회는 2010.2.5(30차 회의) 주민의견수렴 절차(공론화)를 진행한 여론조사기관으로부터 세 가지 방식에 따른 결과를 보고받고 갈등조정위원회의 잠정안에 대한 주민들의 압도적지지(83%)를 참고하여 가칭 종합의료복합단지 설립을 추진하기로 최종 합의했다. 또한 갈등조정위원회가 주민의견수렴을 통해 최종 도출한 합의안을 담보하기 위하여 빠른 시일 내에 복지부와 광진구청이 MOU(양해협력각서)를 체결할 것을 제안했고 대부분의 참석자들은 갈등조정위원회의 최종결정을 환영했다. 주요 내용은 다음과 같다.

> "주민들의 83%가 신축을 해서 발전을 이루고 깨끗한 정신건강연구원으로 거듭나라는 것임. 반대하는 분들도 마음에 들 수 있도록 복지부도 양보할 것은 양보하고 광진구청도 도시발전 방안을 강구할 것임"
> – 광진구청장 –

> "주민대다수의 의견을 따라가야 한다고 생각하고 공정하게 추진위원회를 구성해서 추진해야 함. 의견을 모으는 과정에서 갈등이 있을 수 있으나 모아진 다음에는 그 의견이 추진될 수 있도록 잘 정리를 해줬으면 함"
> – 지역구 국회의원 –

"다수의 주민께서 선택한 만큼 실무자의 입장으로서 그동안 제기된 안건들이 잘 추진될 수 있도록 적극 노력할 것임"

- 복지부과장 -

"중곡 주민들이 결의가 대단한 것을 느꼈음. 최선이 아니라면 차선을 선택하자는 주민들의 의견이 표출된 것으로 보임"

- 참관인 -

"문제를 정치적으로 보는 분들도 있었고 실질적으로 지역의 도움이 될 수 있는 방향으로 풀어가려는 분들도 계셨는데 그런 부분들에 대해서 조정위에서 의견교환을 많이 했다고 생각함"

- 조정위원회 관계자 -

국립서울병원 관련 갈등조정위원회 백서 중 인용

갈등조정위원회는 최종회의(2010.2.11)에서 종합의료복합단지 신축을 위한 MOU를 갈등조정위원장과 광진구의회 의장의 입회하에 복지부장관, 광진구청, 지역구 의원이 체결하고 구체적 이행을 위한 추진위원회 구성을 복지부와 광진구에 위임한 채 1년 간 (2009.2~2010.2)의 활동을 종료하고 해산했다. 당초안과 달리 복지부와 광진구청 간의 MOU 체결에 지역구 국회의원의 참석을 두고 최종회의 때 논란이 있었지만 가칭 종합의료복합단지 조성의 실행력을 높이기 위해 지역구 의원이 참여가 필요한 것으로 양해를 구했다. 이후 복지부와 광진구청은 종합의료복합단지 추진위원회를 구성하고 합의안 이행을 위한 지속적인 협의를 했고 그 결과 2016년 3월 정신건강센터가 개원했고 2017년 의료복합단지를 착공함으로써 갈등조정위원회를 통한 갈등조정과 공론화를 통한 주민합의가 실질적으로 이행하는 결실을 거뒀다.

정신질환 진료를 주로 담당하는 국립서울병원처럼 사회적으로는 필요하나 지역주민이 좋아하지 않는 비선호시설의 입지를 결정할 경우 전체 주민의 의사를 어떻게 확인할 것인가가 논란이 된다. 주민반대대책위원회나 지역 정치인 등 주민을 대표하는 조직이 구성되고 이해관계자가 참여하는 협상을 통해 합의안을 도출하더라도 주민의 수용성 확인을 두고 갈등이 발생할 수 있기 때문이다. 이 사례는 복지부장관, 지역국회의원, 이해당사자들이 먼저 갈등조정협의체를 운영하여 갈등해소 및 잠정합의안을 도출하고 최종 주민의견수렴절차(공론화)를 통해 결론을 도출하는 "갈등조정과 공론화 프로세스"를 통합하여 진행하였고, 더 나아가 갈등해소와 주민의견수렴을 성공적으로 진행했다는 의의를 갖는다. 특

히, 2017년 신고리 원전 5·6호기 공론화가 실시되기 전에 숙의형 주민의견수렴 방법을 창의적으로 활용했다는 특징을 갖고 있다. 당시 이해당사자들은 주민투표가 불기한 상황에서 단순 여론조사가 아닌 숙의성을 제고하기 위해 다양한 형태의 숙의형 주민의견수렴 절차를 진행하였다.

이 사례는 이해관계자를 중심으로 문제해결을 위한 절차를 공유하는 등 사전공론화를 성공적으로 진행했고 갈등조정위원회를 통한 9개월 간의 이해관계자 간 합의도출과 3개월 간의 주민의견수렴(공론화) 절차를 통합적으로 활용하여 최종 주민동의를 획득함으로써 갈등해소와 지역주민의 수용성을 높이는 데 유용한 방법론을 제시해준다. 즉 이해당사자 간 합의와 주민동의를 통해 갈등을 성공적으로 해소한 사례이자 이해관계자 중심의 공론화 성공모델로 평가할 수 있다. 다만, 주민의견수렴 방법으로 활용한 '정보제공형 여론조사'의 불완전성(응답자 52%만이 관련 정보를 숙지함)과 주민의견수렴 절차로서 공론화 과정이 중립적이고 공정하게 진행되었지만 갈등조정위원회가 마련한 잠정합의안의 설득과정의 일환이었다는 점은 관점에 따라 논란이 제기될 수 있다.

II. 2014 대한민국 미래비전 국민대토론회 사례

- 한국형 공공토의모델 탐색을 위한 기획된 프로젝트 -

1 개요

2014 대한민국 미래비전 국민대토론회(이하 2014 미래비전 국민대토론회)는 시민이 참여하여 사회적으로 중요한 쟁점에 대해 주어진 규칙을 준수하며 진행하는 공공토의의 활성화가 숙의민주주의의 진전에 중요한 기여를 할 수 있다는 문제의식 하에 기획되었다. 공식 이름은 '국민대통합을 위한 미래가치: 대한민국, 국민에게 길을 묻다, 2014 미래비전 국민대토론회'이다. 토론회의 명칭에서도 알 수 있듯이 2014 미래비전 국민대토론회의 핵심적 특징은 '국민으로부터 시작하여 국민이 마무리하는' 국민 중심의 미래가치 및 대한민국 정책 현안 토론이라는 점이다. '국민이 토론의제를 선정하고, 국민이 토론 주체인 국민 중심의 토론회'를 지향하였다(국민대통합위원회 2014b). 이러한 의미에서 2014 미래비전 국민대토론회는 일반시민 중심의 의제발굴 및 구체화형 공론화 모델이라 할 수 있다.

2014 미래비전 국민대토론회는 대통령 소속 국민대통합위원회의 책임 하에 진행되었다. 그러나 구체적인 토론회의 기획 및 운영은 2014 미래비전 국민대토론회 운영위원회가 담당하였다. 이는 2014 미래비전 국민대토론회가 정부에 의해 좌우될 수 있다는 우려를 제도적으로 방지함과 아울러 전문성을 보유한 독립적인 운영위원회를 통해 2014 미래비전 국민대토론회 전 과정에 공정성과 투명성을 담보하기 위함이었다. 또한 2014 미래비전 국민대

토론회의 내실 있는 진행과 성과 도출을 위해 토론 전문기관(한국사회갈등해소센터)과 조사 전문기관(한국리서치)에 위탁하여 토론과 조사를 진행하였다.

2014 미래비전 국민대토론회는 2014년 8월부터 12월까지 5개월에 걸쳐 의제선정단계, 토론회 진행단계, 결과정리 및 확산단계 등 세 단계로 진행되었다. 토론회에서 논의할 의제를 국민과 전문가를 대상으로 한 의제선정조사를 통해 선정한 후, 4회에 걸친 권역별 토론회와 1박2일 동안의 종합토론회를 실시하였으며, 토론 결과를 정리하고 확산하는 절차를 밟았다. 더불어 2014 미래비전 국민대토론회는 전용 홈페이지(www.koreavision.org)를 개설하였다. 전용 홈페이지는 국민대토론회 내용과 과정을 토론회에 참여하지 못하는 국민들과 공유하는 한편, 토론회 참여자에게 토론회 관련 정보를 제공하여 토론의제에 대해 참여자의 이해를 제고하는 기능을 수행하였다.

2014 미래비전 국민대토론회는 일반 공공토론과 달리 새로운 형태의 공공토론 모델을 모색하기 위해 형식, 운영, 내용 등의 측면에서 새로운 시도를 다각적으로 실행하였다(국민대통합위원회 2014c). 기획된 사례로서 2014 미래비전 국민대토론회는 숙의적 공공토론의 모범으로 평가될 수 있는 요소를 다양하게 시도하였다는 측면에서 많은 시사점을 제공하였다. 특히, 2014 미래비전 국민대토론회는 숙의적 토론을 통해 참여자의 관점이나 선호가 변할 수 있다는 점을 실증적으로 확인할 수 있었는데, 이는 한국사회에서 숙의민주주의의 구현에서 함의하는 바가 크다 할 것이다. 21세기 타운홀 미팅을 응용한 한국의 공공토의모델과 외국의 숙의형 여론조사기법(Deliberative Poll)을 융합하여 대한민국 미래비전 시민의견을 수렴하고자 노력했다.

반면 기획된 사례로서 한국사회가 시급히 해결해야 할 현안에서 벗어나 발굴된 의제를 다루었다는 점에서 토론의 결과가 정책에 효과적으로 반영되는 데에는 일정한 한계를 노정하였다. 정책주무부서가 아닌 대통령자문위원회라는 조직의 특징, 국민대통합위원회 청와대 관할부서의 소극적인 태도는 전문가와 관료를 넘어 최초로 국민에 기초한 공공토의를 통한 대한민국 미래비전의 모색이라는 취지를 퇴색하게 만드는 한계가 있었다.

2 사전준비 단계 및 의제선정

국민대통합위원회는 2013년 5월 6일 "국민대통합위원회의 설지 빛 운영에 관한 규정"이 공포되고 6월 17일 민간위원 18명이 위촉되면서 활동이 본격화되었다. 2013년은 위원회 활동 초기시점으로 주로 국민통합 기반조성을 위한 사업과 정책을 발굴하고, 관련 조직을 정비하는 데 주안점을 두었고 2014년에는 국민통합을 위한 추진전략 수립, 사회갈등 관련제도 개선, 통합가치 확산을 위한 국민참여 행사 등을 본격적으로 전개했다.

국민대통합위원회는 사회 전반에 걸쳐 소통의 문화를 조성하고, 통합을 위한 국민들의 다양한 정책아이디어를 발굴하기 위해 2014년부터 2016년까지 3년간 "국민대토론회"를 개최했다. 국민대토론회는 전문가가 청중에게 일방적으로 내용을 전달하는 기존의 토론방식이 아닌 국민 스스로가 선정한 논의 주제를 가지고 학습과 토론을 거쳐 합의점에 도달하는 숙의토론방식으로 '국민으로부터 시작하여 국민이 마무리하는 국민 중심의 상향식토론'이라는 특성을 가진다(국민대통합위원회 백서 2013-2017).

구체적으로 2014 미래비전 국민대토론회의 준비과정을 살펴보면 다음과 같다. 우선, '국민대통합위원회 연석회의'(2개 이상의 분과위원회 위원이 참여하는 회의로 위원장이 필요로 한 경우에 개최됨)와 '통합가치분과위원회'를 중심으로 논의가 진행되었는데 2014년 제5차 연석회의('14.4.7)에서 한국형 공론화 모델 기본시안에 대한 토의를 했고, 2014년 제6차 연석회의('14.5.22)에서 국민대토론회 추진안을 보고 받았고 통합가치분과위원회 21차 회의('14.5.23)에서 국민대토론회 계획을 확정했다. 2014 미래비전 국민대토론회 개최 배경과 관련해서 실무책임을 맡았던 은재호 박사(당시 통합가치국장)는 언론과 인터뷰에서 "국민대토론회 개최 배경과 관련해서 우선은 국민대통합을 위해 국민이 원하는 정책은 무엇이며, 그 정책을 수행하는 데 있어 국민이 원하는 방식이 무엇인지를 생생한 목소리를 통해 듣고자 했다. 국민 의견수렴 과정과 절차를 개선해보자는 의도도 있었다. 국민의 의견을 묻는 대표적인 장치가 공청회 제도이지만 많은 경우 요식적인 절차로 끝나 정부 정책을 둘러싼 갈등을 예방하거나 해법을 도출하는 기능을 상실한 지 오래이기 때문이다."라고 밝혔다(중앙선데이 '14.11.23).

　　더불어, 2014 미래비전 국민대토론회 진행을 위해 국민대통합위원회는 2014년 6월 말 토론회 진행 및 조사를 위한 7월초 시행기관을 선정하였고 2014년 7월 25일 2014 미래비전 국민대토론회 진행을 위한 착수보고회를 개최했다. 이어 토론회의 공정한 관리와 운영을 위한 2014 미래비전 국민대토론회 운영위원회(이하 운영위원회)를 2014년 8월 8일 구성하였다. 이로써 <그림 3-1>과 같이 의제선정 - 토론회 진행 - 결과정리 및 확산 단계 등 3단계로 진행되는 한국 최초의 전국적 규모의 공공토론을 위한 사전준비를 마쳤다.

그림 3-1 2014 미래비전 국민대토론회 흐름도1)

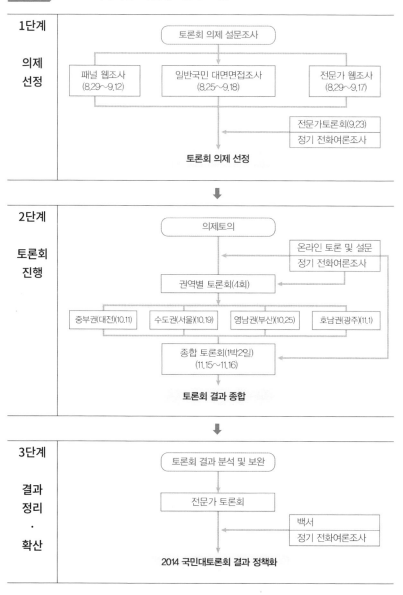

1단계

의제
선정

| 토론회 의제 설문조사 |

| 패널 웹조사
(8.29~9.12) | 일반국민 대면면접조사
(8.25~9.18) | 전문가 웹조사
(8.29~9.17) |

전문가토론회(9.23)
정기 전화여론조사

토론회 의제 선정

2단계

토론회
진행

의제토의

온라인 토론 및 설문
정기 전화여론조사

권역별 토론회(4회)

| 중부권(대전)(10.11) | 수도권(서울)(10.19) | 영남권(부산)(10.25) | 호남권(광주)(11.1) |

종합 토론회(1박2일)
(11.15~11.16)

토론회 결과 종합

3단계

결과
정리
·
확산

토론회 결과 분석 및 보완

전문가 토론회

백서
정기 전화여론조사

2014 국민대토론회 결과 정책화

---

1) 2014 대한민국 미래비전 국민대토론회 백서 인용

운영위원회는 2014 미래비전 국민대토론회를 총괄적으로 주관하는 기구로서 중추 역할을 수행하였는데, 민간전문가 7명, 국민대통합위원회 민간위원 7명, 국민대통합위원회 기획단장 등 총 15명으로 구성되었다. 운영위원회는 2014 미래비전 국민대토론회가 추구하는 핵심 가치인 국민 중심성, 계획의 타당성, 과정의 공정성, 참여자의 대표성과 숙의성 등을 판단 준거로 토론회 시행기관의 운영계획 전반에 대해 검토하고, 토론회의 주요 단계에서 고려해야 할 사안을 기획하고 관리하는 역할을 수행하였다(국민대통합위원회 2014b).

3 공론화방식

2014 미래비전 국민대토론회는 토론의제 설정부터 국민주도성을 강조하였다. 의제설정은 토론회에서 어떤 의제를 논의할 것인가를 선정하는 절차로서 의제선정방법으로 일반국민과 조사회사 응답자 패널을 대상으로 설문조사를 실시하였다. 이를 통해 국민 중심의 정책현안 논의라는 취지를 의제설정 단계부터 실현하고자 하였다. 더불어 상향식(bottom-up)의 의견수렴을 중시하면서도 전문가 자문을 연계하여 활용한 점이 또 하나의 특징이다. 2014 미래비전 국민대토론회는 의제선정관련 국민의견에 대한 자문을 통해 권역별 토론회 의제를 구체화했고, 4개 권역별 토론회 결과 및 2차 종합토론에 대한 전문가 자문을 거쳐 권고안을 도출했다. 이 점은 시민참여단 숙의결과로만 권고안을 작성했던 신고리 원전 5·6호기 공론화위원회와 차이를 보여준다.

구체적으로 의제선정을 위한 조사는 일반국민 대상 온라인조사 2,000명, 대면면접조사 1,200명, 전문가조사 100명 등 총 3,300명 규모로 이루어졌는데, 조사결과의 대표성과 신뢰성 확보를 위해 성별·연령별·지역별 인구 구성비를 반영하여 표본을 구성하였다. 표본추출방법은 일반국민 온라인조사의 경우 젊은층의 의견을 보다 충실히 반영하기 위해 40대 이하와 50대 이상을 7 : 3의 비율로 배정 후 지역별·성별·연령별 비례할당 및 무작위 추출하였다. 일반국민 대면면접조사의 경우는 조사기관의 패널을 활용하였는데, 지역별·성별·연령별 비례할당 후 무작위추출 방식을 활용하였다. 전문가 대상 온라인조사의 경우 전공분야별 균등할당 후 조사회사 전문가 DB에서 무작위 추출하였다. 각 조사결과의 최종 자료는 모집단 비율에 근거하여 가중처리를 하였다(2014 미래비전 국민대토론회 운영위원회, 2014). 또한 대한민국 미래비전과 관련한 토론은 미래세대 참여가 필수적이라는 문제의식 하에 4개 권역별 토론회에 30명 규모의 학생(중·고등학생)들을 참여시켰다.

의제선정을 위한 조사에서 활용된 설문 문항은 대한민국 미래가치를 도출하기 위한 선결의제 항목이 핵심적인 조사내용이었다. 구체적으로 개인 삶과 국가미래 전망, 국민대통합을 위한 미래가치, 정치·경제·사회문화 등 분야별 주요 선결과제 및 대한민국 SWOT 등으로 큰 범주의 설문 문항이 구성되었다. 설문 초안은 전문가와 조사전문 시행기관 관계자가 참여한 의제선정팀에서 수차례의 회의를 통해 작성되었고, 운영위원회에서 검토한 결과를 반영하는 절차를 통해 설문이 확정되었다.

이러한 과정을 거쳐 2014년 9월 25일 운영위원회는 최종적으로 2014 미래비전 국민대토론회의 토론의제를 확정하였다. 토론의제는 의제선정조사의 결과를 바탕으로 전문가 토론회 및 정기 전화여론조사를 거쳐 5개 핵심의제가 도출되었는데, 이를 바탕으로

표 3-5 2014 미래비전 국민대토론회 의제선정 결과

		토론의제	비고
공통 의제		국민대통합을 위한 미래가치	
권역별 의제	**수도권**	미래공동체 발전 방안	4개 권역 중 정치분야에 가장 높은 관심
	중부권	저출산·고령화 등 인구구조 변화 대응	4개 권역 중 사회·문화 분야에 가장 높은 관심
	영남권	저성장 시대의 고용과 노동	4개 권역 중 경제분야에 가장 높은 관심
	호남권	사회갈등 완화와 양극화 해소	4개 권역 중 복지분야에 가장 높은 관심

출처: 국민대통합위원회 2014a

운영위원회는 2014년 9월 25일 2014 미래비전 국민대토론회의 토론의제를 최종적으로 확정하였다. 5개의 핵심의제는 1개의 공통의제와 4개의 권역별 개별의제로 구성되었는데, 권역별 개별의제는 각 권역 국민들이 가장 관심있는 분야를 해당 권역의 의제로 배분함으로써, 각 권역 국민들의 의사를 충실히 반영하고자 하였다 (<표 3-5> 참조). 아울러 1차 권역별 토론회는 권역별로 선정된 4개 주제에 대해 숙의를 진행하고 2차 종합토론회는 1차에 제기된 주요 내용을 기초로 찬/반 주제발표를 토대로 미래비전 관련 방향을 정립하고자 했다.

공공토론 진행 단계는 2014 미래비전 국민대토론회의 핵심 단계라 할 수 있다. 토론회는 전국을 수도권·중부권·호남권·영남권 등 4개 권역으로 나누어 권역별 각 1회씩 총 4회에 걸쳐 진행된 권역별 토론회와 권역별 토론회 2주 후에 1박2일 동안 실시한 종합토론회로 구성되었다.

권역별 토론회는 중부권(10월 11일, 226명 참석, 미래세대 29명 포함)부터 시작하여 수도권(10월 18일, 243명 참석, 미래세대 30명 포함), 영남권(10월 25일, 253명 참석, 미래세대 33명 포함), 호남권(11월 1일 245명 참석, 미래세대 29명 포함) 등 총 967명이 참석하였다. 권역별 토론회는 모둠을 25개조로 나누어, 미래세대는 1-3조, 19세 이상 성인으로 구성된 일반국민은 4-25조로 편성되었다. 모둠 참석자 중 한 명이 모둠의 사회를 담당하는 퍼실리테이터 역할을 수행했으며, 기록원을 추가로 배치하였다.[2]

권역별 토론회는 오후 2시부터 6시까지 4시간 동안 진행되었는데, 개회식, 참가자 인사나누기, 공통 의제(국민대통합을 위한 미래가치) 설문 참여 및 논의, 권역별 의제에 대한 전문가 설명, 전문가 대상 질의·응답, 모둠 내 분임토의, 분임토의 결과 공유 및 전체토의, 토의 결과에 대한 모바일 다중투표, 토론회 결과 공유 순으로 진행되었다(국민대통합위원회 2014a). 기록원이 기록한 토론 내용은 온라인으로 분석센터와 실시간으로 공유되었으며, 참석자들이 당일 현장에서 자신이 참여한 토론 결과를 확인할 수 있도록 하였다.

종합토론회는 2014년 11월 15~16일 1박2일간의 일정으로 진

---

2) 퍼실리테이터와 기록원은 전문 강사가 4시간에 걸친 사전교육을 실시하였다.

행되었는데, 권역별 토론회에 참석한 사람 중 대표성을 고려하여 선발된 254명(미래세대 51명 포함)이 참가하였다. 종합토론회에서는 총 4개 세션으로 구성되었는데, 1세션은 저출산·고령화 시내 인구·복지정책, 2세션은 미래공동체 발전방안, 3세션은 저성장시대 일자리 창출정책, 4세션은 국민대통합 미래가치 등이었다. 각 세션마다 전문가 발표 및 상호토론과 함께 분임토의와 결과 공유 등으로 구성되었다(2014 미래비전 국민대토론회 운영위원회, 2014b). 아울러 쟁점이 되는 부가설문(저출산정책장려 vs 저출산정책폐기, 노령인구 노동편입 vs 생산성강화, 저부담저복지 vs 중부담중복지 vs 고부담고복지, 노동시장의 유연화 vs 양질의 일자리 지원 등, 직접민주주의 확대 vs 대의민주주의 보완 등)을 병행하여, 쟁점에 대한 의견분포 및 의견분포 추이 등을 종합적으로 분석하고자 노력했다.

　　총 30개 모둠의 모둠토론과 함께 1차 설문 후 전문가 의견청취 및 분임토론의 과정을 거쳐 다시 2차 설문을 진행하는 방식의 숙의여론조사 방식을 활용하여 주요 의제에 대한 참여자들의 의견을 조사하였는데, 이러한 과정은 참여자들이 충분한 정보 습득의 기회를 가진 후 상호토론을 거쳐 형성된 의견을 수렴하기 위한 것이었다.

　　공공토론을 평가할 때 참여의 대표성과 숙의의 성찰성이 핵심적 평가기준이 될 수 있다(정정화 2018). 우선 참여의 대표성 측면을 살펴보면, 2014 미래비전 국민대토론회에는 의제선정조사, 권역별 토론회와 종합토론회, 전문가 토론회, 정기 여론조사, 온라인토론 및 설문, 홈페이지 의견제시 등을 통해 연인원 36,447명이 참여하였다. 참여의 규모면에서 보면 2014 미래비전 국민대토론회는 연인원 36,447명이 참여한 역대 최대 규모의 공공토론으로 평가된다(국민대통합위원회 2014a). 권역별 토론회와 종합토론회 등 면대면 토론도 각각 967명과 254명 등 총 1,262명이 참여한 대규모

토론회였다. 더불어 수도권·중부권·호남권·영남권 등 4개 권역별 토론회와 1회의 종합토론회를 개최함으로써 공간적으로 전국성을 띤 토론회로서의 면모를 갖추었다고 평가할 수 있다.

참여자들의 다양성 또한 확보된 것으로 평가된다. 지역적 안배와 인구통계학적 대표성을 비교적 잘 준수하여 참여자들을 선정했기 때문이다. 권역별 인구수와 무관하게 같은 규모의 권역별 토론회(각 250명)가 개최된 것은 한국사회의 역사적·지리적 특성을 고려한 조치로 판단되며, 각 권역별 토론회의 참여자들은 인구통계학적 분포에 기초하여 선발함으로써 참여자의 대표성을 고려한 것으로 보인다. 또한 한국사회 미래가치를 논의하는 자리에 미래세대(중·고등학교 학생)를 참가시킨 점도 새로운 시도였다. 한국사회 미래가치와 관련한 논의에 미래의 주역인 미래세대가 반드시 참여하여야 한다는 당위적 측면도 중요하지만, 정작 이들이 참여함으로써 일반 참여자들도 미래세대를 존중하고 이들의 입장에서 미래를 고민해 볼 수 있게 하였다. 면대면 토론회의 참여 외에도 광범위한 의견수렴을 위해 의제선정조사(일반국민대면면접조사, 패널웹조사, 전문가웹조사)와 정기여론조사(총 4회), 온라인토론 등 다양한 참여경로를 개발하여 참여방법의 다양성을 도모한 것도 주목할 만하다.

한편, 숙의는 참여자들이 토론과 성찰을 통해서 자신들의 관점과 선호를 변화시켜 나아가는 사회적 과정으로 숙의적 공공토론의 핵심 요소이다. 토론의 숙의성을 담보하기 위해서는 무엇보다도 먼저 토론의제에 대한 참여자들의 이해를 높이는 것이 중요하다. 2014 미래비전 국민대토론회는 토론의제에 대한 이해를 높이기 위해 자료집, 전문가 설명 및 질의·응답 그리고 모둠 내 참석자 간의 토론 등을 준비하였다. 이에 대한 토론 참여자들의 반응은 <표 3-6>과 같다.

| 표 3-6 | 권력별 토론회 종합토론회 참여자 설문결과 |

		권역별 토론회					종합 토론회
		중부권	수도권	영남권	호남권	평균	
토의 내용 이해에 도움이 된 정도: 도움이 되었다.	• 모둠 내 참석자 간 토의	95.1	93.9	94.9	94.4	94.6	91.5
	• 자료집	92.9	83.6	87.7	83.8	86.9	83.7
	• 전문가 설명	84.9	58.6	89.3	45.7	69.8	55.5
	• 전문가와의 질의·응답	77.3	54.5	79.1	46.2	64.3	43.4
사회자와 진행자 공정성: 공정하였다.	• 사회자	93.8	94.3	95.7	94.9	94.7	93.7
	• 모둠 내 진행자	94.7	91.8	96.0	91.5	93.5	91.9
토론회 만족도: 만족한다.	• 토론회의 전반적인 만족도	88.9	89.3	91.3	82.9	88.2	86.4
토론회 효과 평가: 그렇다	• 국민이 참여하는 이런 형태의 토론회를 자주 가졌으면 좋겠다.	98.2	97.1	96.8	94.0	96.5	96.9
	• 오늘과 같은 토의 기회가 주어지면 나와 입장이 다른 사람과도 이성적으로 대화를 나눌 수 있을 것 같다.	95.1	94.3	96.4	94.9	95.2	93.8
	• 국민이 참여하여 대한민국 미래 가치를 토의하면 보다 현실 타당한 미래가치가 마련될 것이다.	90.7	85.2	91.3	87.2	88.6	89.8
	• 정부가 국민이 토의한 결과에 따라 정책을 추진하면 그 정부를 더 신뢰할 수 있을 것 같다.	94.2	94.7	96.0	93.6	94.7	93.8

출처: 2014 미래비전 국민대토론회 실행결과보고서

모둠 내 참석자 간 토론이 도움이 되었다는 응답이 권역별 토론회의 경우 평균 94.6%, 종합토론회는 91.5%에 달했다. 절대 다수의 참여자들이 모둠 내 참석자 간 토론을 긍정적으로 평가하였다. 이는 전문가로부터 학습을 받는 것보다 비슷한 처지의 다른 참석자와 함께 의견을 공유하고 토론하는 것이 토론의제를 다각적으로 이해하는 데에 보다 도움이 된다는 점을 확인하는 것으로 숙의적 공공토론의 지향하는 바와 관련하여 시사하는 바가 크다 할 것이다.

　　또한 자료집이 도움이 되었다는 응답은 권역별 토론회의 경우 평균 86.9%, 종합토론회는 83.7%로 긍정적인 응답이 지배적이었다. 반면 전문가 설명이나 전문가와의 질의·응답은 권역별 토론회의 경우 평균 60%대에 불과했고, 종합토론회는 50% 전후에 머물러 긍정응답이 상대적으로 높지 않은 것으로 나타났다.

　　사회자와 모둠 내 진행자의 공정한 태도와 진행은 숙의의 공정성을 판단하는 주요한 기준이 된다. 사회자와 진행자는 토론회가 공정하게 진행되었는지 여부를 좌우하는 주요한 역할을 하기 때문이다. 평가결과 사회자와 진행자가 공정하였다는 응답이 권역별 토론회와 종합토론회 모두에서 90%를 상회하였다(<표 3-6 참조>). 절대 다수의 참석자들이 토론회가 공정하게 진행되었다고 인식하였음을 알 수 있다.

　　숙의적 토론은 공동의 성찰을 통해 참여자들 공동의 관점에 도달하는 과정을 필요로 한다. 이러한 성찰의 과정은 충분한 토론을 필요로 한다. 그러기 위해서는 참여자들의 충분한 발언 기회와 시간 그리고 토론 기간과 횟수도 충분해야 한다. 토론 참여자들이 공동의 성찰 기회를 갖기 위해 얼마나 많은 발언 기회와 시간이 주어져야 하는가는 객관적 기준이 있는 것은 아니다. 다만 권역별 토론회 및 종합토론회에서 하나의 의제를 토론하는 데에 주어진 시간은 50분 남짓으로 모둠이 10명으로 구성되어 있다는 점을 고려해 볼 때, 1인당 최대 5분 정도의 발언시간이 주어질 뿐이다. 이러한 시간으로 공동의 성찰과 토론을 통해 참여자들 공동의 관점에 도달하기에는 충분하지 않은 것으로 판단할 수 있다. 실제로 많은 토론 참여자들이 현장에서 토론시간의 부족을 호소하기도 하였다.[3]

반면 토론의 횟수나 기간은 진일보한 면이 있다. 일반적으로 숙의여론조사가 1회의 토론회와 토론회 전후의 설문조사에 그치는 반면 2014 미래비전 국민대토론회는 4개의 권역별 토론회와 1박2일 동안의 종합토론회와 비교적 장기간의 토론 기간 확보를 통해 숙의성을 대폭 향상시켰다고 평가할 수 있다(국민대통합위원회 2014b).

5 결과도출 및 활용 단계

공공토론의 결과는 토론을 통한 참여자의 선호의 변화 가능성, 토론회에 대한 만족도, 그리고 토론의 효능감으로 토론을 통한 진일보한 대안 도출 가능성 및 토론 결과의 정책적 반영에 대한 기대감 등으로 진단될 수 있다. 우선, 참여자의 선호 변화 가능성은 숙의여론조사방법을 차용하여 종합토론회 전과 후에 동일한 설문지로 동일한 참석자에게 2회에 걸쳐 조사를 한 결과에서 찾아볼 수 있다. 토론의제 중 가장 열띤 토론이 진행된 것이 저출산정책과 복지정책이었는데, 저출산 대응론과 수용론의 경우 1차 조사에서는 저출산 대응론이 72.6%로 압도적이었으나, 2차 조사에서

---

3) 2014 미래비전 국민대토론회 시행사 간부와의 인터뷰(2015년 1월 17일).

표 3-7 저출산정책과 복지정책에 대한 조사 결과

의제	설문내용	1차 (%)	2차 (%)	증감(%) (2차-1차)
출산 정책의 방향	저출산 해소를 위해 적극 대응	76.6	59.0	-13.6
	저출산은 불가피한 현상으로 수용하고, 이를 활용하는 데 역점	27.0	40.4	13.4
	무응답	0.4	0.6	0.2
복지 정책의 방향	저부담-저복지	6.6	15.5	8.9
	중부담-중복지	61.4	67.2	5.8
	고부담-고복지	27.9	15.7	-12.1
	무응답	4.1	1.5	-2.6
복지를 위한 세금 부담	세금 더 낼 의향 있음	58.7	66.0	7.3
	세금 더 낼 의향 없음	40.0	34.0	6.0
	무응답	1.3	0.0	-1.3
복지 제도 비효율의 원인	복지정책을 정치적으로 결정하는 정치권	51.4	41.4	-10.0
	복지재정을 효율적으로 집행 못하는 정부	31.7	46.3	14.6
	복지제도를 악용하는 주민	10.4	7.1	-3.3
	무응답	6.5	5.2	-1.3

응답자: 253명

출처: 2014 미래비전 국민대토론회 실행결과보고서

는 59.0%로 13.6%가 하락한 반면 저출산 수용론은 1차 조사에 비해 2차 조사에서 13.4%가 상승한 결과를 보여주었다(<표 3-7> 참조).

복지정책 방향과 관련해서는 고부담 - 고복지 정책의 경우 1차 조사에 비해 2차 조사에서 12.1%가 하락한 반면 저부담 - 저복지와 중부담 - 중복지는 1차 조사에 비해 2차 조시에서 각각 8.9%와 5.8% 상승한 결과를 보여주었다. 복지를 위해 세금을 더 낼 의향이 있는가의 질문에는 세금을 더 낼 의향이 있다는 결과가 1차 조사에 비해 2차 조사에서 7.3% 상승하였다. 복지제도가 비효율적으로 운영되는 이유에 대해서는 복지정책을 정치적으로 결정하는 정치권에 책임이 있다고 생각하는 참여자가 1차 조사에서는 51.4%로 과반이었으나, 2차 조사에서는 41.4%로 10.0%가 하락한 반면 복지재정을 효율적으로 집행하지 못하는 정부에 책임이 있다고 생각하는 참여자는 1차 조사에 비해 2차 조사에서 14.6%가 상승한 결과를 보여주었다.

또한, 토론회의 전반적인 만족도를 보면, 만족한다는 응답이 권역별 토론회의 경우 평균 88.2%, 종합토론회는 86.5%로 10명 중 9명 가까이 만족한다는 응답을 하였다(<표 3-6> 참조). 더불어 이러한 형태의 토론회에 대한 기대감은 권역별 토론회의 경우 평균 96.5%, 종합토론회는 96.9%로 매우 높은 것으로 나와 참여자들은 정책에 대해 다른 사람과 토론하고 자신의 입장을 공개적으로 피력할 공공토론에 대한 기대가 크다는 사실도 확인할 수 있었다.

토론을 통한 참여자의 인식의 변화 가능성을 살펴보면, 오늘과 같은 토론 기회가 주어지면 나와 입장이 다른 사람과 이성적 대화가 가능하다고 응답한 참석자가 권역별 토론회의 경우 평균 95.2%, 종합토론회는 93.8%로 매우 높은 것으로 나타났다. 이러한 결과는 한국사회에서도 주어진 규칙에 따라 토론하고 진행자 등의 도움을 받는다면 자신과 입장이 다른 사람과 얼마든지 이성적 대화를 할 수 있으며, 토론을 통해 자신의 입장을 바꿀 수 있는 여지가 많다는 것을 보여준다 할 것이다.

마지막으로 토론의 효능감에 대해 살펴보면, 국민이 참여하는 토론회를 통해 보다 현실 타당한 대안을 도출할 수 있을 것을 기대하는 참석자들이 권역별 토론회의 경우 평균 88.6%, 종합토론회는 89.8%로 나타났는데, 숙의적 토론의 높은 효능감을 확인해 주는 것이라 하겠다. 또한 정부가 국민이 토론한 결과에 따라 정책을 추진하면 그 정부를 더 신뢰할 수 있을 것 같다는 응답이 권역별 토론회의 경우 평균 94.7%, 종합토론회는 93.8%로 토론결과의 정책 수용에 대한 높은 기대감도 보여주었다(<표 3-6> 참조). 이는 자신이 참여한 공공토론을 통해 결정된 정책을 정부가 추진한다면 정부를 더 신뢰할 수 있을 것이라는 점에서 2014 미래비전 국민대토론회와 유사한 형태의 토론을 자주 갖는다면 정부 입장에서는 정책의 방향성과 구체적인 정책 수단을 개발하는 데 많은 도움이 될 것이라는 판단이 가능해진다. 이러한 결과는 숙의민주주의가 구현하려는 목표와 정확히 부합하는 것으로 한국사회의 숙의적 공공토론의 높은 가능성을 함의하는 것이라 할 것이다.

　11월 16일 종합토론회를 마감하면서 토론회에서 논의된 정책방안과 국민실천방안은 정리된 자료로 국민대통합위원회 한광옥 위원장에게 전달되었으며, 이에 한 위원장은 참가자들에게 2014 미래비전 국민대토론회 결과를 국정에 반영하도록 최선을 다하겠다고 다짐하였다. 실제로 2014 국민대토론회 종합백서를 발간하여 이를 정부부처에 전달하여 토론의 성과가 정책에 반영되도록 노력하였다.

2014 미래비전 국민대토론회가 기획 단계부터 추구했던 첫 번째 원칙은 한국사회 미래가치와 정책과제를 전문가나 정책담당 자가 아닌 국민이 중심이 되어 논의한다는 점이다. 이 점에서 '2014 미래비전 국민토론회'는 토론의제를 선정하는 단계부터 국민의 의견을 수렴하는 과정을 거쳤다. 또한 수렴된 의제를 권역에 배분하는 기준도 의제에 대한 권역 내 선호도였다. 토론회 진행 과정에서도 국민중심성이 견지되었다. 권역별 토론회에서의 과제 도출과 종합토론회에서의 정책 대안 마련 모두 토론회 참석자들 의 모둠 토론 결과를 종합한 것이다. 이러한 결과를 토론회 참여 자 대표가 주최기관인 국민대통합위원회에 가감 없이 전달함으로 써, '국민으로부터 시작하여 국민이 마무리하는' 토론회의 국민 중심성 원칙을 일관되게 유지하였다.

이러한 경험을 통해 숙의적 공공토론을 가능하게 하는 기본 조건 중의 하나인 참여의 문제가 한국형 공공토론 모델의 정립에 장애로 작용되지 않을 수 있다는 점을 확인할 수 있었다. 참여의 포괄성 및 다양성은 물론 자율성까지도 진일보한 모습을 보여주 기에 충분했기 때문이다.

숙의성 또한 2014 미래비전 국민대토론회는 대폭 강화된 모습을 보여주었다. '의제선정조사 → 4개의 권역별 토론회와 1박2일 종합토론회 → 토론회 결과정리 및 확산'이라는 경로를 기본으로 하면서도 정기여론조사(총 4회), 온라인토론 및 설문 등 다양한 참 여경로를 개발하여 국민이 공유할 수 있는 다양한 의견을 발굴하 였고, 전문가를 자료집이나 토론 참여자와의 질의·응답 등의 과 정에 참여시킴으로써 숙의성을 높이는 데 일조하였다. 또한 모둠 내 진행자 교육을 사전에 실시하여 토론의 공정성을 제고하였다. 그 결과 숙의의 공개성 및 공정성에서는 한층 개선된 모습을 보였다. 다만 참여자의 발표 기회 및 발언 시간의 부족은 토론회 전 과정을 통해 문제로 제기되었다.

공공토론의 효과성 또한 많은 함의를 제공하였다. 토론회에 대한 만족도는 물론 유사한 형태의 토론회가 자주 개회되기를 희망하고 있다는 점에서 한국사회에서의 숙의적 공공토론의 가능성이 높다는 점을 알 수 있었다. 더 나아가 토론을 통해 참여자의 관점이나 선호도 변할 수 있다는 점도 확인되었는데, 이는 한국사회에서 숙의민주주의의 구현에서 함의하는 바가 크다 할 것이다.

2014 미래비전 국민대토론회는 한국사회에서의 숙의적 공공토론의 높은 가능성을 보여주었지만, 해결해야 할 과제도 많이 제기하였다. 우선 공공토론의 설계와 관련하여 살펴보면 다음과 같다.

첫째, 공동 성찰 과정에 대한 세심한 설계가 필요하다. 공동 성찰을 통해 참여자들은 기존의 자기중심적 입장을 버리고 공동의 관점에 도달하게 된다. 이 과정이야말로 숙의적 토론의 꽃이라 할 수 있다. 그런 의미에서 2014 미래비전 국민대토론회는 많은 한계를 보여주었다. '권역별 토론회 → 종합토론회'라는 경로에서 종합토론회는 권역별 토론회보다 심화된 토론장이었어야 함에도 불구하고 단순 반복의 측면이 강했다. 참여자 개개인들은 토론의 제들을 2회에 걸쳐 토론하였으나 정작 모둠의 구성원들은 권역별 토론회와 종합토론회가 서로 달라 종합토론회의 경우 사실상 원점부터 토론을 다시 시작해야 했다.[4]

둘째, 숙의성을 강화하기 위해서는 전문가와 토론 참여자 간의 상호작용효과 제고방안이 모색되어야 한다. 2014 미래비전 국

---

4) 2014 미래비전 국민대토론회 시행사 간부와의 인터뷰(2015년 1월 17일).

민대토론회에서는 토론의제에 대한 전문가 설명과 질의·응답에 대한 참여자들의 반응은 상대적으로 높지 않았다. 사실 토론회 석상에서의 전문가의 역할은 토론 참여자 전체를 대상으로 설명하고 몇 개의 질의·응답을 하는 수준으로 접촉면이 매우 협소했다. 다수의 전문가들을 상시적으로 배치하여 모둠 토론에서 요청하면 모둠 토론에 참여하여 자신의 역할을 수행하게 하는 등 상호작용을 확대하여 그 효과를 제고하는 방안을 모색할 필요가 있다.

셋째, 참여자들에게 충분한 발표 기회와 시간을 확보해 주어 숙의성을 강화해야 한다. 시간적·공간적 제약으로 인한 현실적 제약 이외에도 토론 이외의 행사 등을 최소화하여 토론에 집중할 수 있도록 개선할 필요가 있다. 또한 주어진 시간에 비해 많은 토론의제를 다루는 것도 신중해야 한다.

넷째, 면대면토론 이외의 다양한 참여 방법을 개발하여야 한다. 이와 관련하여 온라인토론의 활성화가 필요하다. 더 나아가 면대면토론과 온라인토론과의 선순환적 결합을 통해 공공토론의 효과를 제고할 수 있는 창조적 방안이 모색되는 것이 필요하다.

다음으로 한국사회 공공토론의 환경적 측면을 살펴보면,

첫째, 토론 결과가 정책에 효과적으로 반영될 수 있는 제도설계가 필요하다. 사실 2014 미래비전 국민대토론회는 토론 성과를 정책에 반영하는 것을 목표로 한다는 점에서 일반 공공토론과 다른 차별적 특징이 있다고 주장한다(국민대통합위원 2014b). 그러나 토론의 성과를 정책에 반영하기 위한 제도적 장치는 구체적이지 못하다. 토론회 백서를 발간해서 이를 정부부처에 전달하는 정도로는 토론 성과를 정책에 반영한다는 목표가 충분히 달성되었다고 보기에는 매우 부족하다 할 것이다. 대통합위원회가 대통령 자문기구로서 자체 실행력을 담보하고 있지 못했을 뿐만 아니라 타 정부부처의 무관심과 비협조도 문제라 할 것이다.

둘째, 토론 성과를 정책에 반영하기 위한 제도적 장치 못지않게 반복적 개최를 통한 공공토론의 사회적 공간 확보도 중요할 수 있다. 대부분의 대규모 공공토론은 일회성 이벤트로 진행된 경우가 많았다. 일회성 행사는 행사 당시에는 영향력이 클지 모르나 그때뿐이다. 2014 미래비전 국민대토론회 성과를 계승 발전시키기 위해서는 일회성이 아닌 반복적 개최를 통해 한국사회의 문화 자산으로 자리매김하는 방안 마련이 절실하다.5)

셋째, 공공토론을 누가 주관하는 것이 좋은가의 문제이다. 2014 미래비전 국민대토론회는 정부기관인 대통령 소속 국민대통합위원회가 주최한 것이다. 이로 인해 토론회의 기획부터 진행, 결과의 확산까지 일정 정도의 한계를 가질 수밖에 없다. 여타 정부기관의 영향은 차치하더라도 시민사회와의 관계에서도 문제점을 노정할 수 있기 때문이다. 원칙적으로 국민 중심의 공공토론은 시민사회(시민단체)가 자율적으로 기획하고 진행하는 것이 옳다. 그래야만 그 성과를 지속적으로 담보하여 문화적 자산으로 발전시키는 데 용이하다. 그러나 현실은 그렇게 녹록하지 않다.6) 한국적 상황에 맞게 창의적 대안을 찾아가는 것이 필요하다.

그 밖에 시간의 촉박, 국민대통합위원회 감독기구의 비협조와 간섭(당시 수도권 제1분야 이슈인 한반도 통일분야 토론이 미래공동체 발전 방안으로 대체됨) 등으로 국민적 관심을 받지 못하여 정책부서 및 관련 전문가의 참여가 제한적이었다. 대통령자문위원회로서 위상의 한계, 정부의 최초의 미래비전 전략수립으로서 2014 미래비전 국민대토론회에 대한 정부 및 부처 내 컨센서스 부재, 대국민

---

5) 스웨덴의 '알메달렌 정치주간'(Almedalen political week)이 좋은 예이다.
6) 실제로 2014 미래비전 국민대토론회 정도의 대규모 공공토론을 장기적으로 조직하기에는 시민사회(시민단체)의 역량이 부족한 것이 현실이다. 2014 미래비전 국민대토론회 시행사 간부와의 인터뷰(2015년 1월 17일).

사전 공론화 한계가 공론화 결과의 활용을 제약했다고 볼 수 있다.

이러한 한계에도 불구하고 2014 미래비전 국민대토론회는 한국형 공공토의와 숙의여론조사 기법을 병행하여 공론화를 본격적으로 시도한 사례라는 점에서 높이 평가할 만하다.

Ⅲ. 4·16 세월호 참사 안산시추모사업 공론화

- 이해관계자 중심의 주민의견수렴사례 -

1 개요

2014년 4월 16일 안산 단원고 학생 325명을 포함해 476명의 승객을 태우고 인천을 출발해 제주도로 향하던 세월호가 전남 진도군 앞바다에서 급변침을 하며 침몰했다. 304명의 희생자를 발생시킨 세월호 참사는 온 국민을 충격에 빠트렸고 참사 원인의 규명과 대책 마련 등 다양한 사회적 논의가 확산되었다. 2015년 1월 28일 「4·16 세월호 참사 피해구제 및 지원 등을 위한 특별법(이하 특별법)」이 제정되면서 세월호 희생자에 대한 추모사업 논의도 본격화되었다. 봉안시설 등 추모시설은 공익적 차원에서 필요한 시설이지만 이에 대한 일부 부정적 시선으로 추모시설 설치를 둘러싼 갈등은 우리 사회에 빈번하게 발생했다. 2007년 하남시의 경기도 광역화장장 추진과 관련하여 하남시장에 대한 주민소환 등 갈등이 발생했던 것처럼 국가나 지방자치단체가 추진하는 장사시설은 물론, 2003년 2월 18일 대구 지하철역 참사(192명 사망) 추모사업에서 보듯이 참사로 인한 희생자를 추모하는 시설 추진도 지역주민과 갈등을 초래했다.

2015년 초부터 안산 지역사회 내 세월호 희생자를 위한 추모사업 논의가 시작되었고 정부의 특별법 제정에 따라 '안산시 추모사업실무위원회'를 구성해야 되는 시점에서 2016년 7월 6일 안산시장은 자문기구로 「4·16 세월호 참사 안산시추모사업협의회(이하 추모사업협의회)」를 발족했다. 추모사업협의회는 피해가족과 주민의견을 체계적으로 수렴하여 안산시 추모사업에 대한 시민적 합의안을 도출하는 것을 목적으로 1년 동안 운영되었다. 추모사업협의회는 자체 회의는 물론 시역주민의건 수렴을 위해 다운홀 미팅 형식의 '주민경청회'를 다섯 차례 개최했고 전문여론조사기관 패널과 신청자를 대상으로 '숙의형 여론조사'를 두 차례 실시했고 화랑유원지 인근 재건축조합대표자와 '간담회'를 다섯 차례 개최하는 등 지역주민 의견을 수렴하는 공론화 절차를 진행했다.

이 사례는 이해관계자 중심의 공론화 유형의 특징을 갖고 있으나 국립서울병원 갈등조정위원회와 달리 잠정적인 합의안 도출 없이 공론화 이후 협의체가 합의안을 사후 모색했다는 차이점을 보여준다. 특히, 공론화 결과를 두고 추모사업협의회에서 다수결을 통한 결론을 도출할 수 있었음에도 불구하고 결론을 유보하고 이해관계자와 주민 간 합의를 순차적으로 도모함으로써 사회적 수용성을 높이려는 시도를 했다는 점에서 많은 함의를 제공한다 할 것이다.

추모사업협의회는 1년간 논의를 통해 세월호 추모공원의 가치와 비전, 조성방향(컨셉), 시설내용을 합의했지만 추모공원의 장소와 봉안시설 포함을 두고 이견을 해소하지 못했다. 공론화 과정에서 추모공원 1순위 입지로서 제안된 화랑유원지에 대한 인근 재건축조합의 반대와 화랑유원지를 추모공원으로 지정하되 봉안시설을 분리하자는 의견을 어떻게 통합할 것인지가 쟁점이었다. 시민친화적으로 추모공원을 조성한다는 방향은 공감하지만 구체적인 청사진이 없는 상황에서 추모공원 1순위 후보지인 화랑유원지 인근의 재건축 주민들의 우려를 해소하기가 쉽지 않았다. 또한 세월호 참사 관련 원인규명과 대책마련에 대한 박근혜정부의 소극적 태도와 정파적 활용은 유가족과 인근지역 주민 간에 정서적 간극을 확대하기도 했다. 이런 상황에서 추모사업협의회는 추모사업

표 3-8 4·16 세월호 참사 안산시추모사업협의회 공론화 사례일지

일시	구분	내용
2016.7.6	공론화 절차 실행안 도출	추모사업협의회 구성
2016.9.26		주민의견수렴 기획안 논의(4차 회의)
2016.10.20		주민의견수렴 1차 기획안 확정 (5차 회의)
2016.11.9	피해자 거주지역 대상 1차 주민 경청회	피해자 거주지역 초지동 주민대상 의견수렴
2016.11.10		피해자 거주지역 고잔1동 주민대상 의견수렴
2016.11.14		피해자 거주지역 와동 주민대상 의견수렴
2016.11.24		피해자 거주지역 선부1동 주민대상 의견수렴
2016.12.10	1차 안산시민대토론회	학생 및 안산시민 대상 의견수렴
2017.2.8	재건축조합 간담회	재건축조합 관계자 5인과 협의회 5인
2017.2.10	2차 주민경청회	피해자 거주지역 4개동 합동 경청회
2017.2.25	재건축조합 2차간담회	재건축 조합관계자와 협의회위원
2017.2.25	2차 안산시민대토론회	학생 및 안산시민 대상 의견수렴
2017.5.2	인근지역 주민 간담회	재건축조합 및 입주자 대표
2017.6.9	지역주민대표간담회	화랑유원지 주민대표
2017.6.30	추모사업협의회 종료	결과문 채택 후 안산시장 및 국무조정실장 전달
2017.7.21	협의회 결과보고문 전달	국무조정실 세월호 피해 추모·지원 단장 면담

자료: 4·16 세월호 참사 안산시추모사업협의회 1~16차 회의록 재구성

에 대한 협의회 내 이견과 주민의견수렴(공론화) 과정에서 드러난 쟁점을 다수결을 통해서 해결하지 않고 운영규정(합의를 통한 결정)을 존중하여 합의사항과 이견사항을 석시한 '결과보고문'을 재택하여 국무조정실에 전달하고 2017년 7월 21일 활동을 종료했다. 그 후 '화랑유원지내 4·16 안전공원조성 안산시장' 기자회견(2018.2.20), '4·16 안전공원추진위원회' 운영(2018.11.16.~2019.1.10)을 거쳐 2019년 1월 24일 안산시는 화랑유원지 내 미조성부지를 봉안시설을 포함한 추모공원 입지로 결정했다. 그리고 중앙정부는 2019년 2월 27일 화랑유원지 내 미조성부지를 4·16 세월호 참사 추모공원 부지로 최종 확정함으로써 세월호 참사 안산시추모공원 사업(입지,내용)정책은 일단락되었다.

2 공론화 사전단계 및 의제선정

세월호 참사 이후 정부는 2014년 4월 22일 희생학생 및 선생님 장례 절차에 합의하고 정부 합동분향소를 안산시 화랑유원지에 설치 운영했다. 2015년 1월 28일 「4·16 세월호 참사 피해구제 및 지원 등을 위한 특별법(이하 특별법)」이 제정된 이래 국무조정실은 제2차 추모분과 위원회(2015.9.7)를 개최하고 세월호 희생자 추모사업의 기본방향으로 안산지역 추모사업을 복합적 추모공원으로 전 국민이 함께하는 문화공원으로 조성한다는 방침을 세웠다. 그리고 2015년 9월 8일 안산시에 추모사업 관련 실무위원회를 구성하고 세월호 추모사업에 대한 안산시 의견을 전달해줄 것을 요청했다.

한편 안산시는 2015년 2월부터 세월호 참사와 관련하여 안산시 대응방안에 대한 지역사회 논의를 시작했다. 2015년 2월 17일 안산시는 "안산시민 1000인 토론회"를 개최하고 세월호 참사로 인한 안산지역의 피해를 극복하기 위한 시민토론을 진행했고 2015년 11월 26일 '안산 국제 심포지엄 극복'을 개최하여 지역공동체 회복 등 재난 극복방안을 모색했다. 세월호 참사 초기 안산시민들은 세월호 희생자들의 아픔을 적극적으로 함께했다.

"지금 장사가 문젠가 … 생존자 찾는 게 우선"

[헤럴드경제: 2014.4.23]

"진도~안산 400km 오가는 '착한 다람쥐택시' 무료봉사"

[세계일보: 2014.4.27]

"도시락 나르고 빨래하고… 슬픔 속 안산 보듬는 이웃사촌"

[동아일보: 2014.4.29]

"고잔동 일대 통장 20여명 희생자 어르신, 형제들 위해 18일째 도시락 배달"

[한국일보: 2014.5.7]

그러나 세월호 참사 원인규명과 대책마련, 미수습자 신원 확인 등 여러 현안해결이 지연되면서 유가족들과 일부 지역주민들 간에 갈등이 점차 표출되었다.

추모사업과 관련한 직접적 논의는 2015년 12월 8일 「안산시 4·16 세월호 참사 피해극복대책협의회」가 주최한 세월호 유가족과 지역주민이 참여하는 워크숍을 통해서 이루어졌다. 당일 워크숍은 유가족과 지역주민이 함께하는 추모사업 방향을 모색하고자 개최되었고 중립적 진행을 위해서 워크숍은 한국사회갈등해소센터가 진행했다. 참석자들은 "공동체 회복과 바람직한 추모사업 추진방향"을 주세로 진솔하게 다양한 논의를 했다. "위로해주는 사람도 많지만, 유가족들에 대해 편견을 가진 시선에 마음이 아프기도 하다. 600일을 지나면서 기억에서 잊혀지는 데 대한 불안감이 있다"(유가족), "세월호 참사를 계기로 사회와 국가에 대한 불신이 증가했고 같이 안타까워했지만, 실제 할 수 있는 일이 많지 않다는 것에 대한 무기력감이 생기기도 했다."(일반시민), "안산 침체에 대한 걱정의 소리가 늘어나고 있다. 현수막에 대한 불만이나 땅값이 하락한다는 이야기, 인구 감소 이야기 등 유가족들도 이제는 뒤를 돌아볼 때라고 생각한다."(상인회) 등 세월호 참사과정에서 갖게 되는 다양한 생각들을 나누었다. 특히 추모사업을 두고 유가족과 지역사회 갈등을 예방하기 위해서 ▲'추모공원'이라는 명칭에서 오는 부정적 이미지가 있기 때문에 명칭을 '안전공원' 등으로 바꾸고, ▲'안산'과 '세월호'는 떨어질 수 없는 관계라는 것을 함께 인식하고, ▲기억의 길처럼 추모객과 안산발전을 연계하는 방향을 모색하고, ▲어떤 추모공원을 만들 것인가에 대한 소통, 토론을 통한 지역사회 공론화 및 합의의 과정이 반드시 선행되어야 한다는 데 의견을 같이 했다(「안산시 4·16 세월호 참사 피해극복 대책 협의회 및 유가족·지역주민 워크숍 최종 보고서」: 2015.12.14 한국사회갈등해소센터).

　　세월호 참사와 관련하여 안산시 추모사업의 내용을 전달해달라는 정부(국무조정실 추모분과위원회)의 요청과 추모사업에 대한 지역사회 논의를 바탕으로 2016년 7월 6일 안산시장은 "4·16 세월호 참사 안산시추모사업협의회(이하 추모사업협의회)"를 구성했다. 추모사업협의회는 안산시장을 위원장으로 안산시 담당국장과 (사)4·16 가족협의회 대표 당연직 3인과 위촉직 21(국무조정실 공무원1,

시의원2, 피해극복대책협의회4, 가족협의회4, 주민대표4, 사회단체 임원3, 전문가3) 총 24명으로 구성되었다. 특히, 추모사업협의회는 갈등해소전문가(한국사회갈등해소센터)를 회의진행자로 두어 원활한 회의진행과 위원 간 이견해소를 도모했다. 추모사업협의회의는 안산시장의 자문기구로서 주요 기능은 안산시 추모사업에 대한 시민적 합의안을 도출하는 것이고, 위원 간의 합의 노력을 촉진하기 위해 의결 방식을 전원합의로 변경했다(필요 시 위원 간의 찬/반 의견을 확인할 수 있고 다수의견을 존중하여 의결할 수 있다고 명기함). 또한 추모시설의 입지와 추모시설의 내용 및 규모를 주요 의제로 확정했다.

추모사업협의회 운영 규정

제2조(설치 및 기능) 「4·16 세월호 참사 피해구제 및 지원 등을 위한 특별법」(이하 "특별법"이라 한다) 제36조에 따라 안산시(이하 "시"라 한다)에 조성 될 추모공원, 추모기념관, 추모비(이하 "추모시설"이라 한다)에 대하여 피해가족과 지역주민 등 이해당사자의 의견을 체계적으로 수렴하고 토론을 통하여 다음 각 호의 사항에 대한 시민적 합의안을 이끌어내기 위하여 4·16 세월호 참사 안산시 추모사업협의회(이하 "협의회"라 한다)를 둔다.
1. 추모시설의 입지에 관한 사항
2. 추모시설의 내용 및 규모 등에 관한 사항

    추모사업협의회는 세월호 희생자들을 아름답게 기억하고 추
모하며 피해자 유가족과 안산시민이 동의할 수 있는 추모시설의
추진 원칙, 시설 내용, 장소에 대해 다양한 주민의견을 수렴하여
최종합의안을 마련하는 데 주력했다. 기존 추모시설과 달리 시민
친화적이고, 지역사회 발전에 기여하며 생명과 안전 존중의 교육,
관광명소로 각광받을 수 있는 새로운 추모시설 건립을 상상해 달
라는 원칙만 제시하고 공론화를 통해 구체적인 의견을 수렴한다
는 방향을 정했다. 추모사업협의회는 3차 회의에서('16.8.18) 추모
시설과 관련한 협의회 내부 논의보다 주민의견 수렴에 주안점을
두기로 하여 '주민의견수렴 기획소위원회'를 이원화하여 진행했고,
특히 추모시설에 대한 새로운 상상력을 촉진하기 위해서 4차 회의
('16.9.26)에서 '세월호 추모시설'을 가칭 '4·16 안전공원'으로 명칭
을 변경했다.

    추모사업협의회는 1차적으로 세월호 희생자들이 주로 거주했
던 인근지역 주민(직접적 이해관계를 갖는 주민거주자)과 학생 및 일
반시민을 대상으로 안산시민의 의견을 수렴했다. 추모사업협의회
는 5차 회의('16.10.26)에서 4·16 세월호 참사 추모공원(4·16 안전공
원) 건립에 대해 주민의견을 수렴하기 위해서 타운홀 미팅 형식의
"주민경청회"와 숙의형 여론조사(deliberative poll) 형식의 "시민대
토론회"를 진행하기로 했다. 먼저, 주민경청회는 피해자들이 집중
적으로 거주했던 4개동(고잔1동, 선부1동, 와동, 초지동)을 상대로 11
월에 개최하며 주요 내용은 ▲추모사업협의회 취지 및 활동안내,
▲4·16 안전공원 조성방향 설명, ▲주민발언 경청 및 최종 주민의
견서를 배포하고 취합하기로 했다. 중립적 진행을 위해서 추모사

업협의회 진행자가 주민경청회를 진행하며, 사례발표자는 객관성을 갖는 연구자에 맡기고 장소는 접근성을 고려하여 주민센터로 정했고 현수막 설치 등 적극적인 홍보를 통해 많은 주민들이 참석하도록 설계했다. 또한 안산시민 대토론회는 참사 특성을 고려하여 남녀고등학생 50명을 참여단에 포함시키고 일반시민은 200~250명 이내로 선발하기로 했다. 다만, 비용 등을 고려하여 참가단은 공개적 신청자 모집과 전문여론조사기관(한국리서치)이 보유한 시민 패널을 통합하여 동별·성별·연령별 대표성을 최대한 고려해서 무작위 선발하고 중·고등학생 기말고사 일정을 고려해서 12월 중에 안산시청에서 개최하기로 했다. 주요 내용은 추진경과, 배경, 향후 계획 등에 대해 설명과 전문가 발표를 듣고 참가자들 자체토의를 진행하기로 했다. 주민경청회 때 제공했던 정보를 동일하게 제공하고 참석자들의 숙의적 의견을 수렴하고 참여자의 대표성을 유지하는 데 초점을 두었다.

또한 추모사업협의회는 1단계 4개 동별 '주민경청회'와 '안산시민대토론회'를 개최하여 추모사업에 대한 방향, 내용, 입지 등 1차 의견을 수렴한 뒤, 1단계 주민의견 수렴과정에서 도출된 쟁점 사항을 중심으로 2단계 주민의견을 수렴하여 최종 합의안을 도출한다는 계획을 세웠다. 이에 추모사업협의회는 1단계 주민의견수렴 절차를 진행한 결과 도출된 쟁점(추모시설 내용, 추모시설입지 등)을 해소하기 위해 2017년 2월 피해자 거주지역 '4개동 통합 2차 주민경청회'와 학생 및 일반시민이 참여하는 '2차 안산시민대토론회'를 계획했다. 또한 1, 2차 주민의견수렴 과정에서 안산시추모공원 장소로 화랑유원지 등이 논의되자 화랑유원지에 인접한 재건축조합관계자를 중심으로 화랑유원지 추모시설 설치를 반대하는 목소리가 확산됨에 따라 재건축조합관계자를 대상으로 수차례 간담회를 실시하기로 했다.

세월호 희생자들이 주로 거주했던 4개동별 주민들을 대상으로 실시된 '주민경청회'는 2016년 11월 9일 초지동을 시작으로 11월 24일까지 네 차례 진행되었고 연인원 410명의 주민이 참석했다. '주민경청회'는 추모사업협의회 경과 및 주민경청회 취지를 안내하는 인사말(안산시 복지문화국장, 4·16 가족협의회 대표, 주민자치위원장) → 세월호 참사의 의미와 관련된 동영상 시청 → 주민친화적 추모공원 상상을 위한 국·내외 사례 설명(전문가) → 참가자 질의·응답 → 안산시 추모사업 관련 자유발언 → 참가자 의견서 작성 및 제출 → 향후 계획안내 및 폐회 순서로 진행됐다. '주민경청회'는 추모공원에 대한 부정적 편견을 해소하고 시민친화적인 추모공원에 대한 공감대를 넓히고 추모공원의 후보지 5곳을 공론화하는 데 기여했다. 그러나 봉안시설 설치와 관련된 찬/반 의견 대립과 참여자 대부분이 지역통장 위주이거나 다양한 주민이 참석하는 주민경청회로 진행되지 못했다는 의견도 있었다.

학생 및 일반시민이 참여하는 '1차 안산시민대토론회'는 2016년 12월 10일 고등학생 41명과 일반시민 185명이 참석했다. 참가자는 행정동별로 성별·연령별 대표성 있는 선발이 현실적으로 어려움이 있어 안산시를 정부합동분향소를 기준으로 반경 1.5㎞를 인접지역 2개 권역으로, 기타지역을 4개 권역으로 나눠 전체 6개 권역으로 구분하여 선발됐다. '1차 안산시민대토론회'는 추모사업협의회의 경과 및 주민경청회 취지를 안내하는 인사말(안산시 복지문화국장, 4·16 가족협의회 대표) → 세월호 참사의 의미와 관련된 동영상 시청 → 주민친화적 추모공원 상상을 위한 국·내외 사례 설명(전문가) → 질의·응답 → 안산시 추모시설 방향 숙의토의(분임 및 전체토

표 3-9	4·16 세월호 참사 안산시추모사법업협의회 1단계 주민의견수렴 결과요약	

일시	구분	내용
2016.11.9	1차 주민 경청회	• 초지(90), 고잔1동(110), 와동(130), 선부1동(80) 참석 • 안전교육, 복합문화공간으로 조성되었으면 함 • 화랑유원지, 단원고 뒷산, 꽃빛공원, 하늘공원, 원고잔 공원 등 5개 장소 추천됨
2016.11.10		
2016.11.14		
2016.11.24		
2016.12.10	1차 안산시민 대토론회	• 226명(일반시민 185명, 고등학생 41명) 참석 • 방향: 시민친화적 공원 조성 등 • 기념관, 안전교육, 문화공간, 봉안시설 지하화 • 접근성, 상징성, 경제성 등 고려 장소 선정

의) → **추모시설** 입시 선성기순 숙의토의(분임 및 전체토의) → 설문조사 → 향후 계획안내 및 폐회 순서로 진행됐다. '1차 시민대토론회'를 통해서 4·16 안전공원은 ▲시민친화적 휴식공간, 안전공원, 생명존중, 청소년공원으로 조성하며, ▲주요 시설은 도서관 등 시민친화시설, 기억과 추모관, 기념비, 안전교육 체험관 등이 제안되었고, ▲추모시설 입지선정은 접근성, 상징성, 경제성 등을 고려한다는 데 공감대를 확보했다.

추모사업협의회는 1단계 주민의견수렴 절차를 실행함으로써 추모사업협의회가 결정을 하기 이전에 시민들 의견을 먼저 들었다는 것과 추모공원 입지 등 거북스러운 이슈를 논의주제로 끌어낸 점을 성과라 평가했다. 그러나 추모사업협의회는 추모 장소와 봉안 시설에 대한 논란이 있는 만큼 새로운 추모시설에 대해 공유하는 절차를 더 가질 필요가 있다고 평가했다(7차 회의 '16.12.19).

추모사업협의회는 7차 회의('16.12.19)에서 1단계 주민의견수

| 표 3-10 | 4·16 세월호 참사 안산시추모사법업협의회 2단계 주민의견수렴 결과요약 | |

일시	구분	내용
2017.2.8	재건축조합 간담회	• 재건축조합 관계자 5인과 협의회 5인 • 화랑유원지 내 추모시설 반대, 협의회 위촉 요구
2017.2.10	2차 주민경청회	• 피해자 거주지역 4개동 합동 경청회(350명) • 추모공원 내 수영장 등 편의시설은 부적합 • 봉안시설과 안전공원 분리는 의미가 없고 접근성, 상징성 고려 화랑유원지 내 설치해야 • 안산의 상징인 화랑유원지 내 추모시설 안 됨 • 봉안시설만은 주민정서고려 외곽으로 이전해야
2017.2.25	재건축조합 2차 간담회	• 진행자 및 12명(협의회 6명, 조합 6명) • 화랑유원지에 추모공원 조성 반대 • 협의회에 재건축조합장 등 제외 불공정

2017.2.25	2차 안산시민 대토론회	• 215명(일반시민 163명, 고등학생 52명) 참석
		• 기념관외 도서관>예술공연장>복합문화시설 순
		• 장소선정 접근성>상징성>정숙성>유가족요구 순
		• 화랑유원지 내 미조성부지
		  1위(사전 62.2%, 사후 47.9%)
		  2위 하늘공원(사전 10.1%, 사후 12.3%)

2017.5.2	인근지역 주민 간담회	• 오전 재건축대표(화랑유원지 내 반대) • 오후 입주자대표(봉안시설은 외부로)
2017.6.9	지역주민 대표 간담회	• 화랑유원지 주민대표 간담회 • 봉안시설은 외곽으로 이전해야

렴 결과를 토대로 추모사업의 주요 내용과 입지에 대한 쟁점을 해소하기 위해서 2단계 주민의견수렴 절차를 기획했다. 1단계 주민의견 수렴을 통해서 도출된 4·16 안전공원 추진원칙, 주요 내용, 장소 등 주요 결과를 공유하고 봉안시설 설치 여부 등 쟁점사항을

중심으로 추가 의견을 수렴하는 2차 주민경청회(4개동 합동 및 일반시민)와 2차 시민대토론회를 개최했다. 2차 주민경청회는 2017년 2월 10일 350명의 주민이 참석한 가운데 진행됐는데 일반주민들의 적극적인 참여를 독려했고, 특히 화랑유원지 인근 재건축조합 관계자들이 적극 참여했다. 절차는 회의진행자의 1차 주민의견수렴 결과에 대한 설명 → 정부 추모사업정책방향 설명 → 봉안시설 전문가 설명 및 질의·응답 → 자유발언과 설문조사실시로 진행되었다. 2차 주민경청회는 "추모공원에 수영장 설치는 부적절하며, 정부합동분향소가 운영됐고 세월호 희생자들의 추억이 깃든 화랑유원지가 추모공원으로 적절하다는 의견"과 "시민들의 자유로운 공원이자 인근 대규모 재건축이 진행되고 있는 안산시 중심에 추모공원은 부적절하다는 의견", "봉안시설이 없는 추모공원은 무의미하다는 주장과 봉안시설은 주민정서상 외곽으로 이전해야 한다는 의견"이 첨예하게 대립됐다.

2차 시민대토론회의 참여단 구성은 1차 시민대토론회에 참여자를 우선으로 하되, 추모공원 입지와 관련해서 쟁점 해소를 중점으로 다루기 위해 유력 후보인 화랑유원지 주변 지역주민과 기타 지역주민 6 : 4 비율로 이뤄졌다. 2017년 2월 25일 일반시민 163명과 고등학생 52명이 참석한 가운데 2차 시민대토론회가 개최됐지만 화랑유원지에 추모공원 조성을 무조건 반대하는 재건축조합 관계자 200여 명이 행사시작을 반대하며 시위를 했다. 결국, 추모공원 입지에 대해서는 논의하지 않는다고 추모사업협의회와 재건축조합관계자 대표가 합의함으로써 '2차 시민대토론회'는 진행되었고 추모시설에 설치될 주민편의시설의 우선순위, 추모공원 선정 시 입지조건의 우선순위를 토론하고 설문조사를 마친 후 폐회하였다. 주요 결과는 ▲4·16 안전공원이 지향해야 할 가치와 비전: 세월호 참사 아픔 극복과 새로운 안산시 희망이 되는 공원 (60.7%),

▲4·16 안전공원이 추구해야 할 방향: 생명·안전·존중을 일깨우는 문화·복합공간(45.0%), ▲4·16 안전공원에 만들어야 할 주민편의시설: 안전교육장(59.6%), ▲추모시설 입지선정 시 가장 중요한 항목: 접근용이성(31.9%), ▲4·16 안전공원으로 가장 적합한 장소: 화랑유원지 내 미조성부지(47.9%)이었다.

'2차 주민경청회와 시민대토론회'를 계기로 화랑유원지 인근의 재건축조합관계자들은 화랑유원지 추모공원 조성을 반대하는 지속적인 집회를 개최했다. 추모사업협의회는 이후 3개월간 재건축조합관계자와 수차례 간담회를 개최하고 추모사업에 대한 의견을 청취했다.

5 결과도출 및 활용

추모사업협의회는 11차 회의부터('17.3.28) 두 차례 주민의견 수렴과정에서 도출된 주민의견을 어떻게 정리할 것인지 본격적인 논의를 진행했다. 세월호 참사 추모공원을 주민친화적 안전공원으로 조성하여 유가족과 안산시민이 함께하는 추모사업을 진행한다는 공감대는 확인했지만 추모공원 1순위 입지로서 화랑유원지에 대한 인근 재건축조합의 반대와 화랑유원지를 추모공원으로 지정하되 봉안시설을 분리하자는 의견을 어떻게 통합할 것인지가 쟁점이었다. 또한 추모사업협의회 위원으로 추가 위촉을 요구하는 재건축조합관계자의 제안을 두고 추모사업협의회 내 이견이 대두되었다. 추모사업협의회는 협의회 활동기간이 종료되는 3월에 새로운 위원을 위촉한다는 것이 효과적이지 않다는 판단 아래 재건축 조합관계자의 제안을 수용하지 않았지만 재건축조합관계자와 적극적인 소통과 추모사업협의회 내부 이견 조율을 위해 협의회 활동시간을 6월까지 연장했다.

추모사업협의회는 이후 활동시간을 3개월 연장하고 추모사업협의회의 내부 논의와 재건축조합관계자와 협의를 지속적으로 진행했지만 최종 이견을 해소하지 못했다. 결국 16차 회의('17.6.30)에서 추모사업협의회는 주민의견수렴 결과에 대해 합의가 어려운 상황에서 추모사업협의회 활동시한(6월 종료) 및 운영규정(합의를 통한 결정)을 존중하고 세월호 추모사업에 대한 지역사회의 수용성을 고려하여 다수결에 따른 합의를 도출하지 않고 그간의 논의를 정리한 '추모사업협의회 결과보고문'(합의사항과 이견사항)을 의결하는 것으로 활동을 종료했다.

시민친화적인 추모시설 및 주변지역에 대한 지원 등 정부의 구체적인 청사진이 없는 상황에서 원론적 논의는 추모시설에 대한 일부 부정적 고정관념을 해소하기에는 한계가 있었다. 또한 세월호 참사 규명 및 대책마련을 두고 박근혜 정부의 소극적인 태도와 정파적 활용, 유가족 보상에 대한 괴담 등 다양한 요인으로 유가족과 인근지역 주민들의 정서적 간극이 일부 존재하는 상황에서 단기적 관점에서 이견 해소는 쉽지 않았다. 따라서 추모사업협의회가 공론화 과정에서 노정된 이견을 다수결을 통해서 무리하게 결정하지 않고 합의를 존중하여 결과보고문에 의견분포를 있는 그대로 적시하여 결과도출을 유보한 것은 이 사례가 갖는 주요한 특징이라 할 수 있다.

추모사업협의회가 채택한 결과문의 주요 내용은 4·16 안전공원의 가치와 비전, 조성방향(컨셉), 시설 내용, 장소(입지) 등 주민의견을 기술했다. 다만 주민의견수렴 결과를 두고 추모사업협의회 내 합의와 이견을 적시했고 향후 과제 및 제안으로 중앙정부가 안산지역의 소통과 대화의 장 마련과 4·16 안전공원 관련 지원대책 능 구체적 성보(내용)를 바탕으로 지역사회기 생산적인 논의를 진행할 수 있도록 그 책임을 다할 것을 촉구했다. 그 후 2017년 7월 21일 추모사업협의회 위원(5명)과 안산시 관계자(5명)는 국무조정실 세월호 피해·추모지원단장을 만나 추모협의회 구성·운영 결과 보고문을 전달하고 안산 지역사회 내 이견 해소를 위해 중앙정부가 2단계 대화 프로세스를 추진할 것을 권고했다. 추모사업협의회는 결과문에서 "4·16 세월호 참사 안산시추모공원은 기존 추모시설과 달리 시민친화적인 새로운 추모시설을 지향하는 것으로 (가칭) 4·16 안전공원으로 지칭하고, 피해지역 인근주민 대상 "다섯 차례 주민경청회", 안산시민대상 "두 차례 시민토론회", 재건축조합 및 입주자대표회의 등 지역주민 대상 "수차례 간담회"를 개최하여 주민의견을 수렴했다며 최근 4·16 안전공원의 입지선정을 두고 안산지역사회 내 이견도 있지만 4·16 안전공원의 비전, 조성방향, 시설내용 등 공감대를 형성했고 주민의견수렴 결과를 토대로 논의결과를 정리한다"고 취지를 밝혔다.

추모사업협의회 결과문의 주요 내용

1. 4·16 안전공원 조성방향(컨셉)
   - 4·16 안전공원은 유가족뿐만 아니라 일반시민 누구나 쉽게 다가갈 수 있는 시민친화적 휴식공간으로 조성함
   - 4·16 안전공원은 생명과 안전존중을 일깨우는 문화·복합공원으로 조성함
   - 4·16 안전공원은 권위적, 폐쇄적이 아닌 개방형으로 조성하고 주변시설과 연계하여 관광명소 및 지역발전에 기여하도록 조성함

2. 4·16 안전공원 시설 내용
- 시민친화시설: 4·16 안전공원 취지를 살리면서 도서관 등 복합문화 시설을 추가함
- 추모기념관&기념비: 추모기념관은 기억공간&물품보관소, 영상관, 기록물, 천문대, 꽃길, 4·16 관련 벽화, 희생학생별 편백나무 숲 조성, 4·16 재단사무실 등을 함께 조성함. 기념비는 권위적인 첨탑형태를 지양하고 아담하고, 낮은 곡선형 등을 고려함
- 봉안시설: 봉안시설은 자연친화적, 시민친화적 시설로 국내·외 사례를 참조하여 지하화나 예술적인 형태로 조성함

3. 4·16 안전공원 입지(장소)
- 4·16 안전공원의 장소는 5*개 후보지가 추천되었고 안산추모협은 이 중에서 유가족 및 시민의 접근성, 상징성(단원고 주변, 희생자들의 추억 등)과 지역발전의 연계성(관광명소화) 등을 고려할 때 화랑유원 지 내 미조성부지가 4·16 안전공원 부지로 다수가 적합하다고 판단했으나 안산지역사회 내 찬/반 의견*과 지속적인 소통의 필요성, 안산수보협의 운영규정(출석위원 전원합의로 의결한다) 등을 고려하여 안산추모협은 결론을 내지 못함 (*화랑유원지 내 미조성부지, 하늘공원, 단원고 뒷산, 원고잔 공원, 꽃빛공원)(*찬/반 의견서 붙임)
- 안전공원 입지장소와 관련해서는 4·16 안전공원의 온전한 취지실현을 위해 화랑유원지 미조성부지 내 봉안시설이 함께 조성돼야 한다는 의견, 봉안시설에 대한 지역주민의 정서 등을 고려해서 봉안시설 조성 여부를 추후에 논의하자는 의견, 공원 외 시설반대 및 주변지역의 재산권침해 우려 등을 이유로 봉안시설을 분리하자는 의견이 있었음

4. 향후 과제 및 제안
- 정부(국가)는 4·16 안전공원이 4·16 세월호 참사를 함께 기억하고 우리 사회 생명과 안전의 국민적 열망을 모아 국책사업으로 추진될 수 있도록 책임을 다 해야 하며, 4·16 안전공원 추진과정에서 4·16 세월호 참사의 가장 큰 피해지역인 안산시민이 다시 상처 입지 않도록 다음 사항을 이행할 것을 촉구함
  – 국민과 안산시민들에게 4·16 안전공원의 조성취지(필요성)를 적극 홍보해야 함

- 4·16 안전공원이 단순하게 공원을 조성하고 건축물 하나 올리는 것이 아니라 안산이 생명과 안전도시로서의 비전을 수립하는 추동력이 될 수 있도록 관련한 종합적인 지원 대책을 수립해야 함
- "유가족과 국민이 함께하는 4·16 안전공원", "안산의 희망과 발전의 계기로서 4·16 안전공원" 조성을 위해 안산지역사회 내 적극적이고 책임 있는 소통과 대화의 장을 만들어야 함
• 정부(국가)는 4·16 안전공원 관련 예산규모의 확정, 국제공모를 통한 구체적인 조감도 등을 마련하고 4·16 안전공원이 과거의 부정적 시각이 아니라 미래지향적이며 정확한 정보(내용)를 바탕으로 추진(논의)될 수 있도록 촉구함

추모사업협의회 결과문은 말미에서 "안산지역사회는 4·16 세월호 참사의 고통과 아픔을 함께해왔다. 안산지역사회는 4·16 세월호 참사에 따른 공동운명체란 인식을 갖고 4·16 안전공원의 조성을 단순 "추모시설 건립"이 아닌 "4·16 세월호 참사 아픔의 극복과 안산시의 미래"를 열어가는 행위로 인식해야 하며 안산추모협의 논의결과를 바탕으로 4·16 안전공원을 조성하는 데 표출된 이견을 합리적으로 해소하는 추가적인 노력을 중앙정부와 안산시에 제안한다"고 밝혔다. 그리고 4·16 안전공원 화랑유원지 내 미조성부지 찬/반 의견서(기자회견문 각 1부)와 4·16 안전공원 조성 관련 1, 2차 안산시민토론회 결과를 첨부했다.

추모사업협의회 운영이 종료된 이후, 2018년 2월 20일 안산시는 '화랑유원지 내 4·16 안전공원 조성 안산시장(제종길)' 기자회견을 갖고 세월호 추모공원 부지로 화랑유원지를 발표했다. 또한 민선 7기 안산시장(윤화섭)은 전임시장의 기자회견 발표 이행과 지방선거 기간 동안에 표출된 세월호 추모공원 부지관련 이견해소를 위해서 2018년 11월 16일 시장 자문기구로 '4·16 안전공원 추

진위원회'를 구성했다. 이후 2019년 2월 24일 안산시는 화랑유원지 내 미조성부지를 추모공원 입지로 최종 결정하고 안산시 의견을 정부에 제출했다. 안산시는 "2022년까지 2000여 억 원을 집중 투입해 모든 시민이 공감할 수 있는 새로운 개념의 복합문화시설로서 화랑유원지 명품화 사업을 본격적으로 추진한다"('19.1.24 안산시보도자료)고 밝혔다. 그리고 정부는 2019년 2월 27일 화랑유원지 내 미조성부지를 세월호 참사 안산시추모공원 부지로 최종 확정하고 2021년 1월 착공예정임을 밝힘으로써 세월호 참사 안산시 추모공원 사업 정책은 일단락되었다.

6 시사점

일반 장사시설 설치뿐만 아니라 국민적 충격을 불러온 세월호 참사 등 희생자들에 대한 추모사업 추진도 지역주민이 선호하는 시설이 아니기 때문에 갈등을 발생시킬 개연성이 크다. 그렇기 때문에 안산시가 세월호 유가족 및 지역주민이 참여하는 협의체(추모사업협의회)를 구성하고 지역주민 및 안산시민 의견을 수렴하여 시민적 합의를 도출하려는 시도는 갈등관리에 효과적이고 바람직하다고 볼 수 있다.

이 사례는 추모사업협의회가 협의회의 논의 및 공론화 과정에서 드러난 이견을 다수결을 통해서 손쉽게 해결하지 않고 합의를 원칙으로 결론을 유보함으로써 향후 문제해결에 기여했다는 시사점을 제공한다. 즉, 추모사업협의회는 다수결을 지양하여 결과 도출엔 실패했지만(엄밀한 의미에서 다수결로 결정할 수도 있었지만) 합의 정신을 존중하여 결론을 유보함으로써 결과적으로 갈등완화에 기여했고 추모사업에 대한 주요 내용과 장소 등을 지역사회에 공론화하여 추후 안산시와 정부의 최종결정(추모사업협의회에서 화랑유원지 등 입지공론화가 없었다면 부지를 최종결정할 수 없었음)을 견인했다. 다만, 세월호 추모시설 운영관련 재원 등 안산시장의 권한 미흡과 갈등조정이 아닌 회의진행자로서 갈등전문가의 역할에 일정한 한계점 등이 노정되었다.

또한 이 사례는 이해당사자 중심의 공론화 유형의 특징을 갖고 있으나 국립서울병원 갈등조정위원회와 다른 경로를 보여준다. 국립서울병원 관련 갈등조정위원회와 달리 추모사업협의회는 잠정적인 합의안 도출 없이 다양한 형태로 공론화한 후에 협의체가 잠정적인 합의안을 사후 모색했다는 차이점을 보여준다. 즉, 이해관계자 선 잠정합의 후 잠정합의안에 대한 주민 동의 여부를 구하는 프로세스와 일반시민 의견을 먼저 수렴하고 후에 이해관계자 간 합의를 도모하는 프로세스가 가능함을 보여준다.

Ⅳ. 신고리 5 · 6호기 원전 건설 여부 공론화
- 갈등해결수단으로서의 '시민참여형' 조사 첫 적용사례 -

1 개요

신고리 5·6호기 원전 건설 여부 공론화(이하 신고리 5·6호기 공론화)는 문재인 대통령이 2017년 6월 19일 고리 1호기 원자력발전소 영구정지 선포식에서 "신고리 5·6호기 건설에 대해 빠른 시일 내 사회적 합의를 도출하겠다"고 밝힘으로써 시작되었다. 문재인 대통령은 19대 대통령 선거운동 기간에 신고리 5·6호기 공사 중단 등 탈원전과 관련된 정책들을 공약으로 내세운 바 있었기에, 사회적 합의를 통한 신고리 5·6호기 공사 중단 여부 결정은 대통령의 공약을 실행하지 않을 수도 있다는 의미로 해석되어 그 자체로 논쟁의 대상이 되었다. 그러나 2016년 6월 착공한 신고리 5·6호기는 2017년 5월 말 현재 종합공정률이 28.8%에 달한 상태였고(당시 실제 공정률을 두고 찬/반 이해당사자 간 논란이 야기됨) 공사가 영구 중단될 시 지역적으로 뿐만 아니라 국가적으로도 막대한 영향을 미칠 수 있어 대선 공약 그대로 신고리 5·6호기 공사 중단을 강행하기에는 많은 어려움이 있었다. 이에 문재인 대통령은 국민들의 의견을 다시 묻고 이러한 과정을 통해 도출된 사회적 합의를 바탕으로 신고리 5·6호기 공사 중단 여부를 결정하겠다고 선언하기에 이른다.

신고리 5·6호기 공론화는 총 9인으로 구성된 공론화위원회가 공식 출범한 7월 24일부터 대정부 권고안이 발표된 10월 20일까지 약 3개월에 걸쳐 진행되었다. 공론화위원회는 공론화의 방법을 공론조사를 기반으로 하는 '시민참여형조사'로 결정하고, 1차 여론조사를 거쳐 500명의 시민참여단을 선정하였고, 이러닝 학습, 2박3일 종합토론회 등의 숙의과정을 거치면서 총 네 차례의 설문조사를 통해 신고리 5·6호기 공사 중단 및 재개에 관한 태도와 선호를 수집하였다. 10월 15일 2박3일 종합토론회 직후 4차 설문조사를 통해 나타난 시민참여단의 의견을 종합하여 공론화위원회는 정부에 신고리 5·6호기 공사 재개 및 원자력 발전 비중을 축소하는 방향으로 에너지정책을 추진할 것을 핵심으로 하는 권고안을 제출하였고, 이에 대통령이 공론화위원회의 권고안을 그대로 따르기로 함으로써 공론화 과정은 사회적으로 종결되었다.

신고리 5·6호기 공론화는 한국 최초로 대통령의 주문에 의한 범정부 차원의 첫 번째 공론화 시도로 다양한 측면에서 긍정적인 평가를 받고 있는 사례이다. 신고리 5·6호기 공론화는 한국사회에서 국가의 중요 정책 혹은 사업에 대해 시민들이 직접 참여하여 숙의과정을 통해 도출된 결론을 정부가 즉각적으로 수용하는 최초의 사례이자 핵발전소 건설 유무에 대한 결정 권한을 사실상 시민에게 되돌려 준 최초의 사례로 기억될 것이다. 또한 공론화위원회의 최종권고안에 대해 일반국민들은 물론 핵심 이해당사자들도 제한적이지만 수용함으로써 사회적 갈등을 해소하는 주요 수단으로 공론화 활동(정확히는 시민참여형조사)의 가능성을 보여준 첫 사례라 할 수 있다.

다만, 신고리 5·6호기 공론화 결과가 사회적으로 긍정적인 평가를 받으면서, 공공기관의 공론화 모델로 무비판적으로 확산되는 경향은 경계해야 한다. 특히 신고리 5·6호기 공론화와 관련해서 핵심 이해당사자인 지역주민을 배제하거나 지역주민이 단순히 1/n로 참여하는 일반시민 중심의 공론화 진행이 타당했는지, 당시 중/장기 원전비중 축소를 포함한 공론화위원회의 권고가 적합했는지 등 다양한 논란이 지금도 진행 중이다. 신고리 5·6호기 공론화의 성과와 한계에 대해 보다 엄격하고 객관적인 평가가 요구된다.

2 공론화 사전준비 및 의제선정 단계

공론화는 특정 집단이나 사람이 공론화를 주문함으로써 비로소 시작된다. 주문자가 공론화를 주문하면서 공론화 의제와 함께 공론화 과정을 진행할 주관자(공론화위원회)를 구성하게 되는데, 이는 공론화 사전준비 단계의 주요 과제가 된다.

신고리 5·6호기 공론화의 경우 공론화 의제는 비교적 단순하게 도출되었는데, 사회적 합의를 바탕으로 신고리 5·6호기 공사중단 여부를 결정하겠다는 문재인 대통령의 선언으로 신고리 5·6호기 공론화의 의제는 '신고리 5·6호기 공사 중단 여부'로 확정되었다. 공론화 의제는 주문자가 누구인가에 따라 밑으로부터의 의제선정, 제도로서의 의제선정, 위로부터의 의제선정 등으로 구분될 수 있다. 신고리 5·6호기 공론화는 문재인 대통령의 주문에 의해 촉발되었다는 의미에서 위로부터의 의제선정에 해당된다고 할수 있다. 대통령의 공론화 제안은 공론화에 대한 사회적 인식이 높지 않은 상황에서 제안된 것으로 일면 신선한 면도 있었으나 설정된 의제의 적절성에 대한 많은 논란을 낳았다. 특히, 대통령의 선거공약과 관련된 갈등을 해소하기 위한 방책의 하나로 공론화를 활용하려 한다는 비판이 제기되었다(신고리 5·6호기 공론화 위원회, 2017a). 반면, 주문자인 대통령이 공론화의 결과를 그대로 수용하겠다고 확약함으로써 정책적 수용성이 높은 상태에서 진행된 공론화였다.

공론화 의제선정과 함께 공론화 과정을 주관할 공론화위원회를 구성하는 것도 공론화 사전준비 단계의 주요 과제이다. 주문자인 정부(대통령)는 공론화위원회의 중립적 구성에 초점을 맞추어 진행하였다. 이를 위해 정부는 2017년 6월 27일 국무회의를 통해 신고리 5·6호기 건설 중단 여부에 대한 사회적 합의를 도출하기 위한 공론화 추진 및 보다 중립적이고 공정한 공론화 진행을 위해 공론화 기간 중 신고리 5·6호기 공사를 잠정 중단하기로 결정하였다. 곧이어 국무조정실에 신고리 5·6호기 공론화준비TF를 설치하고 '신고리 5·6호기 공론화 위원회(가칭)'의 구성 원칙과 절차 마련에 착수하였다. 7월 7일에는 공론화위원회의 중립적 구성 원칙과 절차가 확정되었는데, "위원장을 포함해 총 9인으로 구성하며, 위원장은 중립적이면서도 사회적으로 덕망 있는 인사를 위촉하고, 위원은 인문사회, 과학기술, 조사통계, 갈등관리 분야 각각 2인으로 구성한다"는 원칙을 설정하였고, 공론화위원회 위원 선임과 관련해서는 4개 분야(인문사회, 과학기술, 조사통계, 갈등관리)의 중립적인 전문기관·단체의 추천으로 1차 후보군을 구성하고(추천기관별 3인 이상, 여성 1인, 20-30대 1인 포함), 1차 후보군을 대상으로 원전건설 찬/반 대표단체들의 제척작업을 거쳐 최종적으로 위원회 위원을 확정한다는 절차를 확립하였다.

7월 14일에는 한국수력원자력(주) 이사회에서 '신고리 5·6호기 공사 일시 중단' 안건이 통과되었다. 같은 날, 국무조정실은 신고리 5·6호기 공론화 위원회 위원 1차 후보자 29명을 원전건설 찬/반 대표단체에 통보하여 위원에서 제외할 인사를 가려내는 제척작업에 착수하였다. 7월 17일에는 '신고리 5·6호기 공론화 위원회 구성 및 운영에 관한 규정'(국무총리 훈령 제690호)이 제정되었고, 7월 24일에는 공론화위원회 위원 선임 절차에 따라 최종적으로 위촉된 위원장 및 위원들에게 국무총리가 위촉장을 수여하면서 신고리 5·6호기 공론화 위원회가 정식 출범하였다. 공론화위원회의 중립적 구성을 위한 원칙과 절차의 확립은 향후 신고리 5·6호기 공론화 과정의 순조로운 실행에 밑바탕이 되었다.

그러나 공론화위원회의 출범 당일 정부는 "공론화위원회가 선정한 일반시민으로 구성된 시민배심원단에 신고리 5·6호기 공사 중단 여부에 대한 판단/결정 권한을 부여하며, 정부는 이를 그대로 수용할 것이며, 공론화는 '공론조사' 방식으로 추진하며, 활동 시한은 3개월로 한다"고 발표하였다(연합뉴스, 2017.7.24). 이 발표는 공론화위원회의 위상과 기능과 관련된 사안으로 정부가 사전에 충분히 숙고하지 못한 결과로 상당한 논란을 야기하였다. 우선, 공론화위원회의 위상과 관련해서는 "신고리 5·6호기 공사 중단 여부에 대한 판단/결정 권한을 부여"한다는 것이 독립적 의사결정기구인지 아니면 자문기구인지 불명확하다는 점에서 논란을 야기하였다. 또한 공론화 방식과 관련하여 시민배심원단과 공론조사 방식 간에 충돌이 있을 수 있다는 점도 논란의 대상이 되었다.

공론화 의제와 공론화위원회의 구성과 더불어 공론화 사전준비 단계의 또 다른 주요 과제는 소위 '공론화를 위한 공론화'로 표현되듯이, 특정 사안에 대해 공론화가 필요하다는 사회적 공감대 형성이라 할 것이다. 신고리 5·6호기 공론화 사례의 경우, 신고리 5·6호기 공사 중단 여부를 국민에게 의견을 물어 사회적 합의로 해결하자는 문재인 대통령의 선언 이전에는 공론화를 통해 이 사안을 해결하자는 어떠한 사회적 논의도 존재하지 않았다는 점이다. 원전건설 찬/반 단체 등 핵심 이해당사자조차도 공론화를 통한 문제해결이라는 문제의식이 없었다. 심지어는 2017년 8월 1일 핵심 이해당사자(한국수력원자력노조 2인, 울산시 울주군 서생면 주민 2인, 원자력공학과 교수 2인 등 총 6명)로부터 공론화위원회 활동중지 가처

분신청이 제기되기도 하였다. 이런 의미에서 신고리 5·6호기 공론화는 정부로부터 주어진 활동에 불과하다는 비판을 안고 출발하게 되었다(채영길, 2017).

3 ## 공론화 방법과 설계

7월 24일 출범한 공론화위원회의 주요 임무는 공론화 의제의 확립, 공론화 과정의 설계 및 관리, 그리고 공론화 결과를 바탕으로 권고안을 제출하는 것이다. 그중에서도 신고리 5·6호기 공론화 위원회의 당면 과제는 공론화 과정의 설계, 즉 공론화 방식을 선택하는 것이었다.

그러나 정부가 제시한 공론화 계획은 상당히 혼란스러운 것이었다. 무엇보다도 시민배심제와 공론조사 등 공론화 방식에 대한 혼란과 결정과 권고에 대한 개념적 혼란이 문제였다. 이에 대해 공론화위원회가 구성된 지 10여일 만인 2017년 8월 3일 공론화위원회는 위원회의 위상을 신고리 5·6호기 공사 중단 여부를 결정하는 기구가 아니라, 독립적인 지위에서 공론화를 설계하고 과정을 공정하게 관리한 후 공론화 결과를 권고안 형태로 정부에 전달하는 자문기구로 설정하고, 시민배심제를 배제한 공론조사(숙의여론조사)를 주요 수단으로 하는 공론화 방식을 확정함으로써 조기에 혼란을 수습하였다. 이와 더불어 공론화위원회는 8월 8일 공론조사(숙의여론조사)를 기본으로 하지만 국민과의 소통을 강화하는 프로그램이 담긴 '시민참여형조사'를 공론화 방식으로 확정하였다.

이어 공론화위원회는 원전건설 찬/반 단체 등 핵심 이해당사 자들을 공론화 과정에 참여시키기 위해 이들과 접촉하였다. 시민 참여형조사의 성공적 진행을 위해서는 이들의 참여가 절대적으로 필요했기 때문이다. 이를 위해 8월 10일에는 건설중단 측과 8월 11일에는 건설재개 측과 간담회를 진행하였다. 8월 17일에는 공론 화위원회가 이해관계자 소통협의회 운영을 의결하고, 1차 회의를 개최함으로써 신고리 5·6호기 공론화 과정의 주요 주체로서 이해 관계자가 공식적으로 참여하게 되었다. 소통협의회에 참여한 단체 들로, 건설재개 측에서는 한국원자력산업회의, 한국원자력학회, 한국수력원자력(주)이 참여하였으며, 건설중단 측에서는 환경운동 연합, 녹색연합 등 전국 900여 개 시민사회단체가 모여 결성한 '안 전한 세상을 위한 신고리 5·6호기 백지화 시민행동'이 대표로 참 여하였다.

소통협의회의 운영은 첨예한 대립 구도를 달리고 있던 건설 재개 측과 건설중단 측이 공식적 대화 채널 안에서 협의를 할 수 있도록 했는데, 이를 통해 공론화 과정 중 어느 한쪽도 이탈하지 않도록 방지하는 효과를 낳았다. 더 나아가 공론화 과정이 성공적 으로 완주하는 데 이들의 협력이 필수적인바, 이해관계자들은 시 민참여단이 학습할 자료집 및 동영상 제작, 종합토론회 운영방식 협의 및 토론회 연사로의 참여 등 많은 활동을 수행함으로써 시민 참여단의 질 높은 숙의 활동을 가능하게 하였다. 또한 종합토론회 까지 함께함으로써 절차적 의미에서 공론화 과정을 완주할 있게 하였다.

하지만 소통협의회가 원만하게만 운영되지는 않았다. 그 이유 는 공론조사(숙의여론조사) 기반의 시민참여형조사의 특성상 이해 관계자들의 경쟁적 대립관계를 노출시키는 구조였기 때문이었다. 또한 치열한 이해관계의 대립으로 각 사안에 대한 합의도출도 순탄하게 진행되지 못하였는데, 시민참여단에게 제공될 자료집의 구성과 내용에 대한 의견대립이 핵심이었다.

8월 24일에는 숙의석 시민참여 전 과정을 진행할 수행업체로 한국리서치 컨소시엄을 선정하였다. 이로써 대표성 있는 시민참여단의 모집과 성찰적 숙의를 위한 다양한 프로그램이 본격적으로 가동되기에 이르렀다. 아울러 9월 8일에는 참여와 숙의과정을 검증하기 위해 검증위원회를 구성하고 운영하기로 하였는데, 이를 위해 서울대 사회발전연구소와 업무협약을 체결하였다. 이로써 신고리 5·6호기 공론화를 위한 과정설계는 마무리되었다.

4 숙의단계: 공론화 시행 단계

공론화 시행 단계, 즉 참여와 숙의 단계는 시민참여형조사의 핵심 단계로 그 자체로 공론화 과정이라고 부르기도 한다. 이 단계의 핵심 과제는 참여의 대표성과 숙의의 성찰성을 담보하는 것이다.

우선, 참여의 대표성 확보와 관련하여 공론화위원회는 기존 사례에서 주로 쓰인 할당표본추출법 대신 층화 후 무작위추출법을 활용했다. 할당표본 추출법은 할당된 표본이 순차적으로 차면 더이상의 표본 추출은 하지 않는 방식인 데 반해서, 층화 후 무작위추출법은 표본이 될 집단을 먼저 구성해 놓은 후 이 중에서 무작위로 추출하는 방식으로서 공론조사에서 권장하는 단순 무작위추출법(random sampling)에 좀더 가까운 방식이라 할 수 있다.

공론화위원회는 1차 조사 인원의 규모를 산정하기 위해서 최종 목표인원으로부터 역산하는 방식을 택했는데, 최종 종합토론 과정을 염두에 둔 숙의 참여 목표인원은 350명이었다. 이는 그동안 세계적으로 진행된 주요 공론화 사례 등을 참고한 것이었다. 그런데 숙의에 실질적으로 참여하는 인원을 350명으로 하기 위해서는 참여하기로 선정된 사람들이 그 이상이어야 했다. 참여하기로 선정된 사람들이라 하더라도 일부는 개인 사정 등으로 불참할 수 있기 때문이다. 참여하기로 선정된 사람들 중 최대 30%까지 불참할 수 있다고 가정하고, 공론화위원회는 숙의 참여 의사를 밝힌 사람들 중에서 500명을 참여자로 선정하기로 했다.

층화 무작위 추출방법으로 최종적으로 500명을 선정하기 위해서는 숙의 참여 의사를 밝힌 사람의 규모가 그것의 5배 정도는 되어야 한다고 판단하고, 공론화위원회는 2500명의 참여 의사를 확보하는 것을 목표로 했다. 응답자 중 2500명이 참여 의사를 밝히는 상황을 만들기 위해서 응답자 전체의 규모를 예상할 필요가 있었는데, 기존의 공론조사를 검토한 결과 참여 의사를 표시한 비율이 응답자의 10~20%였고, 이를 감안하여 1차 조사의 규모는 2만 명 정도로 결정됐다. 2만 명의 응답자는 19세 이상 시민 4600만 명을 160개 층화(성별, 연령별, 지역별로 $2 \times 5 \times 16$)로 구분하여 편향되지 않도록 선정됐다.

실제로 8월 25일부터 9월 9일까지 20,006명을 대상으로 신고리 5·6호기 건설 및 중단에 대한 의견과 시민참여단 참여 희망여부 등을 묻는 1차 조사를 실시했는데, 이 중 숙의 참여 의사를 밝힌 사람들은 목표를 뛰어넘는 5047명에 이르렀다. 이 5047명 중에서 500명을 선정함에서는 30개 층화(성별, 연령별, 입장별로 $2 \times 5 \times 3$)로 구분하였는데, 입장은 건설중단, 건설재개뿐 아니라 판단유보를 포함한 것이었다.

9월 16일에는 시민참여단을 대상으로 오리엔테이션을 실시하였는데 이날 행사에는 선정된 500명의 시민참여단 중 478명이 참석하였고, 최종 종합토론회에는 471명이 참여함으로써 참여의 대표성과 관련된 논란은 상당 부분 해결된 것으로 평가되었다(정정화, 2018).

　　다음으로 숙의의 성찰성과 관련된 것으로 공론화위원회는 기본프로그램과 보강프로그램으로 나누어 운영하였다. 기본프로그램은 시민참여단을 대상으로 하여 이들의 집중적인 숙의를 돕기 위한 것으로 오리엔테이션, 숙의 자료집 제공, 이러닝 강좌, 2박3일 종합토론회로 구성되었다. 보강프로그램의 경우 시민참여단의 숙의를 보강하기 위한 것뿐만 아니라, 일반국민들에게도 숙의 기회를 제공해 전 국민적인 숙의 분위기를 조성하기 위한 것으로 지역순회 공개토론회, TV토론회, 미래세대 토론회 등이 기획되었다.

　　구체적으로 9월 16일 진행된 오리엔테이션을 기점으로 시민참여단의 숙의가 시작되었다. 그러나 본격적인 숙의과정은 9월 21일 개설된 이러닝 강좌를 통해 시작되었다. 이러닝 강좌는 공론화위원회 측에서 제작한 한 개 강좌와 재개 측과 중단 측 각각이 다섯 개씩 제작한 강좌로 구성되었다.[7] 한편 9월 28일에는 숙의 자료집이 시민참여단에게 우편 발송되었다. 원래 자료집은 오리엔테이션 당일에 배부될 예정이었으나, 자료집에 대한 재개 측과 중단 측의 의견 불일치 등으로 작성과정이 늦어지면서 배포도 열흘 이상 미뤄지게 되었다. 더불어 자료집 내용에 대한 검증은 자료집에

---

7) 이러닝 강좌는 1강 「공론화에 대한 이해」, 2강 「신고리 5·6호기를 포함한 원전은 안전한가?」, 3강 「전력공급 및 전기요금에 어떤 영향을 주나요?」, 4강 「국가산업에는 어떤 영향을 주나요?」, 5강 「우리나라의 에너지 정책 전망은 어떤가요?」, 6강 「종합의견」으로 이루어졌다(신고리 5·6호기 공론화 위원회 2018: 413).

서술된 주장 내용이 아닌 자료집에 인용된 데이터와 자료 출처를 대상으로만 실시되었는데 이로 인해 자료집의 전체적인 내용에 대하여 객관적 검증이 제대로 이루어지지 않은 문제가 발생하였다(신고리 5·6호기 공론화 위원회, 2017a).

자료집과 이러닝 강좌를 통해 개별적으로 학습을 수행한 시민참여단은 최종적인 숙의를 위해 10월 13일부터 15일까지 2박3일간 진행된 종합토론회에 참석하였다. 종합토론회의 토론 세션은 총 4세션으로 이루어졌는데, 1세션은 총론토의, 2세션과 3세션은 신고리 5·6호기를 둘러싼 쟁점들에 관한 토의, 마지막 4세션은 마무리토의로 구성되었다. 각 세션은 재개 및 중단 양측 전문가들의 발표, 시민참여단 분임별 토의, 전문가와의 질의·응답 시간으로 세분화되어 진행되었다.[8] 종합토론회는 전체 진행자는 물론 분임별 토의에 전문진행자를 배치하여 상호존중의 원칙에 따라 참여자들이 균등하게 토론에 참여하도록 하였다(신고리 5·6호기 공론화 위원회, 2017b).

또한 공론화위원회는 시민참여단의 숙의를 돕는 동시에 전국민적인 숙의 분위기를 조성하기 위해 보강프로그램을 기획하였다. 지역순회 공개토론회가 총 7회에 걸쳐 서울, 광주, 대전, 부산, 수원, 울산 등 대도시에서 개최되었으며, 아울러 TV토론회도 총 5회에 걸쳐 울산 MBC, SBS, YTN 등의 방송사를 통해 개최 및 방영되었다. 미래세대 토론회는 시민참여단 구성에서 배제된 미래세대의 의견을 시민참여단의 숙의과정에 반영하기 위하여 개최되었다. 서울지역 106명의 고등학생들을 대상으로 전문가 발표, 질의·응답, 분임토의를 진행하였고, 이 내용들은 동영상으로 제작되어 종

---

8) 4세션에서는 양측 전문가의 발표 이후 분임별 토의에서 서로 소감을 나누는 시간을 가졌으며, 질의·응답 시간은 생략하였다.

합토론회 첫째 날 시민참여단에게 제공되었다. 그러나 보강프로그램들은 시민참여단의 숙의에 영향을 주기에는 내용이 빈약하고 너무 짧아 단순 참고용에 불과한 측면이 있고, 같은 이유로 일반국민들에게도 숙의효과가 발생했는가에 대해서 회의적이라는 평가를 받았다(신고리 5·6호기 공론화 검증위원회, 2017).

한편, 신고리 5·6호기 공론화가 진행되면서 공론화 여건(환경)의 공정성을 두고 이해당사자들이 공론화 참여를 두 차례 거부하는 등 위기도 발생했다. 첫 번째 위기는 신고리 5·6호기 건설중단 측이 소위 '기울어진 운동장'을 문제제기하면서 1차 시민참여단 숙의를 거부할 움직임을 보였다. 중단 측은 신고리 5·6호기 및 원전정책 관련 한국수력원자력 등이 정보를 독점하여 정보공개가 원활하지 못하고, 중립을 지켜야 할 공공기관인 한국수력원자력의 노동조합의 적극적인 건설재개 홍보, 야당의 건설재개를 촉구하는 정치활동 등 불공정한 여건 속에서 신고리 5·6호기 공론화가 진행된다며 공론화위원회가 시정하지 않을 경우 1차 시민참여단 숙의에 불참하겠다는 움직임을 보였다. 또한 2차 시민참여단 숙의와 관련한 발표자 선정을 두고 건설재개 측이 불참을 고려하기도 했다. 신고리 5·6호기 건설중단 측은 중립을 지켜야 하는 국책연구기관 종사자가 신고리 5·6호기 건설재개를 촉구하는 발표자로 적합하지 않다며 배제를 주장했고 건설재개 측은 국책연구기관 종사자가 발표자에서 배제된다면 그것이 바로 불공정한 것이라고 주장하는 등 공론화 여건의 공정성을 두고 갈등이 증폭되기도 했다.

이러닝 강의, 자료집, 토론회 등을 통해 제공된 정보를 바탕으로 토의를 하고, 질의·응답을 통해 의문점을 해소해가는 과정에서 시민참여단 개개인은 신고리 5·6호기 건설을 재개할지 혹은 중단할지에 대한 태도와 의견을 형성해갔다. 공론화위원회는 공론화의 매 과정마다 조사를 실시하여 시민참여단의 의견 변화 추이를 살펴보았으며, 최종 4차 조사를 토대로 공론화위원회의 정책권고안을 2017년 10월 20일 제14차 정기회의를 개최하여 의결하고, 기자회견을 통해 발표하였다.

구체적으로 20,006명을 대상으로 실시된 1차 조사에서는 주요 설문내용으로 신고리 5·6호기 건설 중단 및 재개 여부, 향후 원자력 발전 정책의 방향, 시민참여단 참여 의향 여부 등이 포함되었다(신고리 5·6호기 공론화 위원회, 2017a). 2차 조사에서 4차 조사까지는 시민참여단의 숙의과정 전후를 비교하고 최종 결과 등을 도출하기 위한 목적에서 실시되었다. 본래 정부가 공론화를 주문하면서 원했던 것은 대통령의 공약대로 신고리 5·6호기 공사를 영구중단할지 아니면 재개할지에 대한 사회적 합의였다. 그러나 권고안 작성의 토대가 될 4차 조사의 주요 설문 문항에는 건설 중단 및 재개 여부에 대한 것뿐만 아니라 향후 원자력 발전 정책의 방향에 대한 질문도 포함되었다. 이 외에도 최종 결과가 본인 의견과 다를 경우 존중 정도, 신고리 5·6호기 및 원전 관련 지식수준 파악을 위한 질문, 정치적 태도와 공론화 과정에 대한 평가 등 총 29개 항목이 설문 문항으로 구성되었다(신고리 5·6호기 공론화 위원회, 2017a).

권고안의 내용은 시민참여단의 모든 숙의가 마무리되고 실시

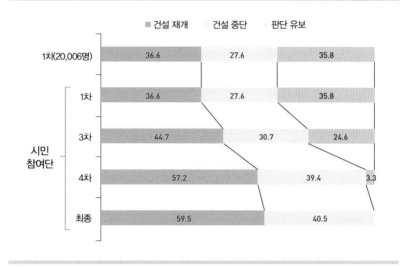

그림 3-2 신고리 5·6호기 건설재개/중단에 대한 시민참여단 의견 추이

■ 건설 재개 　건설 중단 　판단 유보

	건설 재개	건설 중단	판단 유보
1차(20,006명)	36.6	27.6	35.8
시민참여단 1차	36.6	27.6	35.8
3차	44.7	30.7	24.6
4차	57.2	39.4	3.3
최종	59.5	40.5	

된 4차 조사 결과를 토대로 작성되었는데, 이러한 권고안의 내용은 각 조사 문항마다 나타난 시민참여단 개개인의 생각을 공론화위원회가 종합하고 해석하여 결과를 도출한 것이었다. 우선 공론화위원회는 일시중단 중인 신고리 5·6호기 건설의 재개를 권고하였다. 1차 조사에서는 건설재개가 33.6%이고, 중단이 27.6%, 판단유보가 35.8%로 재개와 중단이 9%p 차이가 났는데, 4차 조사에서는 건설재개가 57.2%, 중단이 39.4%, 판단 유보가 3.3%로 재개와 중단이 18.8%p 차이로 오차범위를 훨씬 벗어난 것을 근거로 하였다(<그림 3-2> 참조).

다음으로 위원회는 향후 원자력 발전을 축소하는 방향으로 에너지정책을 추진할 것을 권고하였다. 원전 축소는 1차에서 3차 조사까지는 45.6%에서 45.9%로 그 차이가 미미했으나, 4차 조사

그림 3-3 원자력 발전 정책 방향에 대한 시민참여단의 선호 의견 추이

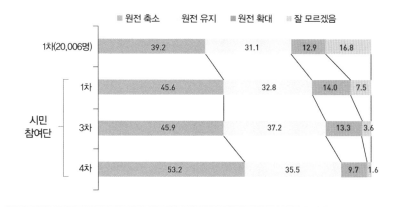

에서는 53.2%로 7.3%p 늘어난 반면 원전 유지는 1차, 3차, 4차가 각각 32.8%, 37.2%, 35.5%로 뚜렷한 변화 패턴을 찾기 어려웠고, 원전 확대는 1차, 3차, 4차에서 14.0%, 13.3%, 9.7%로 서서히 하락하는 모습을 보인 데 근거한 것이었다(<그림 3-3> 참조).

아울러 건설재개에 따른 보완조치로 원전의 안전기준을 강화할 것(33.1%), 신재생에너지 비중을 늘리기 위한 투자를 확대할 것(27.6%), 사용 후 핵연료 해결방안을 가급적 빨리 마련할 것(25.3%), 원전비리 척결 및 관리에 대한 투명성을 강화할 것(총 74명), 원전 주변의 부산·울산·경남 등 지역주민들의 생명·건강·안전·보상 등의 대책을 마련할 것(총 59명) 등을 권고하였다.

그러나 위원회가 발표한 권고안이 원자력 발전의 발전 방향을 주요 내용에 포함시킴으로써 공론화의 본래 목적이었던 "신고리 5·6호기 공사의 중단 및 재개 여부를 넘어선 것이 아닌가"라는 소위 월권 논란과 함께 숙의토론의 직접적 대상인 신고리 5·6

호기 건설 중단 여부에 관한 것을 넘어 "설문조사에서 부과질문으로 설계된 원자력 발전의 발전방향을 권고안의 주요 내용에 포함시키는 것이 과연 합당한 것인가"라는 비판이 세기되기도 하였다(정범진, 2017). 반대로 장기적 원전건설 정책을 본격적인 공론화 대상으로 설정하고 이를 선차적으로 숙의하였다면 신고리 5·6호기 중단/재개에 대한 의견분포도 달리 나왔을 것이라는 문제제기도 야기하였다(염형철, 2017). 그럼에도 이러한 방식의 결과도출은 사안의 다양한 측면을 찬/반이라는 양자택일적 강요된 의견 분포가 아닌 숙의를 통해 진정한 의견분포를 정확하게 리포트 함으로써 참여자 상호간에 폭넓은 의견들이 접근할 수 있는 공간을 확보함은 물론 정책 권고안의 사회적 수용성을 제고하는 데 많은 기여를 했다는 긍정적 평가가 일반적이었다(김학린·이강원, 2017).

　　이러한 논란 여지에도 불구하고 정부는 신고리 5·6호기 공론화 위원회의 권고안을 접수받은 당일 이에 대한 입장문을 신속하게 발표하였는데, 발표문에서 신고리 5·6호기 공사 재개 및 원자력발전 비중 축소 등 주요 권고 내용뿐만 아니라, 사용 후 핵연료 해결방안 조기 마련 등 에너지정책에 대한 보완조치 권고까지 충분히 수용할 것이라는 입장을 발표하였다. 또한 문재인 대통령도 10월 22일 '신고리 5·6호기 공론화 결과에 대한 대통령 입장'을 발표하였는데, 정부가 신고리 5·6호기 건설을 조속히 재개하되 탈원전을 비롯한 에너지전환 정책을 차질 없이 추진하면서 원전 안전기준 강화 및 원전해체연구소 설립 등을 적극 뒷받침할 것이라는 입장을 표명하였다. 정부차원에서는 10월 24일 국무조정실이 '신고리 5·6호기 공론화위원회 권고내용 및 정부 방침(안)'을 국무회의에 보고하였고, 국무회의에서 이를 토대로 공론화위원회의 권고안을 골자로 하는 정부방침을 신속하게 추진하기로 결정함으로써 공론화 결과가 정책적으로 반영되기에 이르렀다.

6 시사점

신고리 5·6호기 공론화 사례는 공론조사(숙의여론조사)에 기반한 한국형 '시민참여형조사'로서 일반시민 중심의 공론화 모델의 대표적 성공사례로 평가될 수 있다. 신고리 5·6호기 공론화 위원회의 최종권고안이 일반국민들은 물론 핵심 이해당사자들에게도 수용성이 상대적으로 높은 이유는 과정의 공정성에 근거한 결과의 타당성 확보가 주된 동인이라고 할 수 있다. 이는 한국형 '시민참여형조사'가 갖고 있는 장점인 참여의 대표성과 숙의의 성찰성이 신고리 5·6호기 공론화 과정에서 적절하게 실현되었기에 가능한 것이었다. 4차 조사에서 건설재개와 중단에 대한 최종결과가 본인의 의견과 다를 경우 93.2%가 이를 존중하겠다고 응답하였는데, 이는 참여와 숙의 진 과정이 투명하고 공정하였다는 섬을 반증하는 것이었다. 이러한 결과는 한국사회 내부에 공론조사(숙의여론조사)와 관련된 사회적 역량이 축적되어 있었기 때문이었는데, 한국사회에서 공론조사(숙의형 여론조사)라는 이름의 활동이 10차례 이상 실행된 적이 있었고, 이러한 활동 경험이 3개월이라는 짧은 기간에 공론화를 진행할 수 있게 한 밑거름이 된 것으로 평가되고 있다(김학린·전형준, 2018).

반면에 일반시민 중심의 공론화 모델인 신고리 5·6호기 공론화 사례는 여러 가지 논쟁적 이슈도 제기하고 있다. 즉 신고리 5·6호기 핵심 이해당사자인 지역주민을 배제한 채 일반시민 중심의 공론화가 타당한지는 당시에 뜨거운 논쟁거리였다. 신고리 5·6호기 건설에 따른 부담(피해)은 지역주민, 편익은 일반국민이 누리는 사안을 일반시민이 결정하는 것이 부당하다며 경남지역을 대상으로 하는 주민투표방법이나 시민참여단 구성에 지역주민의

가중치 반영을 요구하기도 하였다.9)

　이와 더불어 신고리 5·6호기 공론화 과정이 성공적으로 마무리되는 데에는 중립적 공론화위원회 구성과 찬/반이해당사자의 소통협의회 구성을 통한 참여, 공론화 방식의 신속한 정리, 균형 잡힌 결과도출 등을 빼놓을 수 없다. 우선 공론화위원회의 구성을 이해당사자를 배제한 중립적 인사로 구성한 것이 주효했다. 2013년 10월부터 2015년 6월까지 활동한 사용후핵연료공론화위원회를 비롯하여 지금까지 존재했던 많은 공론화 활동의 경우 위원회를 이해당사자 중심으로 구성하였는데, 이해당사자 중심의 구성으로 인해 위원회 내부가 과도하게 정치화되고 논쟁과 대립의 장으로 변질되었다는 평가가 지배적이었다(사용후핵연료공론화위원회, 2015). 반면 신고리 5·6호기 공론화 위원회는 이해당사자를 배제한 중립적 인사로 구성함으로써 위원회가 논쟁의 장이 아닌 활동의 장, 구체적으로 공론화 과정의 성공적 완수를 목표로 하는 집단적 노력의 장이 될 수 있었다. 물론 중립적 인사로 공론화위원회를 구성하는 것이 만능일 수는 없다. 최근 사용후핵연료재검토위원회가 공론화위원회 구성을 중립적으로 하자 이해당사자들이 참여를 거부하면서 사용후핵연료재검토위원회가 교착상태에 빠지는 등 부작용도 노정하고 있기 때문이다.

　공론화 방식의 신속한 정리 또한 신고리 5·6호기 공론화 위원회 활동의 성공 요인이었다. 공론화위원회 활동을 주문한 정부가 초기에 공론화 방식과 관련하여 혼란스런 메시지를 위원회에 제시하였는데, 이러한 혼란 상황을 공론화위원회 구성 10일 만에 명쾌하게 해결함으로써 3개월이라는 짧은 시간에 주어진 과제를

---

9) 지금도 울산탈핵진영은 당시 시민참여단 구성 시 울주군(울산시) 주민이 17명밖에 되지 않았다는 문제제기를 여전히 제기하고 있다.

성공적으로 수행할 토대를 마련하였다. 이를 통해 공론화위원회의 자율성 또한 신장되었다.

　결과도출 방식도 신고리 5·6호기 공론화 위원회 활동의 성공 요인이었다. 공론화 의제인 신고리 5·6호기 중단/재개 여부와 더불어 장기적인 원전 건설에 대한 입장이라는 2차원적 질문을 통해 단순히 양자택일(찬/반)을 넘어 네 가지(건설중단/원전확대및유지, 건설중단/원전축소, 전설재개/원전확대및축소, 건설재개/원전축소) 선택지를 도출하고 이를 통해 시민참여단의 진정한 입장을 다양하게 표출할 수 있게 하였다. 궁극적으로 중단/재개라는 단순 구도로부터 조건부 중단/조건부 재개를 분리해 낼 수 있었는바, 특히 가장 다수를 차지하고 건설재개/원전축소를 논리적으로 분리, 도출하는 데 성공함으로써 결과의 사회적 수용성을 제고하는 데 큰 기여를 하였다고 평가할 수 있다(김학린·이강원, 2017). 반면에 신고리 원전 5·6호기 건설 여부를 넘어선 중·장기 원전비중에 대한 공론화위원회의 권한이 월권이란 논란이 지속되고 있고, 엄밀한 의미에서 중·장기적 원전정책에 대한 공론화는 충분하지 못했다는 비판도 제기되고 있다는 점도 고려되어야 할 것이다.

　또한 개선해야 할 사안으로 의제선정의 사회적 공감대 형성, 공론화위원회의 자율성 보장, 이해당사자의 역할 재정립, 결과도출 구조의 개선 등을 들 수 있다.

　무엇보다도 의제선정 단계에서 공론화 의제에 대한 사회적 공감대 형성을 위한 노력과 시간의 확보가 필요하다. 신고리 5·6 호기 공론화 위원회 활동의 성공적 결과로 정부와 이해당사자 및 일반시민 사이에 존재하는 갈등사안을 무분별하게 사회적 공감대 없이 공론화를 통해 해결하려는 시도가 속출할 수 있기 때문이다. 특히 정부의 정책결정을 정당화하는 수단으로 활용할 의도로 남용되는 것을 경계해야 한다. 갈등이 첨예하게 대립되거나 숙의적 시민참여를 저해할 상황요인이 존재하는 경우 공론화 활동은 쉽게 작동되지 않을 수 있으며, 심지어 또 다른 갈등을 야기할 수도 있다. 이러한 의미에서 주이진 의제나 갈등이 숙의적 시민참여로 해결될 사안으로 적절한지에 대한 충분한 검토와 사회적 공감대 형성이 필수적이다(채종헌. 2017).

둘째, 공론화위원회의 자율성 보장에 관한 것으로 한국적 상황에서 공론화는 주문자의 주문에 의해 시작될 수밖에 없지만, 주문자의 요구를 반영하되 스스로의 판단에 의해 공론화의 의제 및 방식을 결정할 수 있는 자율적 권한의 보장이 중요하다는 것을 신고리 5·6호기 공론화 위원회 활동을 통해 확인할 수 있었다. 무엇보다도 주문자인 정부가 공론화의 의제를 신고리 5·6호기 건설 중단/재개로 한정하고, 활동 기간도 3개월로 한정함으로써 공론화 과정을 어렵게 한 측면이 많았다. 또한 신고리 5·6호기 공론화위원회는 주어진 의제가 공론화 대상으로 적절한지에 대한 판단을 내릴 권한을 갖고 있지 못하였다. 따라서 공론화 의제로서 특정 의제나 갈등이 적절한지에 대한 사회적 공감대 형성을 주도하고 더 나아가 공론화 프로세스의 진행 여부를 독립적으로 결정할 수 있는 법적·제도적 기반구축이 필요하다. 이와 관련하여 공론화 진행 여부를 결정하는 기능을 갖고 있는 프랑스의 CNDP와 유사한 국가공론화위원회 설립도 고려해 볼 만하다(박재근 외, 2014).

셋째, 이해당사자의 역할도 재정립되어야 한다. 공공갈등, 특히 장기적으로 갈등이 진행되어온 만성적 공공갈등의 경우 이해당사자가 비교적 명확히 존재하는바, 이는 이해당사자와 일반국민의 이해가 불일치하는 상황에서 공론화는 어떻게 진행되어야 하는가의 문제와 직결된다. 사실 신고리 5·6호기 건설 중단/재개를 주장하는 핵심 이해당사자들이 이번 신고리 5·6호기 공론화위원회 활동의 가장 큰 피해 집단이라는 평가를 할 수 있는데, 이는 신고리 5·6호기 공론화 위원회가 공론화 방식으로 채택한 시민참여형조사가 핵심 이해관계자들의 경쟁적 관계를 노출시키는 특성을 갖고 있기 때문이다. 실제로 이번 공론화 과정은 핵심 이해관계자들이 시민참여단에 의한 평가의 대상일 뿐 사회적 합의형성 공간을 확대하기 위한 창의적 아이디어를 제안할 수 있는 어떠한 역할도 부여받지 못하였다(환경운동연합, 2017.10.10).

또한 결과도출 방식의 긍정적 측면에도 불구하고 결과도출 구조의 개선이 필요하다. 이는 시민참여형조사의 근본적 한계로서 실제 시민참여단은 전체적인 내용을 고려한 의견제시가 아닌 설문문항에서 물어보는 대로 자신의 의견을 파편적으로 표출했을 뿐이고, 위원회가 이 파편화된 의견을 종합해 해석하여 최종권고안을 도출한 것이다. 즉, 사안에 대한 의견의 표출권한은 시민참여단에게 있었지만, 결과도출의 권한은 공론화위원회에 있었던 것이다.

결국 신고리 5·6호기 공론화 사례는 일반시민 중심의 시민참여형조사를 통해 성공적인 갈등해결과 숙의민주주의 진전을 가져왔다는 긍정적인 평가와 함께 당시의 성공적 요인(일반시민중심 공론화, 중립적 공론화위구성, 중장기 원전 비중 추가 권고 등)이 시간이 경과한 시점에서도 여전히 유효한가라는 성찰적 이슈를 제기한다.

V. 교육부 '학교생활기록부 신뢰도개선 정책숙려제'

- 참여단의 단순 찬/반을 넘어 적극적 옵션개발 -

1 개요

교육부는 학교생활기록부(이하 학생부)의 일부 항목과 요소가 사교육을 부추기거나 학생과 학부모, 교사에게 부담을 주고 있다는 비판에 따라 2018년 3월 국민참여정책숙려제(이하 정책숙려제) 선정위원회를 구성하고 정책숙려제 1호 안건으로 '학생부 신뢰도 제고방안'을 선정했다.

2018년 4월 6일 교육부는 학생부 신뢰도 제고방안에 대한 정책숙려제(이하 학생부 정책숙려제)의 세부적인 운영계획을 발표하고 중립적 진행기관을 한국사회갈등해소센터·마크로밀엠브레인으로 선정했다. 학생부 정책숙려제를 주관하는 별도의 공론화기구(주관기구)가 없는 상황에서 진행기관은 2018년 5월 학생부 관련 이해관계자와 전문가로 구성된 '학생부 신뢰도개선 정책숙려제 자문위원회'를 구성하고 정책숙려제 세부운영을 기획했다. 진행기관은 자문위원회와 협의를 통해 학생부 정책숙려제 시행과 관련하여 교육부가 제안한 프로그램(정책참여단 숙의, 교육정책모니터링 및 온라인일반시민설문조사) 외에 일반시민의 다양한 목소리를 수렴하고 일반시민·이해관계자 및 전문가의 의견을 숙의과정에 반영하기 위해 두 차례 열린 토론회를 개최했다.

학생부 정책숙려제는 2018년 4월 교육부가 마련한 학생부 개선안(11개 항목→8개 항목 축소)을 중심으로 학생·학부모·교사·대학관계자·일반시민 등 100여 명의 정책참여단이 참여하는 1박2일

간의 두 차례 숙의프로그램을 진행하였다. 학생부 개선안 세부 의제가 방대하기 때문에 진행팀은 먼저, 1차 숙의결과 학생부 11개 항목 중 집중토의 주제 4개(수상경력, 자율동아리/소논문, 봉사활동특기사항, 세부능력 및 특기사항)를 선정했고 2차 숙의를 통해 집중토의 주제 4개에 대한 구체적 대안마련을 위한 시민참여단의 옵션개발 및 의견분포 확인을 통해 학생부 개선안을 도출했다. 특히 진행기관은 교육부가 마련한 학생부 개선안 중 4개 집중토의 주제에 대한 단순 찬/반 확인을 넘어서 시민참여단이 해당의제가 갖는 장·단점을 확인하고 쟁점을 해소할 수 있는 옵션을 개발한 후에 동의 여부를 확인함으로써 참여단의 주도성을 높이고 사회적 수용성을 갖는 대안 마련을 시도했다. 그러나 정책숙려제 결과를 공표하는 과정에서 교육부와 진행기관 및 정책숙려제에 참여한 자문위원 간 이견이 발생했고 자문위원회에 참여하는 몇몇 기관은 '교육부 외압'을 규탄하는 보도자료를 배포하는 등 논란을 야기했다.

학생부 정책숙려제 진행기관은 2018년 7월 12일 교육부가 주최한 학생부 정책숙려제 결과 기자회견에 참석하여 '학생부신뢰도 제고방안 마련을 위한 정책참여단 종합의견서'를 교육부에 전달하고 숙의결과를 언론에 설명했다. 그 후 교육부는 정책숙려제 권고안에 따라 관계기관과 논의를 거쳐 2018년 8월 17일 학생부 개선 관련 교육부정책을 확정했는데, 주요 내용은 ▲소논문 기재 금지, ▲수상경력 학기당 1개, ▲자율동아리 학년당 1개 기재, 진로희망 삭제 등 학생부정책숙려제 권고안의 내용을 담았다. 진행기관이 별도의 정책숙려제 주관기구(공론화기구) 없이 정책숙려제 주관과 숙의 진행을 동시에 진행함으로써 혼선과 어려움이 노정되었다. 또한 대입제도개편안과 연관되어 있는 학생부 신뢰도개선방안을 분리하여 공론화하는 것의 적절성 논란, 문재인 정부의 주요 교육 공약 및 정책을 공론화를 빌미로 포기한다는 이해관계자의 문제제

표3-11 학교생활기록부 신뢰도제고 정책숙려제 사례일지

일시	구분	내용
2018.5.28	학생부 정책숙려제 이해관계자·전문가 자문위원회	자문위원회 준비모임
2018.6.8		시민정책 참여단 구성 등 (2차 회의)
2018.6.18		정책숙려제 1차 숙의 확정 (5차 회의)
2016.6.22	시민참여단 사전학습	학습자료집 전달(온라인 숙의)
2018.6.15	1차 열린토론회	이해관계자·전문가·일반시민 의견수렴
2018.6.23~24	시민참여단 1차 숙의	1차 숙의(1박2일)
2018.6.25	온라인 숙의	시민정책참여단
2018.6.29	2차 열린토론회	이해관계자·전문가·일반시민 의견수렴
2018.7.7~8	시민참여단 2차 숙의	2차 숙의(1박2일)
2018.7.12	숙의결과 기자회견	교육부 주관 공식 기자회견
2017.8.17	교육부 학생부 개선안 확정	권고안 확정

기가 어울리면서 학생부 정책숙려제의 효과는 반감되었다.

이 사례는 다른 공론화 사례와 달리 교육이슈 특성에 따라 참여단을 이해관계자(학생·학부모·교사·대학·국민 등 각 20명) 동수로 구성하고 세부이슈에 대해 옵션을 개발하고 2/3찬성을 기준으로 합의를 지향한 공론화 유형이었다.

학교생활기록부는 초·중등교육법 제25조에 근거하여 학생의 학업성취도와 인성 등을 종합적으로 관찰하고 평가하여 작성하는 자료로서 학생 지도 또는 상급학교의 학생 선발에 활용되며 인적사항, 학적사항, 출결상황, 자격증 및 인증 취득상황, 교과학습 발달상황, 행동특성 및 종합의견, 그 밖에 교육목적에 필요한 범위에서 교육부령으로 정하는 사항이 기재된다. 수능개편, 학생부 종합전형이 확대됨에 따라 상급학교 진학 자료로 활용되는 학생부의 공정한 기재 등 학생부 신뢰에 대한 비판이 증대했다.

> "대학입시의 핵심으로 학생부가 떠오르고 있다"('16.12.31 경향신문), "학생부가 내입에서 숭요해진 만큼 고교와 교육당국, 대학이 함께 머리를 맞대야 한다, 학생부의 신뢰도가 담보돼야 학종도 있다."('17.6.19 중앙일보)

교육부는 2017년 학생부 관리 및 기재 학교현장 실태조사를 실시하고 현장의견수렴과 온라인 설문조사를 실시했다. 현장 실태점검 결과 기재방법에서 수상경력 및 봉사활동 등에서 일부 기재요령 위반사항이 발생하고 현장점검은 시도교육청별 점검 방법 및 범위가 상이하고, 일부 교육청은 서류점검 등을 통한 형식적 점검이 확인됐다. 또한 교육부가 실시한 현장의견 수렴결과는 이해관계자별로 다양하게 나타났는데 현장교원은 ▲학교 정규교육과정 내 활동만 기록하고, 대학은 공교육에서 이루어진 교육활동 결과를 활용한 신입생 선발이 필요하다는 의견이 주를 이루었고, 학부모는 ▲상위권 일부 학생만이 아닌 모든 학생에게 공평한 기회가 보장되도록 학생부를 개선하고, 사교육이나 학부모 개입이 있는 항목 및 요소 삭제가 필요하다는 의견이 주를 이루었다. 교육청 업무담당자는 ▲기재내용이 중복되는 항목을 정비하고, 교육기회가 편중되거나 사교육 등 과도한 경쟁이 유발되는 활동, 학교 밖 활동에 대한 기재 제한으로 학교 정규교육 과정 중심의 학생부기록이 필요하다는 의견을 제시했고, 교원 시민단체는 ▲중복되거나 과도한 입력항목 정비로 교원의 기재 부담을 경감하여 수업중심기록의 내실화를 위한 환경조성이 필요하다는 의견을, 대학관계자와 교육전문가는 ▲교사가 학생 개개인의 교육활동을 보다 유의미하게 기록할 수 있도록 학생부 기재 환경개선이 필요하다는 의견 등을 제기했다(교육부 2018.4). 또한 전국 초·중·고 학생, 학부모, 교원, 대학사정관 170,672명을 대상으로 학생부 타당성 및 신뢰도 조사결과, 정책적 시사점으로 ▲정규교육과정 중심기재, ▲사교육개입 차단, ▲현장지원 및 관리 감독 강화 등 책무성 제고가 필요한 것으로 나타났다(주영효 2017). 이 밖에 교육부는 2017년 학생부 신뢰도 제고를 위한 총 60여 회 현장 의견 수렴, 학생부 관련 부내 유관부서 협의 및 정책토론회 개최, 교육부 정책자문위원회 학교교육혁신분과 및 입시제도혁신분과위원회 개최 등 다양하게 의견수렴을 했다.

2018년 1월 교육부는 업무보고에서 국민참여 정책숙려제 도입을 선언했다. 국민참여 정책숙려제는 정책결정과정에 충분한 시간을 두어 국민의 의견을 수렴하고 때로는 일반국민과 전문가, 이해관계자가 함께 모여 학습과 토론을 통해 정책대안을 공동 모색하는 제도로서 국민 눈높이에 맞는 교육정책을 수립하고자 도입됐으며 추진절차는 <그림 3-4>와 같다. 교육부는 2018년 3월 공정한 심의를 위해 외부위원 9명을 선정 총 12명으로 구성된 '국민참여 정책숙려제 선정위원회'를 구성하고 정책숙려제 1호 안건으

그림 3-4   국민참여 정책숙려제 개요

순서	1. 안건 선정	2. 소통계획 수립	3. 국민의견 수렴	4. 최종 정책결정
무엇을 하나요?	정책숙려제를 적용할 정책을 결정합니다.	국민이 참여할 수 있는 방법을 안내해 드립니다.	참여적 의사결정 기법을 통해 국민 의견을 수렴합니다.	수렴함 국민 의견을 존중하여 교육정책을 결정합니다.

어떻게 하나요?	·교육부 자체 발굴
	·국민의견 동향 발굴
	  – 청와대 국민청원
	  – 교육부 '온-교육'
	    활용
		·정책 관련 주요 쟁점 안내
		·주요 적용 기법 및 향후 운영 계획 안내
			·국민의견분석
			  – 여론조사
			  – 공론조사
			·권고안 도출
			  – 시민정책참여단
			  – 규제협상	

로 '학생부 신뢰도 제고방안'을 확정했다(2018년 하반기 신시예정인 유치원방과후 영어개선방안 정책숙려제는 새로운 장관 취임과 함께 취소됐고, 학교폭력제도 개선방안 숙려제는 축소하여 시행됨).

교육부는 2018년 4월 6일 학생부 신뢰도 개선 방안 국민정책 참여숙려제의 운영계획을 발표했다. 교육부는 현행 학생부의 일부 항목과 요소가 사교육을 부추기거나 학생과 학부모, 교사에게 부담을 주고 있다는 비판에 따라, 국민이 직접 '학교생활기록부 신뢰도 제고 방안'에 대한 권고안을 마련하여 교육부에 제안하면 교육부가 이를 존중하여 정책에 반영한다고 밝혔다. 교육부는 국민 중 100명 내외를 무작위로 추출하여 구성한 시민정책참여단이 학습과 토론을 거쳐 권고안을 제안하도록 할 예정이며 시민정책참여단은 학생(중3~고2), 초·중등 학부모 및 교원, 대학 관계자, 이해관계가 없는 일반국민 각각 20명 정도로 구성하고 국민의 의견을 충실히 수렴하고 시민정책참여단의 심도있는 논의를 지원하기 위해 교육정책 모니터링단 조사와 '온-교육' 사이트를 통한 대국민

설문조사를 병행한다고 밝혔다(2018.4.6. 보도자료).

　교육부는 정책숙려제 의제로서 '학교생활기록부의 기재항목과 요소' 전반을 대상으로 자유롭게 논의하며 정책숙려제 결과의 수용성을 높이고 정당성을 제고하기 위해 제3의 기관에 정책참여단 운영의 전 과정을 위탁한다는 계획을 세웠다. 아울러 시민정책참여단의 학습과 토론의 기초자료로 활용할 학습자료는 교육부의 '학교생활기록부 신뢰도 제고 방안' 시안을 바탕으로 하되, 결론을 제시하지 않고 각 항목별 찬/반 양론의 주장과 논거를 중립적으로 제시하고 정책숙려제 위탁기관이 다양한 이해관계자와 전문가 협의를 통해 학습자료 초안을 만들고 이해관계자에게 회람하여 동의를 얻은 다음 배포할 계획이라고 밝혔다. 그리고 참여를 높이기 위해 교육부는 국민참여 정책숙려제에 국민이 쉽게 접근할 수 있도록 '온-교육' 사이트에 '정책생각함' 메뉴를 신설하고, '학교생활기록부 신뢰도 제고 방안' 논의를 위한 별도의 페이지를 만들어 국민들이 정보를 적시에 제공받고 자유롭게 댓글로 의견을 개진할 수 있는 종합 소통 공간을 마련했다.

　교육부는 학생부 정책숙려제를 운영하면서 정책숙려제 안건을 결정한 교육부 '국민참여 정책숙려제 선정위원회' 기능을 정책숙려제 운영 전반에 대한 모니터링과 점검 역할을 수행하는 것으로 제한하고 중립성 확보 차원에서 정책숙려제 위탁기관이 학생부 관련 이해관계자와 사전협의 등을 거쳐 학습자료 개발 등 정책숙려제 준비와 진행을 전담하도록 설계하였다. 그러나 이러한 설계는 위탁기관(진행기관)의 역할에 대한 혼선과 부담을 가중시켰다. 위탁기관은 정책숙려제 진행과 관련하여 이해관계자 간, 이해관계자 그룹과 교육부 간 이해관계를 조정하면서 정책숙려제 실무를 진행하는 이중의 역할을 수행하게 되었다.

3 　공론화방법 구체화 및 설계

　　정책숙려제 진행기관은 학생부 신뢰도 제고와 관련한 정책숙려제를 진행하기 위해 필요한 규칙제정과 사전 준비를 위해 학생부와 관련한 이해관계자와 전문가로 구성된 '학생부 신뢰도개선 정책숙려제 자문위원회(이하 자문위원회)'를 구성하였다. 자문위원회는 5월 28일 준비모임을 갖고 참여자들의 동의를 얻어 6월 1일 1차 회의를 개최했다. 자문위원회는 공정사회를위한국민모임, 사교육걱정없는세상, 실천교육교사모임, 전국교직원노동조합, 전국진로진학상담교사협의회, 전국진학지도협의회, 전국대학입학처장협의회, 좋은학교바른교육학부모회, 참교육을위한전국학부모회, 청소년인권행동아수나로, 한국교원단체총연합회, 한국국공립고등학교장회, 한국전문대학교무입학장협의회 등 13개 교육 관련 시민사회단체 대표가 참여하였다(전국대학입학처장협의회는 정기적으로 참여하지 못했으나, 시민참여단 숙의과정에 의견서를 제출함).

　　시민정책 참여단 구성과 관련해서 당초 교육부안은 학생·학부모·교사·대학관계자·일반국민을 각각 20명씩 동등한 비중으로 참석하는 것으로 설계했다. 그러나 1차 자문위원회('18.6.1)에서 학생부 성격상 대학관계자는 상대적으로 교사·학부모·학생보다 직접적 이해를 갖지 않기 때문에 비중을 축소하거나 불가피한 경우 학부모·학생 참석인원을 늘려야 한다는 주장이 제기됐다. 학생부가 학생지도와 상급학교 진학의 용도로 활용되는 상황에서 대학관계자는 필연적으로 상급학교 진학이나 수월성에 초점을 둘 수밖에 없기 때문에 동일한 비중으로 시민참여단을 구성하는 것은 공정하지 못하다는 이유였다. 결국 2차 자문위원회('18.6.8)에서 교육부 관계자와 시민정책참여단 구성비율 수정을 논의했으나 시민정책참여단 구성비중이 이미 언론에 공개되었고, 대학관계자도 학생부 신뢰도개선에 직접이해당사자라는 점, 참여단 인원 확대 시 추가 예산 문제 등이 고려되어 당초 교육부안대로 구성하는 것으로 결정했다.

또한 표본구성 방식은 학생 수를 기본비례로 할당하되 학생·교원·학부모는 학교별로 추출하기로 했고 일반국민은 위탁기관이 보유한 패널 중에서 선발하기로 했다(일반국민의 소득수준 등의 최소 정보를 고려하여 일반시민 패널을 선정하는 것이 공정성에 도움이 된다는 판단을 공유함). 학생·학부모·교원·대학관계자 모집은 먼저 교육부가 정책숙려제관련 시민정책참여단 구성과 관련한 공문을 전국의 초·중·고·대학에 발송한 후에 조사대상 학교를 추출(학년/학급/번호)하고 추출표본 학교 관리자 및 조사대상자 개별로 유선 접촉을 한 후에 조사협조 요청 및 조사안내를 거쳐 참여단을 구성했다. 일반국민은 조사대상 패널을 추출한 후에 응답자 선정 질문 및 조사대상을 확인하고 조사협조요청 및 조사안내를 거쳐 참여단을 구성했다.

다음으로 학생부 신뢰도개선 정책숙려제 의제는 교육부가 발표한 학생부 신뢰도개선 시안을 중심으로 논의를 하되, 초·중·고별 운영 등 기타 이슈도 함께 다루기로 했다. 당초 교육부가 제시한 정책숙려제 의제는 '학교생활기록부의 기재항목과 요소' 전반을 대상으로 자유롭게 논의하는 것이었으나 학생부 항목을 다 다루기에는 관련 내용이 많고, 2017년 동안 각계 의견수렴을 통해서 교육부 학생부 개선시안(<표 3-12> 참조)이 만들어졌기 때문에 교육부 시안을 중심으로 찬/반/수정 의견을 확인하는 것이 효과적이라는 데 합의했다. 시민정책참여단에게 제공할 기본 자료는 교육부가 학생부 시안 관련해서 검토한 자료집을 기초로 항목별 쟁점에 찬/반 의견이 공정하게 기술되었는지 자문위원회 회람을

표 3-12 학교생활기록부 기재항목 및 요소 신구대조표(교육부 개선시안)

순	기재항목	현행(11개 항목)	개선(8개 항목)
1	인적사항	• 학생 정보, 가족상황 (부모 성명, 생년월일), 특기사항	• 학적사항과 통합 • 부모정보(부모 성명, 생년월일) 및 특기사항 (가족변동사항) 삭제
2	학적사항	• 졸업 연월일, 학교명, 검정고시 합격 정보 등	• 인적사항과 통합
3	출결상황	• 질병·무단·기타	• 질병·미인정·기타 ※ '무단' → '미인정'
4	수상경력	• 수상명, 등급(위), 수상 연월일, 수여기관명, 참가대상(참가인원) 입력	• 항목 삭제
5	자격증 및 인증 취득상황 (고)	• 대입자료도 제공	• 대입자료로 미제공
6	진로희망 사항	• 진로희망, 희망사유 입력	• 항목 삭제 • 학생의 진로희망은 진로활동특기사항에 기재
7	창의적 체험활동 상황	• 4개 영역 모두 특기사항 기록 • 특기사항 기재분량: 3,000자 • 누가기록 나이스에서 관리 • 자율동아리, 소논문 기재	• 봉사활동 특기사항 미기재 • 진로활동 특기사항에 진로 희망분야 기재 추가 (대입자료로 미제공) • 특기사항 기재분량 축소: 1,700자 • 누가기록 기재·관리 방법 시도 위임 • 자율동아리, 소논문 기재 금지

순	기재항목	현행(11개 항목)	개선(8개 항목)
		• 청소년단체활동 기재	※ 소논문은 정규 교과수업 중 지도한 과목만 교과 세·특에 기재 가능
		• 학교스포츠클럽활동: 구체적 활동내용 기재	• 학교교육계획에 따른 청소년단체 활동: 단체명만 기재 학교 밖 청소년단체 활동: 미기재
			• 학교스포츠클럽활동 기재 간소화
			※ 정규교육과정 내: 개인특성 중심
			※ 정규교육과정 외: 클럽명(시간)
8	교과학습 발달상황	• 방과후학교 활동 기재 • '세부능력 및 특기사항' 입력대상 학업성적관리 위원회에서 결정	• 방과후학교 활동 미기재 • 기재 요소명을 '성취수준 및 세부능력'으로 변경하고, 양식 변경 • '성취수준 및 세부능력'은 모든 학생 입력
9	자유학기 활동상황 (중)	• 특기사항 입력	• 현행 유지
10	독서활동 상황 (중·고)	• 제목과 저자만 입력	• 현행 유지
11	행동특성 및 종합의견	• 기재분량: 1,000자 • 누가기록 나이스에서 관리	• 기재분량 축소: 500자 • 누가기록 기재·관리 방법 시도 위임

거쳐 최종 확정했고 1차 숙의자료집 또한 자문위원회가 작성하기로 했다.

숙의프로그램과 관련해서 자문위원회는 시민정책참여단의 두 차례 숙의 이외에 일반시민과 이해관계자, 전문가 의견을 수렴하는 열린토론회를 2회 개최하기로 했다. '1차 열린토론회'는 학교생활기록부 신뢰도 제고 관련 주요 방향과 내용에 대해서 자문위원회에 참여한 기관과 일반시민의 제안을 공유하고, '2차 열린토론회'는 1차 시민정책참여단 숙의과정에서 도출된 쟁점에 대해서 일반시민의 의견을 모아 시민정책참여단에게 제공하여 숙의를 돕기로 했다.

시민정책참여단 숙의 주안점은 1) 차이를 합리적으로 다룰 수 있는 토의 역량을 제고하기 위해 경청 및 다양한 이견을 해소할 수 있는 생산적 토의규칙 익히기, 개인적 이해관계를 떠나 합께 공유하는 개선안 마련을 목표 공유하도록 했고(1차 시민정책참여단 OT 주요목표), 2) 객관성, 합리성에 기초한 논의 역량을 제고하도록 학생부운영 실태 및 개선방안의 세부 영향관련 사실관계 익히기, 일반국민의견(온-교육 국민설문조사결과/열린토론 결과 등)을 반영하며, 3) 학생부 신뢰도 제고 방안 관련 합의안을 도출하기 위해 1차 숙의(학생부 개선관련 쟁점규명) → 2차 숙의(쟁점해소 대안 마련)를 진행하도록 기획했다. 특히 2차 숙의 시 단순 찬/반이 아닌 합의정신을 구현한다는 점에서 옵션을 개발하고 토론을 한 후에 참여자들의 의견분포를 확인하고 참석자의 2/3가 찬성하는 대안은 합의로 간주하기로 했다(2/3찬성을 얻지 못한 대안은 각각 찬/반 의견분포를 적시하여 교육부가 정책결정 시 참고하기로 권고하기로 함).

시민정책참여단 2차 숙의과정에 제공하기로 한 교육부 정책모니터링단 조사와 일반국민 대상 '온-교육' 설문조사결과 제공을 두고 공정성과 대표성을 상실했으니 제공해서는 안 된다는 일부 자문위원과 당초 교육부 정책숙려제 발표 시 언론에 공개한 사항으로 약속을 지켜야 한다는 교육부 사이에 이견이 발생했다. 일부 자문위원들은 시민참여난 2차 숙의는 학생부 개선관련 주요시항에 대한 결론을 도출하는 자리인데, 대표성과 공정성이 취약한 교육부 모니터링단 조사와 '온-교육' 설문조사 결과를 공개할 시 편향된 영향을 받기 때문에 제공되어서는 안 된다는 것이 주된 근거였다. 진행기관은 일부 자문위원들의 우려와 교육부의 당초 약속 실현이란 이견을 해소하기 위해 교육부 조사결과를 간단히 발표하되, 진행자가 대표성과 공정성이 담보되지 않아서 참고자료로만 활용할 것을 부연하고 자료집에 수록하지는 않는 것으로 합의를 이끌어 냈다. 결론도출 및 권고안 작성과 관련해서 진행기관은 시민정책참여단의 숙의결과를 가감 없이 정리해서 전달할 예정이었고, 시민정책참여단 종합의견서 작성 시 문구의 균형성 등과 관련하여 자문위원회의 자문을 받을 계획이었다. 그러나 2차 숙의결과물에 대한 자문위원회 협의가 교육부가 외부유출을 이유로 지켜지지 않으면서 2차 숙의결과 최종보고를 앞두고 '교육부외압' 논란을 야기하는 등 정책숙려제 주관기구(공론화위원회)가 부재한 상황에서 자문위원회와 위탁기관, 교육부 간 혼선을 초래하는 문제점을 노정하였다.

정책숙려제 진행기관은 본격적인 숙의에 앞서 2018년 6월 15일 스페이스쉐어 한화빌딩에서 학생부 개선관련 이해관계자 및 전문가와 일반시민의 의견을 수렴하는 1차 열린토론회를 개최했다. 당일 토론회는 교육부 학생부 정책숙려제 담당자의 개회사를 시작으로 진행기관이 '학생부 개선 시민정책참여단 구성 및 운영' 계획안을 설명하고 참석자로부터 질의·응답을 받은 뒤 본격적인 쟁점토의에 들어갔다. 먼저 교육부 학생부 담당과장이 학생부 개선 교육부시안에 대한 발표를 한 후에 자문위원회 위원 12인의 지정발표가 있었다. 자문위원들은 현 학생부 운영의 문제점과 개선방향에 대해서 자신들의 핵심입장을 5분씩 발표했다. 지정토론에 이어 토론회에 참여한 현장교사, 전문가, 시민단체, 일반시민의 자유로운 의견개진이 있었고 당일 토론은 녹화를 통해 시민정책참여단 온라인숙의의 참고자료로 제공했다. 진행기관은 1차 열린토론회의 주요 진술을 녹화한 영상과 교육부 학생부 개편시안 자료집(자문위원회 사전 회람 및 수정을 거친)을 6월 19일과 20일에 거쳐 시민정책참여단에게 제공하여 시민참여단의 사전 학습자료로 활용했다.

학생부 신뢰도개선을 위한 '정책숙려제 1차 숙의'는 2018년 6월 23(토)~24(일)일까지 용인 대웅경영개발원에서 개최됐다. 시민정책참여단 102명과 참관(자문위원), 교육부, 행사 주관기관 등 총 160명이 참석했다. 교육부총리 환영사와 참여단 위촉장 수여 → 시민정책참여단 취지 및 역할 안내 → 시민정책참여단 기대 나누기와 토의규칙 합의를 거쳐 본격적인 토의에 들어갔다. 먼저 학생부에 대한 종합적 이해를 높이기 위해 학생부 학교급별(초·중·고)

현황 발표와 질의·응답 시간을 갖고 학생부에 대한 본격적인 토의를 진행했다. 학생부에 대한 검토는 크게 1부(학생부항목 1~7항)와 2부(학생부항복 8~11항)로 나누어 진행했는데, 먼저 각 항목에 대하여 교육부가 시안을 설명하고 이어서 전문가·이해관계자 발표를 듣고 시민참여단의 자체 분임토의로 추려진 16~20개 대표질문을 토대로 질의·응답 시간을 갖고 후에 2차 숙의 집중의제를 도출했다.

시민정책참여단 숙의과정에 도움을 줄 발표자는 자문위원회회의 결과에 따라 자문위원들이 담당했는데, 학생부 간소화 기조에 동의하는 A그룹(전교조·참학·사걱세·실천교육·아수나로·공정사회국민모임)과 학생부 현행유지 및 보완에 동의하는 B그룹(교총·진학진도·진학상담·국공립고교장회)으로 나누어 발표를 담당했다. 발표는 각 그룹에 1인이 담당하되, 질문에 대한 답변은 각 그룹관계자가 모두 담당했다. 두 그룹의 발표와 관련하여 공정성 차원에서 발표 분량과 포맷은 통일성을 기했지만 시간이 촉박하여 각 그룹의 발표 자료를 사전에 회람하려는 계획은 이행되지 못했다. 정책숙려제 1차 숙의에서 논의된 '학생부 집중의제 선정'은 분임토의를 마친 후에 시민정책참여단의 의견확인절차(Vote)를 통해서 이루어졌는데 ▲수상경력, ▲자율동아리/소논문, ▲봉사활동특기사항, ▲세부능력 및 특기사항 등 4개가 선정됐다.

학생부 정책숙려제 1차 숙의를 마친 후에 진행기관은 2018년 6월 29일 '2차 열린토론회'를 서울교대종합문화회관에서 개최했다. '2차 열린토론회'는 현장의 목소리를 적극적으로 수렴하기 위해 교육부가 일선학교에 공문을 발송하여 학생과 교사의 참석을 독려했으나 실제적으로 학생과 교사의 참석은 많이 이루어지지 못했다. '2차 열린토론회'는 시민정책참여단 2차 숙의 때 집중적으로 토의할 의제인 수상경력 등 4개 항목에 대해서 다양한 의견을 듣는 자리였고, 당일 제기된 여러 의견들은 종합하여 시민정책참여단 2차 숙의 때 자료로 제공되었다. 2차 열린토론회를 마치고 자문위원회는 2차 숙의관련 최종회의를 개최하고 1차 숙의 때 시민참여단이 제기한 보완사항 1) 학교생활기록부 원본 제공, 2) 자문위원회 소속 기관별 학생부 개선안에 대한 의견정리표 작성, 3) 전국대학교입학처장협의회의 학생부 개선관련 의견청취 등을 논의했다. 그 결과 2차 숙의 때 교육부가 학생부 원본 개요를 복사해서 제공하기로 했고, 자문위원회 소속 단체별로 학생부 개선관련 의견을 일목요연하게 작성한 통합표를 만들어 제공하고 전국대학교입학처장협의회로부터 의견서를 취합하기로 했다. 그리고 학생들의 적극적 의견개진을 독려하기 위해서 정책숙려제 2차 숙의는 본격적인 논의 전에 학생들끼리 자체토의를 갖는 시간을 갖기로 했다.

학생부 정책숙려제 2차 숙의는 2018년 7월 7일(토)~8일(일)까지 용인 대웅경영개발원에서 개최됐다. 시민정책참여단 97명과 참관(자문위원), 교육부, 행사 진행기관 등 총 160명이 참석했다. 교육부 차관의 환영사를 시작으로 2차 숙의 목표와 일정을 공유하는 시간을 가졌다. 2차 숙의는 1차 숙의 때 집중토의 의제로 선정된 4개 주제에 대한 합의안과 학생부 신뢰도 제고를 위한 기타의견을 취합하는 것이며 단순 찬/반을 지양하기 위해서 4개 주제에 대한 옵션을 개발하고 의견확인 시 2/3 찬성을 합의로 간주하기로 했다. 선택지는 ① 매우찬성, ② 찬성, ③ 찬성하지 않으나 양해, ④ 반대, ⑤ 매우반대 등 5개 의견분포 척도를 활용하며 또한 4개 주제에 대해 탐색된 대안이 엇비슷할 경우, 선택지 중에서 지지를 많이 받은 1, 2안을 대상으로 재투표를 통해서 2/3 동의를 얻은 합의안을 도출하기로 규칙을 확정했다.

2차 숙의 토의규칙을 합의한 후에 시민정책참여단 1차 숙의 과정에 대한 종합 및 보충시간을 가졌다. 자문위원회 대표 2명이 1장으로 요약된 '사문위원회 통합의견서'를 설명했고 진행자가 '전국대학교입학처장협의회' 명의로 전달된 학생부 신뢰도개선관련 대학관심사를 시민참여단에게 안내했다. 그리고 시민참여단 그룹별 토의 시간을 신설하여 학생·학부모·교원·대학관계자·일반시민별 교류시간을 통해 학생부 개선관련 그룹별 주요관심사를 서로 나누도록 했다. 동일 그룹별 관심사를 나누는 시간을 통해 학생부 개선과 관련해서 이해관계자별 관심사가 무엇인지 음미하는 유의미한 시간이었다고 참여자들은 평가했다. 이어서 학생부 개선관련 '일반시민의견 청취 및 토의시간'이 진행되었고 교육부가 교육부 정책 모니터링단 및 '온-교육' 일반시민 의견결과를 설명했고 이어서 진행자가 2차 열린토론회 결과를 요약해서 설명한 후에 시민정책참여단과 질의·응답 시간을 갖고 사전행사를 종료했다. 학생부 신뢰도개선 2차 숙의 핵심이슈인 '수상경력, 자율동아리/소논문, 봉사활동 특기사항, 세부능력 및 특기사항 논의'는 각 세션별로 나누어 진행했는데 먼저 각 주제별 찬/반 근거를 확인하고 → 주제별 신뢰도 제고 원칙을 생각하고 → 주제관련 합의안을 제안하는 토의를 7월 7일(토) 3시 50분~9시 30분까지 진행했다.

　　2차 숙의 둘째 날(7/8일) 첫째 시간은 학생부 신뢰도 제고를 위한 기타방안을 토의하는 시간을 1시간 동안 갖고 교육부 학생부 시안 중에서 4개 핵심이슈를 제외한 다른 항목에 대해 찬/반 의견을 묻는 설문조사를 실시했다. 이어서 학생부 개선관련 '수상경력 기재 등 4개 집중의제'에 대해 시민정책참여단이 개발한 옵션과 근거를 확인한 후에 동의 여부를 확인하는 의견확인(Vote) 절차를 진행했다. 4개 집중의제에 대한 옵션개발 및 시민참여단 동의 여부는 <표 3-13>과 같다. 세부능력 및 특기사항을 제외한 수상경

| 표 3-13 | 학교 생활부 신뢰도개선 중점 4개 의제별 옵션개발 및 의견분포결과 |

연번	항목	선택지	매우찬성 +찬성	매우찬성 +찬성 +양해	재투표 결과	비고
1	수상 경력	1. 수상경력 삭제	29.9	43.3		–
		2. 수상경력 기재하되 운영 가이드라인 마련	60.8	80.4		합의
		3. 수상경력 기재하되 대학 미제공	47.4	63.9		–
2-1	자율 동아리	1. 자율동아리 기재 금지 및 정규동아리 강화	42.3	57.7		–

		2. 현행 유지하되 가입 제한
		   또는 객관적으로 확인
		   가능사항만 기재
			64.9	79.4		합의

2-2	소논문	1. 정규 교과 수업 중 교과 세특에 기재	44.3	62.9		–
		2. 모든 교과 소논문 미기재	69.1	83.5		합의
4	봉사 활동 특기 사항	1. 봉사활동 특기사항 미기재 (행동 특성 및 종합 의견 기재)	66.0	79.4		합의
		2. 현행 유지	36.1	59.8		–
5	세특 확대	1. 기재요소 명칭변경 후 모든 학생에 기재(교육부시안)	21.6	34.0		–
		2. 현행과 같이 재능, 특기 관찰되는 경우만 기재	67.0	86.6	62.9	합의
		3. 기재 양식변경 후 모든 학생에 기재	40.2	70.1	37.1	–
6	기타: 봉사 활동	1. 교내 실적만 기입	36.1	53.6		–
		2. 교내, 교외 실적 모두 기입	53.6	76.3		합의

력 등 3개 이슈는 각각 2/3 동의를 얻어 합의를 이루었다. 다만, 세부능력 및 특기사항의 신뢰도 제고방안과 관련해서 "현행과 같이 재능, 특기 관찰되는 경우만 기재"와 "기재 양식변경 후 모든 학생에 기재"라는 의견이 각각 2/3 동의를 얻은 것으로 확인되어 재투표를 했고 그 결과 "현행과 같이 재능, 특기 관찰되는 경우만 기재"가 더 많은 지지를 얻어 합의안이 되었다. 또한 교육부 학생부 개선안 중 '인적사항과 학적사항통합 등 일반 쟁점 이슈'에 대해서는 시민참여단의 찬성 및 양해 의견이 압도적으로 높아 교육부의 개선안에 시민정책참여단 대부분이 합의했다. "독서활동 상황"과 "행동특성 및 종합의견 기재분량축소"에 대해서는 합의 수준에 이르지 못했다.

5 결과 및 활용단계

학생부 신뢰도개선을 위한 2차 숙의결과는 당초에는 당일 정책참여단에게 제공하기로 했었다. 온라인시스템을 이용한 투표결과 취합이 당일 가능했고, 결과를 당일 공개하는 것이 정책참여단 운영의 투명성을 높일 수 있기 때문이었다. 그러나 2차 숙의 시작 전에 교육부가 정책숙려제 결과를 공개하는 기자회견이 일정상 7월 12일(목)에 잡혀 있기 때문에 언론에 공개되기 전 정책참여단이 자의적으로 숙의결과를 공개할 경우 야기되는 부작용을 최소화하기 위해 정책참여단에게 양해를 구하고 당일 숙의결과는 공개하지 않고, 7월 12일 기자회견 전에 정책참여단 개별로 결과를 안내하기로 했다. 다만, 당일 결과는 정책참여단 숙의과정에 정보제공자로 기여하고 다양한 지원을 한 자문위원회에게는 제한적으로 공개하기로 했다.

그러나 2차 숙의결과를 자문위원회에게 공개한다는 방침은 교육부가 내부 협의결과로 이행되지 못했다. 교육부는 정책참여단이 결과를 알기 전에 자문위원회가 먼저 숙의결과를 확인하는 것의 정당성, 보안유지 등을 이유로 자문위원회에 최종 2차 숙의결과 공개를 허용하지 않았고, 자문위원회는 약속 불이행을 이유로 반발하였다. 자문위원회는 숙의결과를 당일 알게 된 진행기관이 교육부의 용역형태로 사업을 진행하는 상황에서 교육부로부터 외압을 이겨낼 수 있는지 의문을 제기했고, 당초 진행기관이 자문위원회에 협조 요청을 하면서 정책참여단 숙의결과에 대한 의견서를 작성할 때에 자문위원회 자문을 받기로 했던 점을 상기하면서 자문위원 역할을 교육부가 방해하고 있다고 비판했다. 논란 끝에 2차 숙의결과표를 밀봉하고 자문위원, 교육부, 위탁기관이 서명을 하고 추후 언론 공개 시 밀봉 여부를 확인하는 것으로 마무리하고 7월 9일 자문위원회를 개최하여 추가 논의를 하기로 했다.

2018년 7월 9일 자문위원회는 2차 숙의결과에 대한 자문위원회 공개를 두고 일부 자문위원과 교육부 간에 공방이 이어졌다. 자문위원들은 정책참여단 숙의결과에 대한 외압차단 및 문구 작성을 위한 자문의 필요성을 역설했고 교육부는 12일 기자회견 전 사전유출에 따른 부작용 우려 및 숙의결과에 대한 자문위원들의 자문의 정당성 등을 이유로 반대했다. 결국 일부 자문위원들은 '정책숙려제 교육부 외합의혹'을 제기하는 언론발표를 했고 12일 정책숙려제 결과 기자회견 때 논란이 되었다. 진행기관은 그동안 자문위원회 위원 간, 자문위원과 교육부 간 이견을 나름대로 조율하고 2차 숙의결과도 효과적으로 도출했지만 정책참여단 결과 공표와 관련하여 자문위원과 교육부 간 이견을 해소하기에는 역부족이었다. 진행기관은 7월 12일 교육부 주최 정책숙려제 결과 기자회견에서 정책참여단 4명과 함께 숙의결과를 설명하고 '교육부 외압' 의혹은 불식했지만 정책참여단 숙의결과를 석극적으로 실명하기에는 위상의 불안정성을 노정할 수밖에 없었다.

　　진행기관은 『학생부 신뢰도 제고방안 마련을 위한 시민정책참여단 종합의견서』를 통해 "수상경력" 항목의 경우, '삭제(교육부 안)'보다는 '현행대로 기재하되 부작용을 최소화할 수 있는 가이드라인 마련'하고, "자율동아리"도 '기재를 금지(교육부 안)'하기보다 '현행대로 유지하되 가입제한 또는 객관적으로 확인 가능한 사항만 기재'하도록 하는 방안에 합의했다고 밝히면서 수상경력 및 자율동아리 운영의 경우 실효성 있는 보완대책 마련을 위해 이해관계자 및 현장전문가와 협의를 거쳐 시행하는 것이 필요해 보인다는 의견을 덧붙였다. 또한 "소논문"에 대해서는 교육부 시안과 달리 '모든 교과 소논문 미기재' 방안, "봉사활동 특기사항"에 대해서는 '봉사활동 특기사항 항목은 미기재 하되 행동특성 및 종합의견에 기재'하는 방안에 합의했고 단, "봉사활동"은 '교내, 교외 실적을 모두 기입'해야 한다는 의견이 높았다고 첨언했다. "세부능력 및 특기사항"에 대해서도 '기재요소 명칭/양식 변경 후 모든 학생을 대상으로 입력'하는 교육부의 안보다 '현행과 같이 재능, 특기가 관찰되는 경우만 기재'하는 방안에 대한 합의(현행 유지하되, 기재요성 양식을 전혀 새롭게 변경해서 모든 학생에 적용해야 한다는 의견도 많았음을 고려바랍니다)를 전달했다. 특히 교육부 개선안 외에 시민정책참여단이 제기한 ▲초·중·고 학교급별 학생부 분리, ▲학생부 기재내용 신뢰성 제고 장치 마련, ▲일관된 기재원칙과 교육 실시, ▲교사 권한 강화 및 업무 부담 경감, ▲학생부 관련 학생/학부모 교육 및 지속적인 의견수렴, ▲학생부 열람 제한, ▲일관성 있는 교육정책 등 기타의견도 적극적으로 참고하여 관련정책에 반영해주시길 바란다고 제안했다.

이후 교육부는 종합의견서에 따라 이해관계자 및 현장전문가와 협의를 거쳐 2018년 8월 17일 교육부정책을 최종확정했는데, 주 내용은 소논문 기재금지, 수상경력 학기당 1개, 자율동아리 학년당 1개, 진로희망 삭제 등으로 시민정책참여단 의견을 반영한 것이었다.

6 시사점

이 사례가 주는 첫 번째 시사점은 중립적인 정책숙려제를 진행한나는 넝분하에 진행기관이 일종의 공론화위원회와 진행기관으로서 이중적 역할을 수행하면서 노정된 혼선과 어려움이다. 진행기관은 관련 이해관계자와 전문가 자문위원회를 효과적으로 구성하고 자문위원 간, 자문위원과 교육부 간 이견을 나름대로 해소했지만 최종 정책참여단 숙의결과 공개 및 권고안 제출 시 위상의 모호함으로 인해 이견을 해소하지 못하였다. 안정된 공론화를 시행하기 위해서는 주관기구(공론화위원회)와 진행기관이 분리되는 것이 효과적이다.

또한 학생부 신뢰도개선 정책숙려제는 이해관계자 및 일반국민을 대상으로 사전 공감대 확보에 실패함으로써 정책숙려제 성과를 퇴색시키는 우를 범했다. 즉, 당시 교육부가 추진한 대입제도개편 공론화와 연관되어 있는 학교생활기록부 신뢰도개선방안을 분리하여 공론화하는 것이 적절했는지 논란이 야기됐고 무엇보다 2017년 1년간 60차례 이해관계자 간담회 개최와 17만 명 대상 온라인 설문조사 결과를 얻고도 교육부가 결정하지 못한 채 또다시 공론화를 진행한다는 것에 대해 관련 이해관계자들은 불신과 적대감을 표출했다. 그 밖에 정책참여단 구성과 관련하여 학생·학부모·교사와 대학관계자 비중을 동일하게 구성하는 것에 대해서도 이해관계자 동의를 구하지 못했고 11개 항목에 17개 세부요소로 구성된 학생부 개선안을 100명 규모의 참여단의 두 차례 숙의로 합의안을 도출하기에는 의제가 방대했다는 지적도 눈여겨봐야 할 대목이다.

반면에 이 사례는 공론화 과정에 참여하는 정책참여단이 교육부가 마련한 학생부 개선안에 단순 찬/반 의견을 확인하는 것이 아니라 집중토의 주제 4개(수상경력, 자율동아리/소논문, 봉사활동특기사항, 세부능력 및 특기사항) 관련 장·단점을 논의하고 쟁점 해소를 위한 옵션을 창의적으로 개발하여 결과의 수용성을 제고했다는 특징을 갖고 있다. 주어진 선택지에 대한 찬/반 의견 표명을 넘어서 문제해결을 위한 적극적인 옵션을 개발하는 참여단의 주도성과 대안발굴 노력은 향후 공론화 설계 시 많은 시사점을 준다 할 것이다.

VI. 2022년 대입제도개편 공론화

- 제도개편 관련 '시민참여형' 조사 첫 적용사례 -

1 개요

　2022년 대입제도개편 공론화는 2018년 4월 11일 교육부가 '대학입시제도 국가교육회의 이송안'을 발표하며, 국가교육회의에 2022년 대입제도개편 관련 주요 쟁점에 대한 공론화를 요청하면서 시작되었다. 교육부 '이송안'은 주요 논의사항과 추가 논의사항으로 구성되어 있는데, 주요 논의사항은 ▲선발방법 - 수능과 학종 간 적정비율, ▲선발시기 - 수시와 정시의 선발시기 통합, ▲수능 평가방법 - 절대평가 전환과 상대평가 유지 및 원점수제 등 세 가지였고, 추가 논의사항은 학생부종합전형 공정성 제고, 수능 과목구조, 수능최저학력기준 등으로 대입제도와 관련된 다양한 쟁점이 망라되어 있었다(대학입시제도 국가교육회의 이송안, 2018). 공론화 의제가 불분명하고 다루어야 쟁점 또한 많은 상황에서 시작된 대입제도개편 공론화는 매우 복잡한 공론화 과정을 거치게 된다.

　대입제도개편 공론화는 2018년 4월 16일 국가교육회의가 '대학입시제도 개편 공론화 추진방안'을 발표한 이후부터 '대학입시제도 개편 권고안'을 발표한 8월 7일까지 약 110일간에 걸쳐 진행되었다. 무엇보다 대입제도개편 공론화의 특징은 사안의 민감성과 쟁점의 다양성을 반영하여 대입제도개편특별위원회(이하 대입특위)와 공론화위원회 두 기구를 구성하고 각각 역할을 분담하여 공론화 과정을 추진하였다는 점이다. 우선 중립적 교육전문가 13명으로 구성된 대입특위로 하여금 대입제도개편에 관한 국민의견을 폭넓게 수렴하여 적절한 공론화 범위를 설정하도록 하였다. 다음으로 공론화 전문가 7명으로 구성된 대입제도개편 공론화위원회는 주어진 공론화 범위에서 공정하고 중립적인 공론화 과정을 설계·운영하여 공론화 결과를 도출하는 역할이 부여되었다. 대입특위는 공론화위원회가 도출한 공론화 결과를 바탕으로 대입제도개편 권고안을 마련하며 국가교육회의는 해당 권고안을 심의하여 최종적으로 대입제도개편 권고안을 확정·발표하는 역할을 담당하였다(대입제도개편 공론화위원회, 2018a). 또한 신고리 5·6호기 공론화 사례에서 활용되었던 '시민참여형조사'를 바탕으로 시나리오 워크숍을 활용한 공론화 의제설정을 시도한 혼합형(hybrid) 공론화 과정을 설계하고 실행한 점도 특징이라 할 것이다.

대입특위는 '국민제안 열린마당' 등 다양한 방법을 이용하여 국민 의견을 수렴하여 공론화 범위를 세 개(대입전형 간 비율, 수시 수능최적학력기준 활용 여부, 수능 평가방법)로 압축하여 2018년 5월 31일 발표하였다. 이러한 공론화 범위의 압축에도 불구하고 논리적으로 다양한 조합의 대입제도가 가능하기 때문에, 학생·학부모·대학·교원 및 시민단체 등 35명의 이해관계자들이 모여 공론화 의제설정을 위한 시나리오 워크숍을 6월 16일과 17일 양일 간 개최하여 만장일치로 4개의 공론화 의제를 도출하였다. 이렇게 도출된 공론화 의제에 대해 대표성을 확보한 490명으로 구성된 시민참여단의 2차(1차: 7.14-15, 2차: 7.27-29)에 걸친 숙의를 통해 나타난 의견을 종합하여 8월 3일 공론화위원회가 그 결과를 발표하였다. 이를 바탕으로 8월 7일 국가교육회의가 최종적으로 수능위주전형 비율을 현행보다 확대하고, 수시 수능최적학력기준 활용 여부는 대학이 자율적으로 정하는 것을 원칙으로 하며, 수능 평가방법은 일부 과목 상대평가 유지를 원칙으로 할 것을 권고함으로써 대입제도개편 공론화의 전 과정은 마무리되었다.

대입제도개편 공론화는 한국사회에서 시민참여형 공론화 과정을 통해 제도를 수정·보완한 최초의 사례이자 다양한 공론화 기법을 활용하여 공론화를 진행했다는 특징을 갖는다. 이는 향후 제도 설계나 개선과 같은 복합적 쟁점을 다루는 공론화의 과정설계에 많은 시사점을 제공해준다. 그러나 공론화 의제로서의 적절성 문제, 사안의 복잡성에 비해 짧은 공론화 기간, 학생, 학부모, 교사 등 이해관계자 중심이 아닌 일반시민 중심의 시민참여단 구성 문제, 시나리오형 공론화 의제와 시민참여형조사 간의 불합치성 문제, 결과도출방식 문제 등 다양한 비판이 제기되었다. 무엇보다 4개의 공론화 의제 중 통계적으로 유의미한 1위 의제가 나타나지 않았다는 점에서 공론화가 실패했다는 비판도 여전히 논쟁적 사안이라 할 것이다.

2 공론화 사전준비 단계 및 의제선정

대입제도개편 공론화는 2017년 5월 조기 대통령 선거의 결과 문재인 대통령의 당선으로 그동안 교육부가 취해온 정책기조와 새로운 정부의 정책방향이 충돌하면서 정책결정이 지체되고 이로 인한 이해관계자들의 우려와 갈등이 심화되는 혼란스런 상황에서 이를 타개하기 위한 방안으로 선택되었다.

2015년 교육부는 '2015년 개정 교육과정'을 채택하였고 이에 따른 후속조치인 2021학년도 대입제도개편방안을 2017년 7월까지 발표할 예정이었다. 하지만 조기 대선으로 교육부장관이 공석인 상황에서 교육부의 약속은 이루어지지 못하였다. 급기야 2017년

8월 5일 김상곤 교육부장관이 임명되었고, 장관 취임 5일 만인 8월 10일 절대평가 적용범위를 전 과목 전환 혹은 일부 과목만 전환하는 두 가지 방안 중 하나를 선택하는 것을 주요 골자로 하는 '2021학년도 수능개편 시안'을 발표하기에 이른다. 그러나 공청회 과정에서 현행 상대평가 과목을 절대평가로 전환하는 것에 대한 찬반을 넘어 문재인 정부의 교육공약 자체에 대한 찬반으로 논의가 확대되면서, 학부모·교사·교육전문가 등 다양한 이해관계자 간의 교육정책 전반에 대한 대립과 갈등으로 발전하였다. 이에 교육부는 8월 31일 "충분한 공론화 과정을 통해 합리적 대안을 마련해야 한다는 지적이 많았다"며 수능개편안 제출을 1년 연기하기로 하였다(연합뉴스, 2017.12.12). 이로써 2021년 대입 수능은 기존의 수능방식과 동일하게 유지하고, 2015년 도입된 교육과정에 부합하는 대입제도는 2018년 8월까지 마련하여 2022년부터 적용되게 되었다. 결과적으로 2021년에 대학을 입학하게 될 학생들은 2015년 개정 교육과정을 바탕으로 수업을 받지만, 종전의 교육과정에 기초한 대입제도로 대학에 입학하게 되는 이른바 '교육따로 입시따로'인 어처구니없는 상황에 놓이게 된 것이다.[10]

이후 교육부는 2017년 11월부터 정책자문위원회 입시제도혁신분과를 구성·운영을 시작으로 교육부 소통 플랫폼 '온-교육'을 통해 대국민 의견수렴을 해나아가기 시작하였다. 이어 2017년 12월 12일 현장 소통과 공론화를 위한 '대입정책포럼'을 발족하고 본

---

10) 대입정책의 주요 골자의 하나인 '대입 3년 사전예고제'는 고등교육법 제35조의5(대학입학 전형계획의 공표)에 근거하고 있는바, 해당 학생들이 대학에 입학하기 3년 전, 즉 중학교 3학년 시절에 교육부는 대입 정책방향을 확정 발표함으로써 예측 가능한 대입준비가 가능토록 한 제도임. 교육부가 2017년 대입정책 방향을 확정하지 못하고 1년 연기함으로써 2017년 당시 중학교 3학년 학생은 '대입 3년 사전예고제'에 의해 종전의 대입제도에 의거하여 2021년 대학에 입학하게 됨.

격적으로 교육주체들의 의견을 수렴하기 시작하였다. 포럼을 통해 표출된 의견은 미래 사회 변화에 필요한 역량, 수시·정시 관련, 학생부종합전형 관련, 수능시험 관련 등 대입제도와 관련된 모든 쟁점들이 망라된 것이었고, 더욱 중요하게는 쟁점별로 이해관계자 간의 첨예한 의견대립을 보여주고 있다는 것이었다. 교육부는 포럼을 통해 나타난 의견을 종합하고 2018년 1월 대입제도 전문가 자문단을 구성하여 자문을 거친 후, 2018년 4월 11일 '대학입시제도 국가교육회의 이송안'을 발표하기에 이른다.

한편, 2017년 12월 27일 장기적인 관점에서 교육정책 전반을 재검토하는 기구로서 국가교육회의가 발족식을 가졌다. 이날 문재인 대통령은 "대입제도 개선에서 가장 중요한 것은 당사자인 학생들과 학부모 입장에서 볼 때, 공정하고 누구나 쉽게 준비할 수 있도록 단순해야 하며 교육개혁의 성공은 학생·학부모·교사를 비롯한 국민의 공감을 얻는 데 달려 있다"고 밝히고 국가교육회의가 공론을 모으는 과정을 잘 이끌어줄 것을 당부하였다(연합뉴스, 2017.12.28). 이어 2018년 1월 24일 교육부는 3월 말 혹은 4월 초에 수능 개편안 시안을 확정해 국가교육회의로 넘길 예정이며 시안은 공개될 것이고 국가교육회의가 시안을 토대로 여론을 수렴해 8월에 확정안을 발표한다고 밝혔다(국민일보, 2018.1.24). 대입제도개편 공론화를 추진할 주관자로 국가교육회의가 사실상 지정된 것이다.

공론화 사전준비 단계의 핵심적 과제는 공론화 과정을 책임지고 실행할 주관자를 구성하고 공론화에 적합한 의제를 도출하는 것이다. 대입제도개편 공론화의 경우 공론화의 주문자인 교육부가 교육정책에 대한 사회적 공론을 모으기 위한 기구로 탄생된 국가교육회의에 공론화를 주관하도록 위임함으로써 신고리 5·6호기 공론화위원회와 같이 주관자를 새롭게 조직하는 번거로움 없이 비교적 간단하게 이 문제를 해결하였다. 그러나 공론화 의제와 관련해서 교육부 이송안의 문제점은 공론화의 주문자로서 공론화 의제를 보다 구체적으로 제시해야 함에도 이를 명확히 하고 있시 않다는 점이다. 심지이 사안을 더욱 복잡하게 만들어 놓았다. 2017년 교육부 발표안(2021학년도 수능개편 시안)이 수능 평가방법을 둘러싼 단일 쟁점에 초점을 맞추고 있었다면, 2018년 4월 교육부 이송안은 주요 쟁점만 세 가지로 확대되었고, 추가 논의사항에도 다수 쟁점들이 포함되어 있었다. 또한 교육부가 이송안에서 제시한 다섯 가지 시나리오도 "폭넓은 여론수렴을 위해 구체적 개편안 대신 쟁점들을 결합하여 '열린 안'으로 예시"한 것에 불과한 것이었다. 결과적으로 공론화 주문자로서 교육부는 공론화 과정을 이끌어나아갈 주관자로 국가교육회의를 지정했을 뿐, 공론화 의제와 관련된 사안은 국가교육회의에 떠넘긴 상황을 만들었다.

3 공론화 방법 설계

국가교육회의가 처음으로 직면한 문제는 교육부 이송안이 담고 있는 광범위한 쟁점의 나열이 공론화 의제로 적합하지 않다는 점이었다. 이러한 상황을 고려하여 국가교육회의는 단일 쟁점을 다루는 공론화 사례에서는 찾아볼 수 없는 보다 복잡한 공론화 구조와 과정을 설계하게 된다.

우선, 대입제도개편 공론화 추진기구로 대입제도개편특별위원회(이하 대입특위)와 공론화위원회 2개의 기구를 구성하여 역할을 분담하였다. 대입특위(위원장 김진경)에 주어진 임무는 교육부 이송안에 담겨 있는 다양한 쟁점들을 검토하여 적절한 공론화 범

그림 3-5 대입제도개편 공론화 구조 및 추진 단계

절차	국민제안 열린마당 온라인 의견수렴 ⇒	공론화 범위 설정 ⇒	공론화 의제 선정 (시나리오 워크숍: 이해관계자, 전문가 등 협의) ⇒	미래세대 토론회, 국민 대토론회, TV 토론회 · 온라인 플랫폼 의견수렴 ⇒	시민참여형 조사 ⇒	대입제도 개편 권고안 발표
일정	4~5월	5월	6월	6~7월	7월	8월초
주관	국가교육회의 (대입특위)		공론화위원회			국가교육 회의 (대입특위)

대입제도개편 공론화위원회 2018a

위를 설정하는 것과 공론화위원회가 도출한 공론화 결과를 바탕
으로 대입제도개편 권고안 초안을 작성하는 것이다. 쟁점을 선별
하고 정책권고안을 작성하는 일은 대입제도에 대한 풍부한 지식
과 식견을 갖고 있는 전문가들의 역할이 요구되는바, 이를 위해
중립적인 교육전문가 13명으로 구성하였다. 공론화위원회(위원장 김
영란)는 주어진 공론화 범위 내에서 공론화에 적합한 의제를 도출
하고 공정하고 중립적인 공론화 과정을 설계·운영하여 공론화 결
과를 도출하는 역할을 맡았다. 이를 위해 교육과 관련된 이해관계
자로부터 독립적인 공론화 전문가 7명으로 위원회를 구성하였다.

이러한 공론화 조직체계로 인해 공론화 과정도 다른 공론화 사례와 달리 서로 독립적이면서도 유기적인 연관이 있는 3단계로 구성되어있다. 1단계는 공론회 범위를 설정하는 것이고, 2단계는 공론화 의제선정과 시민참여형조사를 진행하는 것으로 일반적으로 2단계를 공론화 과정으로 부르기도 한다. 마지막 3단계는 공론화 결과에 기초하여 대입제도개편 권고안을 심의·의결하는 과정으로 설계되었다(<그림 3-5> 참조).

2018년 4월 23일 구성된 대입특위의 첫 번째 임무는 교육부 이송안에 담겨 있는 다양한 쟁점을 축소하여 적절한 공론화 범위를 설정하는 것이었다. 대입특위는 일반국민 및 이해관계자의 의견을 바탕으로 공론화 범위를 설정한다는 원칙과 함께 공론화 범위 포함 여부를 판단하는 데는, 첫째 국민적 관심도, 둘째 대입전형에서 차지하는 비중, 셋째 전문적 판단의 필요성 등을 중요한 기준으로 설정하였다. 즉, 국민적 관심도와 대입전형에서 차지하는 비중이 높은 사항에 대해서는 최종 결정에 대한 사회적 신뢰와 수용성을 높이기 위해 공론화 범위에 포함하여 이후 공론화위원회 주관의 공론화 과정을 거치는 것이 바람직하다고 보았으며, 기술적·전문적 성격이 높은 사항 등에 대해서는 대입정책을 지속적으로 추진해온 교육부가 논의하여 결정하는 것이 바람직한 것으로 판단하였다.

구체적으로 공론화 범위를 설정하기 위한 국민의 의견을 수렴하는 방안으로 4개 권역(수도권·강원권, 충청권, 호남권·제주권, 영남권)을 순회하는 일반국민을 대상으로 하는 '국민제안 열린마당'을 개최하고, 국가교육회의 홈페이지 등을 통해 보다 폭넓은 국민들의 의견을 수렴하기로 하였다. 또한 이해관계자들의 의견을 수렴하기 위해 중학교 및 고등학교의 학생, 학부모, 교원을 대상으로 좌담회(FGI, Focus Group Interview)를 실시하며, 교원·학부모·

시민단체·대학관계자 및 교육 전문가 등 주요 관계자의 의견을 심층적으로 논의하기 위해 '이해관계자 및 전문가 협의회'를 구성·운영하기로 하였다.

한편 대입제도개편 공론화위원회는 4월 27일 구성되었는데, 공론화위원회의 핵심 임무는 공론화 과정을 설계하고 실행하는 것이었다. 특히 공론화 방식을 결정하는 것이 주요 과제였다. 공론화위원회는 한국사회에서 대입제도는 전국민적 관심사라는 점에 근거하여 일반국민 중심의 '시민참여형조사'를 기본으로 하는 공론화 방식으로 채택하였다. 대입제도개편 공론화에 적용된 시민참여형조사는 신고리 5·6호기 공론화 사례에 이미 적용된 것으로 일반국민들의 피상적인 의견이나 태도 조사에 그치는 여론조사의 한계를 극복하기 위해 설계된 것이다. 구체적인 실행 절차는 다음과 같았다. 먼저 사회과학적이 조사통계 방법을 기반으로 국민을 대표하는 '작은 대한민국'인 시민참여단을 구성한다. 다음으로 시민참여단이 공론화 의제에 대한 이해도를 높일 수 있도록 대입제도개편 숙의 자료집, 온라인 학습, 토론회, 온라인 플랫폼 등 다양한 방법을 통해 관련 정보를 충분히 제공하고 학습할 수 있도록 한다. 마지막으로 학습을 통해 습득된 지식을 바탕으로 의제에 대해 깊이 고찰하고 1, 2차에 걸친 숙의토론회를 통해 충분히 논의한 후 의제에 대한 각자의 최종 의견을 표명하도록 함으로써 정제된 시민 여론이 도출되도록 하는 것이었다.

더불어 대입제도개편과 관련된 쟁점의 다양성, 이해관계의 복잡성, 가치의 체계성 등을 고려하여 공론화 의제 설정을 시나리오 워크숍 방식으로 진행하기로 하였다. 결국 대입제도개편 공론화는 공론화 의제설정을 위한 이해관계자 중심의 시나리오 워크숍과 일반국민들의 의견을 최대한 반영하기 위한 시민참여형조사를 결합한 혼합형(hybrid) 공론화 방식을 적용하기로 하였다(대입제도개편 공론화위원회, 2018a). 구체적으로 학생, 교원, 학부모, 시민사회단체 및 대학관계자 등 다양한 이해관계자들이 참여하여 시민참여단이 학습하고 숙의할 공론화 의세를 선정하고, 다음으로 시민참여단을 구성하여 공론화 의제를 중심으로 숙의과정을 거친 후 시민참여단이 제시한 의견을 바탕으로 공론화 결과를 도출하기로 하였다. 이 밖에 지역순회토론회, 미래세대토론회, TV토론회, 온라인토론회 등 다양한 소통 채널을 활용하여 폭넓은 국민 의견을 수렴하기로 하였다.

4 숙의단계: 공론화 시행 단계

2018년 4월 16일 국가교육회의가 발표한 '대학입시제도 개편 공론화 추진 방안'에서 기본 절차가 제시되었고, 대입특위와 공론화위원회가 구체화한 공론화 과정은 공론화 범위 설정, 공론화 의제 설정을 위한 시나리오 워크숍, 시민참여형조사, 대입제도개편 권고안 발표 등의 단계로 설계되었다.

공론화 과정 첫 단계는 대입제도개편에 관한 쟁점 등에 대해 일반국민 및 이해관계자들의 다양한 의견을 수렴하여 대입제도개편 공론화를 위한 범위를 설정하도록 하는 것이었다. 우선 공론화 범위 설정을 위해 대입특위가 주관한 권역별 '국민제안 열린마당'이 5월 3일 충청권을 시작으로 5월 10일 호남권·제주권, 5월 14일 영남권, 5월 17일 수도권·강원권의 순서로 개최되었다. 또한 대입제도 관련 주요 이해관계자들의 의견을 심층적으로 논의하기 위한 '이해관계자 및 전문가 협의회'가 5월 4일 교원단체를 필두로 학생 5월 10일, 일반 교원 5월 10일, 학부모 및 시민단체 5월 11일, 대학 및 전문대학 입학처장 5월 16일, 대입전문가 5월 18일 등 총 6회 개최하였다. 이해관계자 그룹별 심층 좌담회(FGI)도 개최되었는데, 5월 17일 교원의 2개 그룹, 5월 18일 학부모 2개 그룹, 5월 19일 학생 2개 그룹 등 총 6회에 걸쳐 진행되었다. 이와 더불어 국가교육회의 홈페이지(www.eduvision.go.kr) 등을 통해 대입제도개편에 관한 시민의 의견을 폭넓게 수렴하였다.

이러한 과정을 통해 수집된 의견을 검토하여 대입특위는 세 가지 쟁점을 공론화 범위로 하는 초안을 마련하였고, 이는 국가교육회의 심의를 거쳐 5월 31일 발표되었다. 구체적으로 공론화 범위에 포함된 세 가지 쟁점은, 첫째 학생부위주전형(학생부종합전형, 학생부교과전형)과 수능위주전형 간 비율, 둘째 수시 수능최저학력기준의 활용 여부, 셋째 수능 평가방법(전과목 절대평가 전환, 상대평가 유지 원칙) 등 이었다.

공론화 범위 설정 이후, 대입제도개편 공론화 과정은 8월 3일 공론화 결과 발표까지 공론화위원회가 독립적으로 공론화 과정을 실행하였다. 먼저 공론화위원회는 학생, 교원, 학부모, 시민단체, 대학관계자 등 다양한 이해관계자들이 참여한 1박2일(6월 16~17일) 시나리오 워크숍을 통해 공론화 범위 내에서 대입제도개편 공론화 의제를 선정하도록 하였다. 시나리오 워크숍 참여자들은 학생, 교원, 학부모, 대학관계자, 교육 전문가별로 역할집단으로 나뉘어 토론에 참여하였으며 역할집단별로 도출된 대입제도 비전 등은 발표 및 전체 협의를 통해 전체 참여자들에게 공유하도록 하였다. 다음으로, 대입제도 비전 및 공론화 쟁점에 대한 참여자들의 입장을 반영하여 집단을 재구성한 후, 해당 집단별로 시나리오(안)를 마련하고, 이에 대한 전체 논의를 거쳐 참여자 만장일치로 공론화 의제를 선정하도록 하였다(대입제도개편 공론화 시나리오 워크숍 검증

표 3-14 **공론화 의제와 주요 내용**

구분	학생부위주전형과 수능위주전형 비율	수능 평가방법	수시 수능최저학력 기준의 활용 여부
의제 1	• (정시)수능위주전형과 (수시)학생위주전형의 균형 유지 • 각 대학은 모든 학과 (실기제외)에서 (정시)수능위주 전형으로 45% 이상 선발	상대평가 유지 원칙	• 대학 자율 • 단, 교육부의 영향력 행사 배제
의제 2	• 대학 자율 • 단, 특정 전형에 과도하게 치우쳐 학생의 전형 선택권이 제한되지 않도록 함	전과목 절대평가 전환	• 활용 가능 • 단, 현행보다 기준 강화 불가 ※ (예) 반영 영역 수를 확대하거나, 더 높은 등급을 요구하지 않음
의제 3	• 대학 자율 • 단, 특정 유형의 전형방식 하나만으로 모든 학생을 선발하는 것은 지양	상대평가 유지 원칙	• 대학 자율 • 단, (수시)학생부종합전형 혹은 (수시)학생부교과전형의 취지를 반영하는 수준에서 설정 및 지원자의 전공/계열과 유관한 영역으로 적용 범위 제한 권장
의제 4	• (정시)수능위주전형 확대, (수시)학생부교과전형과 (수시)학생부종합전형 비율의 균형 확보	상대평가 유지 원칙	• 대학 자율

※ 의제 번호는 우선 순위와 무관함

보고서). 이러한 과정을 통해 네 가지 의제가 도출되었다(<표 3-14> 참조).

공론화 의제를 도출한 후 공론화위원회는 공론화 의제 제안 그룹별로 2명의 대표자와 공론화위원회 숙의분과 위원 2명으로 '공론화 의제 협의회'를 구성하였다. 공론화 의제 협의회는 의제 간 첨예하게 대립된 갈등을 해소하고자 6월 18일 1차 회의를 시작으로 주 1회 이상 회의를 개최하였다. 공론화의 의제 협의회는 의제 제안 그룹의 의견이 공론화 과정에 최대한 반영될 수 있도록 하는 소통창구이자, 공론화 과정에서 요청되는 여러 역할들을 논의하고 실행하는 역할을 담당하였다. 4개의 의제 대표들은 공론화 과정에서 필수적인 다양한 역할(시민참여단의 학습 자료인 숙의자료집 및 이러닝 동영상 자료의 작성, 국민대토론회 및 TV토론회 등의 발표자 추천 또는 선정, 시민참여단 1·2차 숙의토론회에서 발표 및 상호토론 참여)을 수행하면서 대입제도개편 공론화 전 과정을 함께하였다.

또한 공론화위원회는 시나리오 워크숍에 대한 객관적 검증을 위해 외부 관련 분야 전문가로 구성된 검증위원회를 운영하였는데, '시나리오 워크숍 검증위원회'는 신고리 5·6호기 공론화와 달리 대입제도개편 공론화에서 새롭게 도입된 시나리오 워크숍 방식에 대한 별도의 검증이 필요하다는 판단하에 구성되었다. 검증위원회는 시나리오 워크숍 설계·운영 등의 공정성, 중립성, 투명성을 관련 자료 검토와 현장 참관 등을 통해 검증을 실시하였는데, 한국행정학회가 공론화위원회와 업무협약을 체결하고 독립적인 지위에서 해당 검증을 진행하였다. 이와 별도로 대입제도개편 공론화의 전 과정을 검증할 '공론화 검증위원회'도 구성하였다. 공론화 검증위원회는 시나리오 워크숍 결과보고서 등을 검토하고, 시민참여단 숙의 및 조사과정을 직접 참관하는 등 공론화 전 과정의 공정성과 중립성을 면밀히 검증하였다. 한국정책학회가 업무협약을 체결한 후 공론화위원회와는 별개의 독립적인 위치에서 검증을 진행하였다.

공론화 의제가 도출된 이후, 공론화위원회는 공론화 의제에 대한 국민적 이해도 제고와 사회적 논의의 활성화를 위해 다양한 소통채널을 활용하였다. 우선 6월과 7월 사이 국민대토론회 4회(권역별)와 미래세대 토론회 4회(권역별)를 개최하였고 SBS, YTN, EBS 등 TV토론회 6회를 개최하였는데, 모든 토론회에 의제 제안 그룹 대표들이 직접 참여하여 공론화 의제를 설명하였다. 더불어 온라인 소통 플랫폼인 '모두의 대입발언대'(www.edutalk.go.kr)를 운영하였는데, 누적 방문자 수 161,822명, 총 국민의견 참여 11,418건이 접수되었다. 이상의 수렴된 의견은 동영상으로 제작되어 시민참여단에게 숙의 자료로 제공되었다.

다양한 의견수렴과 함께 공론화위원회는 공론화 과정의 핵심인 시민참여단의 선정에 돌입하였다. 시민참여단은 한국 사회 전체 인구에 대한 대표성 확보를 위해 사회과학적인 조사통계 방법을 활용하여 6월 20일부터 7월 6일까지 성·연령·지역 등에 따라 2만 명을 대상으로 대국민조사를 실시하였고, 이 중 6,636명이 숙의토론회에 참여할 의사가 있음을 확인하였다. 이들 중 성·연령·대입제도에 대한 태도 등을 고려하여 7월 10일 최종 시민참여단 550명을 선정하였다.

시민참여단은 2차에 걸쳐 숙의토론회에 참여하였다. 1차 토론회는 행사장 이동시간을 줄이는 반면 숙의시간을 보다 많이 확보하기 위해 시민참여단을 4개 권역으로 나누어 7월 14일에는 서울과 광주, 15일에는 부산과 대전에서 개최되었다. 총 512명이 참석한 1차 토론회는 '대입제도의 이해'(45분)와 '공론화 의제: 4개 시나리오'(120분)를 전문가 발표와 질의·응답 방식으로 진행됐으며, 90분간 분임토의와 토의결과를 공유하는 시간을 가졌다. 1차 토론회가 종료된 후 참여자들은 7월 27일에서 29일까지 2박3일간 진행된 2차 토론회까지 자료집과 온라인 'e-learning'을 통해 정보를 습득하고 학습하는 과정을 가졌다. 490명이 참석한 2차 토론회는 토론 첫날은 50분간의 분임토의와 30분 토의결과를 공유하는 순서로 진행되었다. 토론 둘째 날은 4개의 시나리오를 중심으로 발표가 있고 135분간의 분임토의, 140분 강의 질의·응답, 110분간의 상호토론과 70분간의 분임토의가 진행되었다. 토론 마지막 날은 분임토의 결과 발표와 질의·응답에 이어 최종 분임토의가 진행되었고, 결과공유와 참여소감을 나누는 시간을 가졌다(대입제도 개편 공론화위원회 2018a).

시민참여단 숙의토론회 과정에서 총 3회의 의견 조사(대국민 의견조사를 포함하면 총 4회)가 이루어졌고, 공론화위원회는 시민참여단의 의견조사 결과를 바탕으로 공론화 결과를 도출하여 8월 3일 발표하였다. 이로써 공론화위원회 주관의 공론화 과정은 완료되었다.

7월 29일 제2차 숙의토론회 마지막 일정으로 실시된 설문조사 후, 대입제도개편에 대한 시민참여단의 의견에 대한 종합·분석이 진행되었다. 먼저, 공론화 시행사인 한국리서치 컨소시엄에서 설문조사 결과의 데이터화를 진행하여 7월 30일 최종적인 설문조사 결과 데이터를 공론화위원회에 제출하였으며 이후 본격적으로 설문조사 결과에 대한 분석이 진행되었다.

학습과 토론 등 숙의과정을 거친 최종 조사인 3차 조사 결과를 기준으로 검토한 결과 통계적으로 유의미하게 1위의 지지를 받는 의제는 없는 것으로 나타났다. 5점 척도 문항에서 "지지한다", "매우 지지한다"를 선택한 경우를 지지한 것으로 본 의제별 지지도 조사 결과의 경우 의제1 52.5%, 의제2 48.1%, 의제4 44.4%, 의제3 37.1% 순서로 지지도가 높은 것으로 나타났다. 의제1의 지지도가 가장 높지만 의제2 지지도와 차이는 4.4%p였으며 McNemar 검증 결과 양자 간에 유의미한 차이가 없는 것으로 나타났다. 5점 척도에서 척도별로 1~5점 배점을 조사한 결과를 총합으로 계산한 후 응답자 수로 나누어 평균을 낸 평균점수의 경우에도 의제1 3.40, 의제2 3.27, 의제4 3.14, 의제3 2.99로 지지도 조사 결과와 순서가 동일하였으며, 의제1과 의제2 간 점수 차는 0.13으로 Wilcoxon 부호순위 검정 결과 유의미한 차이가 없는 것으로 나타났다.

이처럼 네 가지 의제 간 통계적으로 유의미한 1위 의제가 나타나지 않음에 따라 공론화위원회는 부가 질문 결과 등을 통해 시민참여단의 의사를 분석하여 공론화 결과와 해당 결과의 함의를 제시하게 되었다. 공론화위원회는 의견조사를 통해 나타난 시민참여단의 의견을 총 세 가지로 요약하였는데, 1) 선발방법의 비율과 관련하여, 수능위주전형의 확대 의견이 우세한 반면, 학생부위주전형 내에서 학생부종합전형 비율에 대한 의견은 현행 수준에서 확대하자는 의견과 축소하자는 의견이 유사하게 나타났으며, 2) 수능 평가방법과 관련하여, 중장기적으로 현행과 비교하여 절대평가 과목 확대가 적절하다는 의견이 높게 나타났고, 3) 입시제도의 방향과 관련하여, 공정하고 투명한 입시제도, 학교교육 정상화에 기여하는 입시제도를 중요하게 판단하는 것으로 분석하였다.

이러한 공론화위원회의 결과를 제출받은 국가교육회의는 8월 3일과 5일 대입특위의 논의와 8월 6일 국가교육회의 전체회의 논의를 거쳐 공론화위원회의 분석결과를 반영한 '대학입시제도 개편 권고안'을 마련하고 8월 7일 이를 발표하여 교육부에 송부하였다. 이어 교육부는 송부 받은 대입제도개편 권고안을 검토하여 대입제도개편 방안을 수립하여 8월 17일 발표하였다. 이날 교육부가 발표한 대입제도개편과 관련한 핵심 내용은 "공론화 결과 및 국가교육회의 권고안 등 국민의 뜻을 반영하여" 2022학년도 대입제도개편 방안으로 수능위주전형 비율을 30% 이상으로 확대할 것을 권고하고, 이를 위해 기존 '고교교육 기여대학 지원사업'을 재설계한다는 것이었다(교육부, 2018.8.17).

  2022년 대입제도개편 공론화는 한국사회에서 시민참여형조사를 통해 제도를 수정·보완한 최초의 사례로 평가될 것이다. 지금까지 한국사회에서 시도된 시민참여형조사 사례는 특정 공공시설(예를 들어, 발전소, 병원, 도시철도건설 등)을 건설할지 말지를 선택하는 단일 쟁점이거나 사회적으로 중요한 정책의제를 개발하는 데 초점을 맞춘 공론화(예를 들어, 2014 미래비전 국민대토론회, 2018 서울지역 균형발전 공론화 등)가 대부분이었다. 하지만 대입제도개편은 단일 쟁점이 아닌 제도와 관련된 다양한 쟁점을 복합적으로 고려해야만 하는바, 대입제도개편 공론화가 관련된 다수의 쟁점들을 다루기 위한 방편으로 중층적 조직체계를 구성하고, 다양한 공론화 기법(시나리오 워크숍과 시민참여형조사 병행)을 활용하여 공론화를 진행한 것은 불가피했고 적절한 대응으로 평가할 수 있다.

  국가교육회의는 전문성과 중립성 등을 고려하여 2개의 공론화 기구(대입특위와 공론화위원회)를 구성하였다. 공론화 범위 설정은 교육전문가들로 구성된 대입특위가 담당하였고, 공론화 범위에 따른 의제 선정과 공론화 과정의 설계와 실행은 공론화위원회가 맡아 진행하였다. 이는 지금까지 한국사회에서 시도된 어떠한 공론화 사례에도 볼 수 없는 것으로, 특히 해당분야 전문가들이 공론화 과정에서 어떠한 역할을 해야 하는지에 대한 중요한 시사점을 제공한다 할 것이다. 또한 시나리오 워크숍을 통해 공론화 의제를 이해관계자들이 직접 도출하였고, 이후 각 의제 개발 그룹의 대표들이 참여한 '공론화 의제 협의회'를 구성·운영함으로써 공론화 과정의 공정성을 제고하고, 이해관계자의 다양한 의견이 공론화 과정에 균형 있게 반영되도록 하였다. 이러한 역할 분화는 궁극적으로 시민참여단의 심도있는 숙의를 담보하기 위한 시도였다. 이처럼 대입제도개편 공론화 사례는 향후 제도 설계나 개선과 같은 복합적 쟁점을 다루는 공론화의 과정을 설계할 때 "의제를 구체화"하고 "전문가와 이해관계자 및 일반시민의 역할"을 정립하고 "복수의 공론화 기법을 활용"하는 데 유의미한 시사점을 제공한다.

　　그러나 대입제도개편 공론화는 처음부터 많은 의문을 갖고 출발하였다. 그중에서도 가장 핵심적 의문은 대입제도개편이라는 사안이 공론화 의제로서 적절한지에 대한 것이었다. 이러한 문제 제기는 무엇보다 한국사회에서 대입제도는 오랜 시간 학생, 학부모, 교사, 대학관계자, 교육전문가 등에 따라서 의견이 첨예하게 대립되어 왔기 때문에 110일이란 짧은 시간에 사회적 공론이 형성될 개연성이 높지 않다는 사회적 경험에 근거한 것이었다. 특히, 제도의 설계와 개편에는 그에 따른 다양한 쟁점들이 서로 연관되어 있는바, 특정 쟁점을 떼어내어 시민들에게 의견을 물어보는 것이 과연 타당한지 논란을 야기한다. 더불어 공론화 주문자로서 교육부는 대입제도를 둘러싼 다양한 쟁점들을 망라해서 국가교육회의에 떠넘김으로써 대입제도개편 공론화 자체에 대한 언론의 비판을 자초하기도 했고 대입제도개편 공론화의 필요성 및 목적에 대해 국민적 공감을 사전에 충분히 획득하지 못했다. 특히 문재인 정부의 교육 관련 대선공약을 지지했던 교육시민사회단체들은 문재인 대통령과 교육부가 공론화를 통해 책임을 회피한다는 의구심을 해소하지 못했다.

　　그 밖에 대입개편 공론화 사례는 몇 가지 세부적인 논점을 야기하는데, 우선 대입개편 공론화 방식을 학생과 학부모 등 핵심 이해당사자가 아닌 인구통계학적 대표성을 고려한 시민참여단 구성 방식이 타당한가? 이해당사자가 도출한 대입개편 네 가지 시나리오가 대입개편 최종 선택지로 충분하고 타당했는가? 등 논란이 제기됐다. 특히 4개의 공론화 의제 중 통계적으로 유의미한 1위 의제가 나타나지 않았다는 점에서 이에 대한 다양한 비판도 여전히 논쟁적이다.

Ⅶ. 기획재정부 '2018 국민참여예산제도'

- 숙의민주주주의 재정민주주의로 확대 -

1 개요

국민참여예산제도는 국민이 예산사업의 제안, 심사, 우선순위 결정 과정에 참여함으로써 재정운영의 투명성을 제고하고, 국민의 예산에 대한 관심도를 높이기 위한 제도로서 문재인 대통령의 대선공약이다. 정부는 2017년 국민참여예산제도를 시범 도입하고 2018년부터 국민이 예산사업의 제안, 논의, 우선순위 결정에 참여하는 국민참여예산제도를 본격적으로 시행하기 위해 2018년 3월 15일 「함께 만들고 함께 누리는 국민참여예산」 홈페이지를 개설했다. 이어서 2018년 6월 인구통계학적 대표성 반영 및 무작위 추출을 통해 예산국민참여단 300명을 구성하고 세 차례 숙의를 진행했다. 예산국민참여단은 참여예산 후보사업을 논의하고 압축된 후보사업에 대한 투표를 통해 최종 2019년 국민참여예산사업을 추천하는 역할을 담당했다. 예산국민참여단 1차 숙의는 2018년 6월 17일 개최됐고 102개(1692억 원) 후보 사업을 대상으로 사업제안자와 사업을 숙성한 각 부처 담당자의 설명과 질의·응답을 통한 1차 학습을 중심으로 진행됐다. 예산국민참여단 2·3차 숙의는 2018년 7월 7~8일 1박2일로 진행되었는데 102개 사업을 4개 분과(일반행정·복지·사회·경제)로 나누어 분과별 학습과 토의를 통해 56개(1106억 원) 사업을 최종 후보사업으로 선정했다. 이어 2주간의 온라인숙의를 거친 후에 2018년 7월 21일 선별된 56개의 최종 후보사업에 대한 학습과 토의, 선호도 투표를 통해 우선순위를 결정했

표 3-15	2018년 국민참여예산제도 추진일정
사업제안 및 관리(2~4월)	• 국민 사업제안 & 제안사업 적격성 점검 및 사업숙성
각 부처 예산안 요구(5월)	• 각 부처의 후보사업 포함, 예산안 요구
제안사업 논의(6~7월)	• 제2기 예산국민참여단 발족 & 예산국민참여단 회의 진행
사업 선호도 조사(7월)	• 예산국민참여단 선호도 조사 & 일반국민 선호도 조사
정부예산안 반영(8월)	• 기획재정부(예산실) 예산 심의 • 재정정책자문회의 논의 & 국무회의에서 예산안 확정
국회 예산안 심의·확정(9~12월)	• 국회에서 정부예산안 심의·확정

국민참여예산 홈페이지: https://www.mybudget.go.kr

으며 이후 일반시민(1,000명) 선호도 조사결과와 합산하여 기획재정부는 2019년도 국민참여예산 39개 사업, 835억 원 예산안을 제출했다. 이후 국회 예산심의를 통해 2019년 예산으로 최종 확정되었다.

예산국민참여단의 88.1%는 '2018 국민참여예산제도' 운영과정에 만족했고, 참여단의 95.9%가 예산국민참여단 참여를 통해 국가 예산정책에 대한 관심이 늘었다고 응답했으며, 참여단 85%는 국민참여예산제도가 확대되어야 한다고 응답하는 등 국민참여예산제도에 대한 신뢰와 만족도가 높은 것으로 나타났다. 특히, 주무부서인 기획재정부도 국민참여예산제도 운영을 긍정적으로 평가하고 '2019 국민참여예산제도'를 지속적으로 운영하는 등 제도적으로 안착되고 있다. 기획재정부 차관은 예산국민참여단 1차 숙의 때 인사말에서 국가예산 편성에 국민 참여를 시도하는 것은 세계 최초의 사례라고 의미를 부여했다. 국가재정사업과 관련하여 국민이 제안한 후보 사업을 대상으로 대표성을 고려, 선발된 국민참여단이 관련부처와 전문가의 도움을 받아 학습과 토의를 통해 국가예산편성에 참여함으로써 숙의민주주의가 재정민주주의를 구현하는데 기여한 사례로 평가할 수 있다.

2 공론화 사전단계 및 의제선정

　　국민참여예산제도는 국민이 직접 국가 예산사업을 제안하고 심사하며, 우선순위 결정 과정에 참여 및 그 기회를 확대함으로써, 국가재정운영의 투명성을 제고하고, 국민의 국가 예산에 대한 관심도를 높이기 위한 목적으로 도입되었다. 사실 우리나라에서 참여예산제도는 2003년 광주 북구에서 처음으로 시작한 이래로 다른 지자체 또한 점차 도입하였으며, 2011년 지방재정법 개정을 통해 주민참여예산제도 실시가 의무화됨에 따라 전국 243개 지자체로 확산되고 있다. 그동안 지방재정을 넘어 국가재정사업에 국민참여를 제도화하는 필요성이 꾸준히 제기되어왔고 문재인 대통령이 국민참여예산제도 신설을 대통령 공약으로 채택하면서 '2017년 국민참여예산제도 시범사업'이 실시되었다. 정부는 2017년 7월 국무위원 재정전략회의 논의를 거쳐 국민참여예산제도를 2017년에 시범 도입하고 2018년부터 본격 시행한다는 방침을 정하였다. 정부는 국민참여예산제도 시범사업 실시를 위하여 2017년 4월 중순부터 약 6주 동안 공모전을 실시하여 국민의 생활 속 아이디어(368개 사업)를 제안 받고 광화문 1번가 제안 사업들에 대해 해당 사업 부처의 검토를 거쳐 사업화가 가능한 제안들로 10개의 후보사업을 선정하고, 일반국민 1,000명을 대상으로 한 온라인 선호도조사를 통해 필요성이 크고 우선순위가 높은 사업(총 422억 원)을 선정하였다.

한편 정부는 국민참여예산제도를 안정적으로 추진하기 위해 2017년 8월 기획재정부 직제개편을 통해 재정혁신국 산하 참여예산과를 신설하고 예산과정에 국민이 참여할 수 있도록 관련 제도 기획·총괄, 조정, 국민참여예산제도의 운영과 교육·홍보 등을 분장했다. 아울러 2017년 「국가재정법」 시행령 제2장 제7조의2(예산과정에의 국민 참여)를 신설하여 예산과정에의 국민 참여 절차 마련의 근거를 명확히 하고 예산 편성 시 국민 의견의 효과 규정, 국민 참여를 위한 참여단 설치의 근거(▲정부는 법 제16조제4호에 따라 예산과정의 투명성과 국민 참여를 제고하기 위하여 필요한 시책을 시행하여야 한다. ▲정부는 의견수렴을 촉진하기 위하여 국민으로 구성된 참여단을 운영할 수 있다)를 마련하는 등 2018 국민참여예산제도를 본격화하는 제도적 정비를 추진했다.

기획재정부는 '2018년 국민참여예산제도' 운영과 관련하여 통계적 추출을 통해 성·연령·지역별 대표성을 갖춘 300명의 예산국민참여단을 구성 및 운영하여 2018년 국민참여예산 후보사업에 대한 숙의를 거쳐 2018년 국민참여예산 최종사업을 선정한다는 방침을 세웠다. 정부는 2018년 국민참여예산제도를 운영하기 위해 별도의 관리기구(공론화기구)를 두지 않고, 주무부서(기획재정부 재정혁신국)가 주관하되, '국민참여예산지원협의회'를 구성하고 '국민참여예산제도 대행기관'을 선정했다.

국민참여예산지원협의회는 국민참여예산제도 운영 과정에 자문활동을 수행하는 것으로 ▲각 부처가 수행한 국민제안사업의 적격성 점검 내용 논의 및 확정, ▲각 부처의 참여예산 후보사업 숙성내용 논의·확정, ▲예산국민참여단 회의 시 자문 및 참여단의 의견개진을 지원하고 기재부(재정혁신국장, 재정기획심의관, 참여예산과장), 각 부처 소관 국민제안사업 담당자, 민간전문가(교수, 시민단체 전문가 등 부처별 소관업무 전문가) 등 60명으로 구성됐다. 국민참여예산제도를 운영하는 진행기관은 입찰을 통해 한국리서치·한국사회갈등해소센터 컨소시엄이 선정됐다.

3 공론화 방법과 설계: 주민의견 수렴 방식

기재부는 온라인(홈페이지, 이메일)과 오프라인을 통해 2018년 4월까지 국민으로부터 국민참여예산사업을 제안 받고 → 각 부처는 소관 국민제안사업에 대해 합법성·유사성·적절성 등을 기준으로 적격성 점검 및 국민참여예산지원협의회 회의를 개최하여 2019년 부처예산사업을 2018년 5월까지 신청하며 → 기재부(예산실)는 각 부처에서 요구한 참여예산 후보사업에 대한 사업 목적 및 규모 적정성 등을 검토하여 2019년 국민참여예산 후보사업을 추천하고 → 2018년 6월 예산국민참여단을 구성하여 각 부처가 요구한 참여예산 후보사업을 논의하여 최종후보사업을 압축하고 → 예산국민참여단이 압축한 참여예산 후보사업에 대해 일반국민 설문조사와 예산국민참여단 투표 실시 등 최종선호도 조사를 통해 2019년 국민참여예산사업을 확정한다는 계획안을 마련했다. 이 중

사업선호도 조사는 일반국민 설문조사(50%)와 참여단 투표(50%) 결과를 합산하는 것으로 설계했는데 일반국민은 성·연령·지역별 대표성이 확보되도록 표본을 추출하여 설문조사를 실시하고 예산 국민참여단은 전체회의에서 사업별 설명 및 숙의를 거친 후에 오 프라인 투표를 하는 것으로 국민참여예산제도 운영안 초안을 마련했다(국민참여예산 홈페이지 참조).

이어 기재부는 진행기관 제안을 검토하고 2018 국민참여예산 제도의 세부프로그램을 확정하였다. 예산국민참여단은 지역별, 성별, 연령별 대표성을 보증하는 전국 19세 이상 성인 남녀를 대상으로 예산국민참여단 참여를 희망하거나 유보적인 입장을 보인 응답자 대상으로 RDD 무선전화(80%)와 RDD 집전화(20%)를 이용한 전화조사를 통해 300명을 선정하기로 했다. 그 밖에 공론화 진행과 관련된 사안들에 대해서는 다음과 같이 결정하였다.

① 자료집은 기획재정부와 국민제안사업 각 관계부처에서 작성한 참여예산제도 이해 및 역할, 심의방법, 심의 사업별 입장 및 고려사항을 정리한 자료집을 '기초 자료집'과 '사업설명 자료집'으로 나누어 작성하고 시민참여단에게 숙의의 기초자료로 제공하기로 했다. 이를 위해 기획재정부에서 자료집 작성의 원칙과 형식을 제시하고, 제안사업 부처 담당자 및 전문가들이 해당 기준과 형식에 따라 내용을 작성하기로 했다.

② 1차 회의는 예산국민참여단 운영에 대한 오리엔테이션(OT)과 기초교육을 실시하고 4개 분야로 나눠 1차 분과심의를 진행하기로 했다.

③ 2·3차 회의는 예산국민참여단이 4개 분과별로 '1박2일' 간의 심도있는 분과 숙의와 심의를 거쳐 분과별 심사 사업을 선정하기로 했다. 7월 7일(토)과 8일(일) 1박2일간 다섯 차례 이상 분과심

그림 3-6 예산국민참여단 숙의절차 및 개요

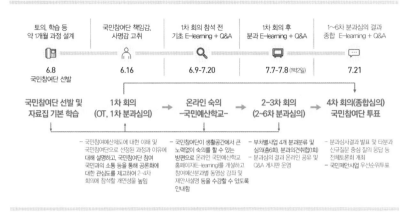

기재부 2018 국민참여예산운영보고서

의를 실시하고 7월 7일(토)은 저녁식사 후에도 분과심의를 진행하기로 했다.

④ 4차 회의는 국민참여단 소속 분과 외에 타 분과 심의 내용을 공유하고 이해한 후, 분과별로 선정된 사업에 대한 최종 투표 실시하기로 했다. 특히, 최종 투표는 타 분과 내용을 이해하고 진행될 수 있도록 사전 온라인 숙의를 통해 타 분과 추천사업과 근거 등을 학습하도록 했다.

⑤ 온라인예산학교를 별도로 운영하여 참여예산제도 개요, 예산심의 방법, 1차 선정된 국민제안사업별 학습 컨텐츠를 동영상으로 제작하고, 기획재정부 국민참여예산제도 재정교육 홈페이지를 통해 국민참여단이 학습할 수 있도록 했다.

⑥ 일반국민 선호도 조사는 전국 만19세 이상 성인남녀를 모집단으로 하고, 표집틀은 2015년 인구주택총조사 집계구 리스트를

사용하여 1,000명을 17개 시도로 층화하여 성·연령, 아파트 비율, 1인 가구 비율 등을 고려하여 확률비례계통 추출하며 응답자가 거주하는 가구에 면접원 방문하여 구조회된 설문지를 통해 대면 면접을 진행하는 것으로 설계했다.

4 ▎ 숙의단계: 공론화 시행

　　예산국민참여단 1차 숙의는 2018년 6월 16일(토) 10시 30분부터 오후 5시까지 대전 KT인재개발원에서 개최됐다. 예산국민참여단 311명이 참석한 가운데 2017년 국민참여예산사업의 제안자(송미나 대전중앙청과 소비자지원팀장), 권오철 서울시참여예산공원분과 민관협의회의장, 오관영 함께하는시민행동 좋은예산센터 이사 등 3명의 축사, 예산국민참여단 3인의 기대와 다짐, 기재부 제2차관 환영사를 듣는 개회식을 진행했다. 이어서 예산국민참여단의 예산심사 능력을 제고하기 위한 재정교육을 실시했는데 참여예산제도 및 참여단 구성과 역할(참여예산과장), 예산심사 기준과 방법, 숙의 방법(김상철 나라살림연구소 연구원) 등을 다루었다. 그리고 13시 50분부터 5시까지 1차 분과별 숙의를 진행했는데 총 102개(1692억 원) 사업을 일반행정·복지·사회·경제 등 4개 분과(분과당 75~79명 구성)로 나누어 사업제안자와 사업담당자로부터 사업취지와 설명을 듣고 학습하는 자리였다. 1차 숙의는 예산정책참여단이 가져야 할 자세와 재정관련 기초지식을 습득하고 2018년 국민참여예산 후보 102개 사업에 대해 개괄적인 이해를 돕는 시간이었다. 예산국민참여단 1차 온라인 숙의는 2018년 6월 20일부터 2018년

표 3-16 분과심사기준표

기준	배점	판단 근거	판단방법
사업의 타당성	10	• 민간, 지방자치단체가 아닌 중앙 정부가 수행가 능하고, 중앙 정부가 수행하는 것이 바람직한 사 업인가? • 사업목적과 내용이 타당한가? • 사업추진방식과 사업비가 타당한가?	1 ↔ 10
국민 수용성	10	• 국민들이 일상생활 속에서 겪는 애로를 해소하 고, 그 효과를 체감할 수 있는 생활밀착형 사업 인가? • 미세먼지, 안전, 성폭력 등 국민들이 관심을 갖 고 있는 사회문제를 해결하기 위한 사업인가?	1 ↔ 10
사업의 공익성	10	• 특정 지역이나 특정한 사람들을 위한 사업이 아 니 다수의 국민에게 혜택이 돌아가는 사업인가? • 사회적 약자 배려 등 공공의 이익과 공동체 발 전을 위한 사회적 가치를 담고 있는가?	1 ↔ 10
사업의 효과성	10	• 일자리, 저출산·고령화, 양극화 등 우리나라가 당면한 경제·사회 구조적인 문제의 해결에 도움 이 되는가? • 사업기간동안 목적하는 성과달성이 가능한가?	1 ↔ 10

기재부 2018 국민참여예산운영보고서

7월 6일까지 진행되었다. 주요 내용은 102개 사업에 대한 이해를 돕는 것으로 각 사업마다 사업제안사가 취지를 직접 설명하는 영상과 사업별 핵심내용을 5장 내외로 압축한 영상자료를 시청하는 것과 6월 16일 1차 분과별 숙의 때 제기된 예산국민참여단 질문에 대한 부처 답변을 확인하는 것이었다.

예산국민참여단 2·3차 숙의는 7월 7~8일 1박2일 동안 대전 KT인재개발원에서 개최되었고 298명의 참여단을 포함하여 민간 전문가, 담당자 등 460명이 참석했다. 2·3차 숙의 목표는 학습과 토의를 통해 분과별로 사업을 심의·심사하여 최종 종합심사 대상 사업을 추천하는 것이었는데, 세부사업별 심사 강화를 위해 4개 분과별로 나누어 진행하되 각 분과별 사업에 대한 심사를 3개 그룹으로 나누어 진행했다. 즉 분과별로 1개 그룹(6~10개 사업)에 대한 사업부서 의견청취 및 1차 질의·응답 → 분임별 시민참여단 평가 토의 및 추가 질의사항 취합 → 사업부서와 시민참여단 2차 질의·응답 → 2일차 마지막 시간에 분과사업 전체를 대상으로 분임 토론 및 개인평가 → 예산국민참여단 각자가 종이설문을 이용하여 분과별 심사표를 태블릿 PC를 활용하여 입력하였다. 당일 분과별 최종 심사 대상 사업은 확정하지 않았는데 금액 경계선에 있는 사업 조정을 위해 당일 확정하지는 않으며, 2일 후 참여예산 홈페이지에서 공개하기로 했다. 예산국민참여단이 활용한 분과별 심사표는 <표 3-16>과 같다.

기획재정부는 예산국민참여단 2·3차 숙의를 마친 후에 온라인 예산학교 홈페이지를 통해서 4개 분과별 최종심사대상 사업과 추천이유(분과 심사 시 제기된 내용)를 공개했다. 아울러 예산국민참여단 2·3차 숙의 때 다루지 못한 질문에 대한 소관부처 답변을 탑재하고 예산국민참여단이 온라인 숙의를 할 수 있도록 안내했다. 한편 예산국민참여단 2·3차 숙의 때 분과별 심사결과를 다른 분과의 예산국민참여단이 효과적으로 공유하기 위해서 분과별 심사결과를 요약하여 발표하는 시간을 갖기로 했는데, 분과별 발표자는 예산국민참여단 중에서 추천했고 선정된 4명의 분과발표자는 분과별 숙의를 진행한 진행자와 사전협의를 통해 예산국민참여단 4차 숙의 때 발표 원고를 작성했다.

    마지막 4차 숙의는 2018년 7월 21일 대전 KT인재개발원에서 개최되었고 예산국민참여단 293명이 참석했다. 환영사와 추진경과 4차 예산국민참여단회의 일정을 안내하는 개회식을 마치고 분과별 논의결과를 공유하는 시간을 가졌다. 먼저 복지·사회분과 심사결과를 예산국민참여단 대표가 발표했고 이어서 최종 우선 심사 대상사업(56개 사업 1106억 원)으로 선정된 사업에 대한 취지 및 효과를 확인했다. 이어서 경제·일반행정분과 심사결과를 복지·사회분과와 동일하게 진행하고 공유한 다음에 예산국민참여단 최종 선호도 조사를 하기 전에 예산국민참여단의 자율발언을 청취했다. 예산국민참여단 각자가 생각하는 우선사업 추천과 이유, 최종사업 선정의 합리적 근거 등을 나누고 1~3차 숙의를 통해 선별된 56개 사업에 대한 최종 우선순위 결과 설문작성 및 만족도 조사를 실시하고 폐회하였다. 예산국민참여단은 최초의 국가예산편성과정에 국민의 한 사람으로 참여하여 갖는 보람과 의의를 높게 평가했고 다양한 계층과 연령대가 모여 함께 인식을 공유할 수 있다는 데 만족감을 표했다. 다만, 102개 사업을 충실히 평가하기에는 기초 자료가 다소 부실했다는 점, 시간이 충분하지 못했다는 점, 국가예산에 비해 예산규모가 너무 적다는 점 등이 향후 개선되어야 한다고 예산국민참여단은 제안했다.

기재부는 예산국민참여단 최종 선호도 조사와 일반국민 설문 조사 결과를 합산하여 8월에 2018년 국민참여예산사업을 편성했다. 기재부는 예산국민참여단 2·3차 숙의결과 선별된 56건(1106억 원) 사업을 대상으로 일반국민 1,000명 대상으로 선호도 조사를 실시했고 예산국민참여단 선호도 투표결과를 50 : 50으로 합산하여 최종적으로 39건 835억 원을 2018년 정부 예산안에 반영했으며 2018년 국회예산심의를 통해 최종 확정되었다. 기재부는 예산국민참여단 네 차례 숙의를 마친 후에 국민참여예산제도 개선을 위한 다양한 국민의견을 수렴하는 자리를 가졌다. 2018년 9월 13일 예산국민참여단과 관련 전문가가 참여하는 자리에서 ▲국민참여예산이 집행되는 과정에도 모니터링이 필요하며, ▲국민들의 적극적인 사업제안을 독려하기 위해 홍보를 강화해야 하며, ▲주민참여예산제와 연계·평가하여 사업공유를 위한 방안을 검토할 필요가 있다는 내용 등이 제안되었다. 이를 바탕으로 기재부는 제도개선을 위해 ▲2018년에 1개월이었던 접수기간을 상시화하고, ▲현장사업제안설명회를 확대하여 운용하는 등 국민참여예산제도의 정착과 발전을 도모했다(기재부 2018 국민참여예산운영보고서).

이 사례는 국내외 최초로 국민참여예산제도를 성공적으로 운영한 사례라고 평가할 수 있다. 더불어 이 사례는 일반시민중심의 옵션 선택(공모사업에 대한 최종 후보사업 선정)형 공론화 유형으로 분류할 수 있다. 인구학적 대표성을 갖춘 300명 규모의 예산국민참여단을 구성하여 네 차례 예산심사(숙의)를 통해 2018년 국민참여예산 사업을 제안하고 국회가 2018년 국가예산에 실질적으로 반영하는 성과를 획득했다. 이처럼 이 사례는 국가 주요 정책과정에 일반시민의 학습과 토의를 활용하는 숙의민주주의 절차가 국가 재정민주주의에도 기여할 수 있다는 시사점을 제공했다. 특히 예산심사라는 전문성을 일반시민이 관련 전문가로부터 지원과 시민참여단 개인 학습 및 상호 토의(숙의)를 통해 성공적으로 수행했다고 소관부처(기재부)가 평가하여 국민참여예산제도를 안착시키고 확대해가는 계기를 마련했다. 다만 '2018 국민참여예산제도' 운영에 참여한 시민들이 지적했듯이 102개 사업을 충실히 평가하기에는 기초자료가 다소 부실했다는 점, 시간이 충분하지 못했다는 점, 국가예산에 비해 예산규모가 너무 적다는 점 등이 향후 개선되어야 할 점으로 보인다.

아울러 2018 국민참여예산사업은 기재부와 진행기관이 수행했는데 공정성을 강화하고 대국민 홍보를 강화하기 위해서는 별도의 관리 기구를 두어 운영하는 것도 검토할 필요가 있다.

VIII. 광주도시철도 2호선 공론화

- 시민사회 요구로 시작된 공론화 사례 -

1 개요

　광주도시철도 2호선 공론화는 시민사회의 요구로부터 시작되었다. 2018년 6월 실시되는 제7회 전국동시지방선거를 앞두고 시민단체들은 광주도시철도 2호선 건설 여부를 선거 이슈로 만들고자 하였다. 2018년 1월 29일 '도시철도 2호선 공론화 요구 시민모임(이하 시민모임)'이 결성되고 기자회견 등 도시철도 2호선 공론화를 본격적으로 요구하였다. 이후 시민모임은 지방선거 기간 내내 지속적으로 이 문제를 제기하였다.

　지방선거가 끝난 2018년 7월 16일 '도시철도 2호선 공론화 요구 시민모임'에서 명칭을 바꾼 '사람중심 미래교통 시민모임'은 공문을 통해 광주광역시에 '도시철도 2호선 문제 해결과 미래교통 대안을 위한 시민참여형 숙의조사'를 공식 제안하였다. 이에 새로 선출된 이용섭 광주광역시장이 시민단체의 요구를 수용함으로써 2002년부터 광주지역의 수많은 토론과 논의의 대상이 되었던 도시철도 2호선 건설 관련 공론화는 본격적으로 시작되었다.

　광주도시철도 2호선 공론화는 총 7인으로 구성된 공론화위원회가 공식 출범한 9월 17일부터 '도시철도 2호선 건설 찬/반 공론화 권고안'이 발표된 11월 12일까지 약 2개월에 걸쳐 진행되었다. 광주도시철도 2호선 공론화는 신고리 5·6호기 공론화 방식(시민참여형조사)을 기본으로 하되 광주지역 상황과 도시철도 2호선 건설이라는 특성에 맞게 수정·보완한 '숙의형 공론화 방식'으로 진행되었다(광주도시철도공론화위원회, 2018a). 구체적으로 1차 여론조사를 거쳐 250명의 시민참여단을 선정하였고, 선정된 시민참여단은 이러닝 학습, 1박2일 종합토론회 등의 숙의과정을 거쳐 '도시철도 2호선 건설 찬/반 설문조사'를 바탕으로 최종결과를 도출하였다. 11월 12일 공론화위원회는 1박2일 종합토론회 직후 실시한 설문조사를 통해 나타난 시민참여단의 의견을 종합하여 광주광역시에 도시철도 2호선 건설재개와 함께 건설비용과 운영적자 등 재정 부담 최소화, 사람중심 저비용 교통체계로 전환할 것을 핵심으로 하는 권고안을 제출하였고, 이에 광주광역시장은 물론 공론화 과정에서 광주도시철도 2호선 건설 중단을 주장한 광주시민단체협의회도 공론화위원회의 권고안을 존중하기로 함으로써 공론화 과정은 사회적으로 종결되었다.

광주도시철도 2호선 공론화는 한국사회에서 시민사회의 요구를 정부(지방자체단체)가 수용하여 공론화 과정을 실행한 모범적 사례라 할 수 있다. 시민사회의 요구에 의해 공론화 의제가 설정되었고, 지방자치단체가 공론화 과정을 실행하였으며, 최종적으로 지방자치단체와 시민사회 모두가 공론화 결과를 수용함으로써 한국사회 숙의민주주의의 새로운 경험을 제공하였다. 그러나 광주도시철도 2호선 공론화는 시민주도형 공론화 방식의 실행조건에 대한 세밀한 검토의 필요성을 제기한 사례라 할 것이다. 광주도시철도 2호선의 경우 시민대상의 일반 여론조사(공론화 1차 조사)에서 찬/반 의견분포가 매우 큰 차이(57.2%)를 나타났는바, 이 경우 굳이 시민주도의 "숙의형 공론화를 행할 필요가 없다"는 광주도시철도 2호선 공론화위원회 위원장의 (과감한) 평가에 주목할 필요가 있다(광주도시철도 2호선 공론화위원회, 2018a). 시민참여형조사는 찬/반 의견분포를 엄밀하게 반영하여 시민참여단을 구성하는 것을 원칙으로 하는데, 찬/반 의견분포의 큰 차이는 시민참여단 구성원 분

표 3-17 광주도시철도 2호선 공론화 사례일지

일시	구분	내용
2018.8.7-9.10	공론화 준비위원회	• 시민권익위주관: 공론화 방식, 의제 등 협의
2018.9.14	공론화위원회 구성	• 준비위원장, 공론화위원회 구성 발표
2018.9.17	공론화위 1차 회의	• 공론화방식(신고리방식준함) 확정 등
2018.10.11	1차 여론조사	• 2500명 광주시민 대상 1차 설문
2018.10.16	1차 소통협의회	• 공론화 자료집, 찬/반 측 홍보범위 등 논의
2018.10.26	시민참여단 구성	• 시민참여단 250명 구성 완료
2018.10.31	웹페이지 오픈	• 시민참여단 이러닝 강좌 개시
2018.11.1	자료집 발송	• 시민참여단 온라인 숙의
2018.11.9-10	종합토론회	• 시민참여단 종합토론회(1박2일) • 최종결과발표: 건설 찬성 78.6%, 반대 21.4%
2018.11.12	권고안 전달	• 공론화위원회 광주시장에게 권고안 전달

포의 극단적 불균형을 야기할 수 있기 때문이다. 또한 광주시가 공론화 요청기관으로서 중립성을 유지해야 하는 의무와 도시철도 2호선의 필요성을 제기해온 주요 당사자라는 이중성이 혼선을 빚어 공론화 진행 기간 동안 공정성 시비를 노정했다. 이용섭 광주시장의 '찬바람 불기 전 건설 여부결정' 등 촉박한 일정과 '찬성 측 시민모임'이 없다는 논리로 광주시 교통건설국장을 준비모임주체로 인정한 결정적 아쉬움"이 있다는 시민모임 평가를 음미할 필요가 있다(시민모임 백서발간위원회, 2019)

2018년 7월 16일 '사람중심 미래교통 시민모임(이하 시민모임)' 은 광주도시철도 2호선 건설 관련 공론화를 제안하면서, 공론화 기간 중에는 도시철도 2호선과 관련 행정진행 중지와 공정하고 원활한 숙의조사를 위한 준비위원회 구성과 이를 지원할 행정 담당 부서를 교통건설국, 도시철도본부 등 이해당사자를 제외하고 지역공동체추진단(현 시민소통기획관)과 시민권익위원회를 지정해줄 것을 요구하였다. 이에 광주광역시장이 시청 간부회의에서 시민모임의 공론화 요구를 소개하고, 공론화 실행과 관련해서 관련 부처에서 심도있게 검토하여 7월 말까지 보고해 달라고 지시함으로써 본격적인 공론화 준비단계에 돌입하였다.

광주광역시는 7월 26일 광주광역시의회에 도시철도 2호선과 관련된 쟁점 사항을 보고하였고, 이어 8월 1일에는 도시철도 2호선 건설과 관련해 추진 중인 모든 용역(20건)을 일시 중지하였다. 8월 2일에는 시민소통기획관실을 행정적으로 공론화를 준비할 부서로 지정하였고, 시민권익위원회로 하여금 공론화 의제 및 방식을 결정할 준비위원회 구성을 책임지도록 하였다.

이러한 과정을 거쳐 '공론화 추진을 위한 준비위원회'(이하 준비위원회)가 8월 7일 구성되었다. 준비위원회는 도시철도 2호선 건설을 반대하는 측을 대표해 시민모임 등에서 5명(추후 광주시민단체협의회 등에서 2명 추가), 찬성하는 측을 대신해 광주광역시 교통건설국과 철도건설본부 등에서 5명이 참여하였고, 위원장은 시민권익위원회 위원장이 맡았다. 공론화 의제를 제기한 시민사회와 정부(광주광역시)가 동등하게 참여하는 준비위원회를 구성하고 공론화 의제, 방식, 일정 그리고 공론화위원회 구성 등 공론화의 구체적인 실행계획을 사전에 점검한 것은 신고리 5·6호기 공론화나 대입제도개편 공론화 사례에서는 볼 수 없었던 새로운 시도로 공론화 실행과정에서 야기될 문제점을 미연에 논의하고 대처방안을 세우는 기능을 수행하였다.

준비위원회 초반부에는 도시철도 2호선 건설 찬성 측과 반대 측이 바라보는 공론화의 모습이 달라 사안마다 서로의 의견을 달리하였다. 찬성 측은 '공론화 의제와 방식 등 공론화위원회에 맡겨야 한다'는 주장인 반면, 반대 측은 '준비위원회에서 모든 것을 정한 후에 공론화위원회에 넘겨야 한다'고 주장하였다. 또한 핵심 쟁점인 공론화 방식과 공론화위원회 구성과 관련해서도 찬성 측은 여론조사방식을 선호하였고 중립적인 인사로만 공론화위원회를 구성할 것을 주장한 반면, 반대 측은 시민참여형 공론화 방식을 주장하였고 공론화위원회 위원으로 찬성과 반대 측 인사들을 참여시킬 것을 주장하였다.

결국 이견은 해소되지 못하였고, 준비위원회는 9월 10일 7차 회의를 끝으로 다음 회의 일정을 잡지도 못하고 종결되고 말았다. 7차 회의 핵심은 이미 선정된 7인의 중립적인 공론화위원 이외에 찬/반 양측을 대표하는 각 2인의 위원 추천에 관한 것이었는데, 이날 반대 측은 위원을 추천하였으나, 찬성 측인 광주광역시 교통건설국이 위원 추천을 보류하였고, 오후로 예정된 합동기자회견 직전에 교통건설국이 중립적인 인사 7인, 찬/반 양측을 대표하는 각 2인 등 총 11명의 공론화위원회 구성을 수용할 수 없다고 발표함으로써 파국을 맞이하게 되었다.

이러한 상황을 해소하기 위해 9월 12일 준비위원회 위원장은 그동안의 논의를 바탕으로 최종 중재안을 제시하기에 이른다. 중재안의 핵심 내용은, 첫째 공론화위원회 구성은 이미 선정된 중립적인 인사 7인으로 하며, 둘째 공론화 방식은 숙의형 조사방식으로 하고 구체적인 절차와 기법은 공론화위원회의 결정에 따르며, 셋째 공론화 결과를 2018년 11월 10일까지 광주광역시장에게 권고하며, 넷째 공론화 결과에 대해서는 양측이 조건 없이 수용한다는 등 네 가지 해결방안에 대해 9월 13일까지 답변을 줄 것을 요구하는 것이었다.

이러한 중재안에 대해 광주광역시 건설교통국은 9월 12일 오후 적극 수용의사를 밝혔고, 9월 14일 광주시민단체협의회도 수용한다는 점을 공개적으로 표명하였다. 반면 시민모임은 9월 13일 준비위원회 중단에 따른 광주시장과 준비위원장의 사과를 요구하며 준비위원회 위원장이 제안한 내용(숙의형조사방식이 신고리 5·6호 공론화방식인지, 공론화 의제가 지하철 건설 여부에 대한 것인지)을 확인 후 중재안 가부를 판단하기로 했다. 그리고 9월 17일 기자회견을 통해 일방적이 합의파기에 대한 광주시장의 사과 및 시민사회를 분열시킨 준비위원회 위원장 사과를 요구하면서 중재안을 조건부로 수용하였다(시민참여단을 통한 숙의조사와 공론화 의제를 지하철 2호선 건설 여부로 결정한다면 공론화에 참여).

신고리 5·6호기 공론화와 달리 이해당사자가 참여하는 공론화 준비위원회를 구성 및 운영하고 공정성과 수용성을 모범적으로 도모했지만 공론화위원회의 구성 및 공론화방식과 시한 등 광주시와 시민모임 간의 입장 차이와 더불어 공론화 준비위원장에 대한 시민모임의 공정성 시비 등 일부 문제점을 노정하게 된다.

시민모임의 중재안 불수용 의사에도 불구하고, 9월 14일 준비위원회 위원장은 기자간담회를 통해 '광주도시철도 2호선 공론화위원회'(이하 공론화위원회)는 7명(위원장 최영태, 법률 1명, 조사통계 1명, 소통 2명, 갈등관리 2명)으로 구성한다고 공개적으로 발표하였다. 이에 광주광역시도 준비위원회 위원장의 선택을 존중하여 공론화를 그대로 추진하기로 하였다.

이러한 과정을 통해 9월 17일 제정·시행된 '광주도시철도 2호선 공론화위원회 구성 및 운영에 관한 규정'에 의해 공론화위원회는 구성되었고 시민모임은 조건부 수용을 방침으로 이후 공론화 절차에 참여하였다.

공론화위원회는 준비위원회의 논의 성과를 바탕으로 공론화 과정을 세부적으로 설계하였다.

첫째, 공론화위원회는 구성과 동시에 공론화 방식을 결정하였는데, 공론화 방식을 '숙의형 공론화 방식'으로 명명하고 이는 신고리 5·6호기 방식에 준하기로 결정하였다.

둘째, 공론화 의제에 대해 결정하였다. 이와 관련 준비위원회 과정에서 쟁점이 되었던 사안은 공론화 의제를 '도시철도 2호선 건설 찬성과 반대로 할 것인지' 아니면 '도시철도 2호선과 다른 대체교통수단(BRT, 트램 등)으로 할 것인지'였는데, 공론화위원회는 공론화 의제로 '건설 찬성과 반대'로 결정하였다.

셋째, 시민참여단의 규모를 비롯한 공론화 과정에 대해서도 결정하였는데, 구체적으로 광주 시민을 대상으로 한 2,500명의 유·무선 RDD 방식의 여론조사, 여론조사의 결과를 바탕으로 한 250명의 시민참여단 구성, 숙의자료집과 이러닝(e-learning)을 통한 학습과 1박2일 종합토론회 등의 프로그램을 확정하였다. 10월 8일에는 공론화 전 과정을 수행할 수행사로 ㈜마크로밀엠브레인·(사)한국사회갈등해소센터 컨소시엄을 선정함으로써 대표성 있는 시민참여단의 모집과 성찰적 숙의를 위한 다양한 프로그램을 구체화해 나아갔다. 이 밖에 도시철도 2호선 찬/반 양측 3명씩 총 6인으로 구성된 소통협의회, 자문위원회, 검증위원회 등도 구성하였다. 소통협의회에는 광주도시철도 2호선 공론화를 주도한 시민모임이 반대 측을 대표하여 참여하였다.

마지막으로, 결과도출 방식에 대해서도 결정하였는데, 종합토론회 후 실시하는 시민참여단 설문조사 중 도시철도 2호선 건설 찬/반에 대해 '단순 다수제'로 결과를 도출하기로 결정하였다. 이로써 공론화 과정 전반의 로드맵을 확정하였다.

4 공론화 시행 단계

공론화 시행 단계는 '숙의형 공론화 방식'의 핵심 단계로 그 자체로 공론화 과정이라고 부르기도 한다. 이 단계의 핵심 과제는 참여의 대표성과 숙의의 성찰성을 담보하는 것이다.

광주도시철도 2호선 공론화의 경우 신고리 5·6호기 공론화 방식에 준하여 진행하기로 하였음에도 참여의 대표성 확보 문제부터 벽에 부딪혔다. 신고리 5·6호기 공론화나 대입제도개편 공론화의 경우 가상번호를 확보하여 층화 후 무작위추출법을 사용하여 공론조사에서 권장하는 단순 무작위추출법(random sampling)에 좀더 가까운 방식으로 진행하였다. 그러나 광주도시철도 2호선 공론화의 경우 법제도적 제약으로 인해 안심번호 확보가 사실상 불가능하였고, 이로 인해 참여의 대표성 확보에 장애가 발생하였다. 이를 대체하는 방안으로 도입된 것이 유·무선 RDD 혼합의 여론조사방식이다.

구체적으로 광주 시민 표본(여론)조사는 2018년 10월 11일부터 10월 23일까지 진행되었는데, 대표성 있는 조사를 위해 성별, 연령별, 5개 자치구별 인구현황에 따라 50개 층을 구성한 후, 층별 인구수를 기준으로 2,500명을 배분해 각 층에서 무작위로 표본을 추출하였다. 조사방법은 유·무선 RDD 혼합방식이 사용되었는데, 조사를 위해 사용된 전화번호는 총 30만 5,920개였고, 접촉자 수는 1만 5,561명이었으며, 최종적으로 응답을 완료한 사람은 2,930명이었다. 2,930명 중 유선전화 1,703명(58%), 무선전화 1,227명(43%)으로 구성되었다.

표본 여론조사를 바탕으로 250명의 시민참여단을 구성하였는데, 응답자 2,930명 중 시민참여단에 참여할 의향이 있는 응답자는 1,031명이었다. 이 1,031명 중에서 250명을 선정함에는 30개 층화(성별, 연령별, 입장별로 2×5×3)로 구분하였는데, 입장은 건설 찬성/반대뿐 아니라 판단 유보를 포함한 것이었다. 그 결과 250명으로 구성될 시민참여단의 일원으로 건설 찬성 147명, 반대 46명, 판단 유보 56명이 초대되었다. 초대된 시민참여단 중 11월 9일 종합토론회에 실제로 243명(찬성 145명, 반대 45명, 유보 53명)이 참석함으로써 참여의 대표성과 관련된 논란은 상당 부분 해결된 것으로 평가할 수 있다.

다음은 숙의의 성찰성과 관련된 것으로 공론화위원회는 숙의프로그램과 소통프로그램으로 나누어 운영하였다. 숙의프로그램은 시민참여단을 대상으로 하여 이들의 집중적인 숙의를 돕기 위한 것으로 숙의 자료집 제공, 이러닝 강좌, 1박2일 종합토론회로 구성되었다. 소통프로그램의 경우 시민참여단의 숙의를 보강하기 위한 것뿐만 아니라, 일반주민들에게도 숙의 기회를 제공해 광주시민 전체의 숙의 분위기 조성을 위한 것으로 홈페이지 운영, 종합토론회 생중계, 공론화 홍보(현수막 홍보, 전광판 홍보, 카드 뉴스 홍보, 신문광고)를 실시하였다.

　　구체적으로 시민참여단의 숙의는 10월 31일 시민참여단 웹페이지 오픈으로 이러닝 강좌를 통해 시작되었다. 11월 1일에는 숙의자료집이 시민참여단에게 발송되었다. 숙의자료집은 공론화위원회가 작성한 '공론화 개요 및 광주 교통현황'과 함께 도시철도 2호선 건설 찬성 측과 반대 측에서 작성한 자료를 수정(검증)하지 않고 원안대로 편집해 2개의 책자로 만들어 발송했다. 이와 더불어 시민참여단 온라인 전용학습방에는 숙의자료집과 함께 숙의동영상 및 찬/반 측 자문위원 의견을 게재하였다

　　숙의자료집과 이러닝 강좌를 통해 개별적으로 학습을 수행한 시민참여단은 최종적인 숙의를 위해 11월 9일부터 10일까지 1박2일간 진행된 종합토론회에 참석하였다. 종합토론회는 크게 시민참여단 오리엔테이션(공론화위원의 공론화에 대한 의의에 대한 교육과 시민참여단 역할 등)과 찬/반 양측의 기조발언, 쟁점토론1(경제성)과 쟁점토론2(광주교통체계), 일반시민 인식 결과 공유 및 찬/반 양측 상호토론, 종합토론 및 설문조사 등으로 구성되었다. 쟁점토론의 경우 건설 찬/반 양측 전문가들의 발표, 시민참여단 분임별 토의를 통한 대표질문 선정, 전문가와의 질의·응답 시간으로 세분화되어 진행되었고 발표자는 주제별로 찬/반 전문가 1인이 담당하되, 답변은 발표자를 포함 찬/반 각 4명의 전문가가 담당하여 시민참여단의 이해를 돕게 했다. 또한 공론화의 포괄성을 제고하기 위해, 광주도시철도 2호선 찬/반에 대한 일반시민의 인식조사와 홈페이지 결과를 제공했는데, 공정성 시비를 차단하고자 찬/반 의견 분

포는 생략하고 지하철2호선 찬/반의 근거를 중심으로 정보를 제공했다. 찬/반 양측 상호토론은 찬/반 대표가 각각 상대에게 질문을 던지고 답변과 재반박하는 시간을 갖게 하여 시민참여단의 판단을 돕고자 했다. 종합토론회는 전체진행자는 물론 분임별 토의에 전문진행자를 배치하여 상호존중의 원칙에 따라 참여자들이 균등하게 토론에 참여하도록 하였다. 시민만족도 조사결과 사회자의 공정성은 89.8%, 분임별 퍼실리테이터는 97.2%로 나타나는 등 종합토론과 분임별 토론은 공정하게 진행된 것으로 나타났다. 그리고 시민참여단은 공론화 결과가 광주지역사회에 갈등을 증폭시키지 않도록 수용성 측면에서 필요한 사항을 토의하고 최종 자신들의 의견을 개진하는 시간으로 마무리되었다.

전체적으로 시민참여단 종합토론회에 대해서 공론화위원장은 "일정이 대단히 빡빡했고 토론회 환경도 좋지 않았다. 시민참여단을 포함 300명 이상의 숙식을 해결할 만한 공간이 마땅치 않았다. 더욱이 토론장의 상황은 더욱 열악했다. 회의장 안에 의자가 빼곡하게 들어차 있는 등 주변 환경이 좋지 않은데도 시민참여단이 처음부터 끝까지 한 사람의 이탈자 없이 함께했다. 또 시민참여단은 전문가들의 토론을 경청했으며 시민참여단 분임토의에서도 대단히 활발하고 진지한 토의를 진행했다. 이후 이어진 전문패널과의 토의에서는 예리한 질문들을 쏟아내면서 광주 시민들의 성숙한 토론문화와 시민의식을 재확인할 수 있게 됐다."고 긍정적으로 평가했다(2018.11.15. 무등일보 인터뷰참조). 반면에, 시민모임은 백서에서 사회자가 너무나 짜여진 방식으로 제한했고 시민참여단 분임토의 진행을 맡은 퍼실리테이터 역할에 대해서도 일부 의문을 제기하기도 했다(시민모임 백서발간위원회, 2019).

광주도시철도 2호선 시민참여단의 사전 숙의 기간이 총 8일간으로 신고리 5·6호기 공론화나 대입제도개편 공론화 사례에 비해 상당히 짧은 편이었다. 특히, 해당 이슈의 민감성과 부당한 압력으로부터 시민참여단 보호를 위해 사전 오리엔테이션 및 1차 숙의 없이 1박2일 1회로 공론화를 진행함으로써 시민모임의 반발을 초래하기도 했다. 또한 자료집은 찬/반 양측이 작성한 자료를 원안대로 편집해 제공함으로써 전체적으로 자료집 내용에 대하여 객관적 검증이 제대로 이루어지지 않은 문제점도 있었다. 특히 찬반 자료집에 대한 자문위원 검토의견은 분량도 많고 공론화위원회가 객관성과 공정성을 확신할 수 없다는 판단 아래 시민참여단 종합토론회에 제공하지 않고 웹사이트에만 기재했는데 이를 두고 시민모임은 시민들의 알권리를 제약했다고 문제제기했다. 아울러 찬/반 양측이 보유하고 있는 정보와 자료의 양에서 많은 차이를 노출하였는데, 광주 공론화의 경우도 소위 '기울어진 운동장' 논란으로부터 자유로울 수 없는 한계를 노출했다.

한편 공론화와 관련하여 시민참여단에 참여하지 않은 일반시민과의 소통프로그램도 기획하였다. 우선, 홈페이지를 구축해 운영하였는데, 공론화위원회의 활동에 대한 상세한 정보와 활동을 투명하게 공개하고, 시민들의 다양한 의견을 수렴하는 장으로 활용하였다. 또한 공론화위원회는 도시철도 2호선 공론화 시민참여단 종합토론회를 일반시민도 볼 수 있도록 공론화위원회 홈페이지와 광주광역시 페이스북으로 실시간으로 생중계하였고 공론화과정의 투명성을 강화하기 위해 종합토론회 일부를 언론에 공개하기도 하였다.

또한 시민과의 소통을 위해 다양한 홍보채널을 발굴하여 활용하기도 하였다. 우선 광주지역 67곳의 현수막 게시대에 현수막을 게시하였다. 그리고 '공론화란 무엇일까요'와 도시철도 2호선 시민여론조사와 관련한 영상물 2종을 만들어 전광판 2곳, 빛고을 TV 41곳, 버스도착시스템 250곳, KTX와 SRT 모니터를 통해 송출하였고, 카드뉴스 홍보물 총 5종을 만들어 홍보하였다. 언론매체를 이용한 홍보도 진행하였는데, 9월 28일에는 광주지역 일간지인 광남일보, 남노일보, 무등일보 등 3곳에 유료광고를 게재하였으며, 광주광역시 소식지인 '빛고을 광주'에 무료 광고를 게재하기도 하였다. 무료 자막 공지도 실행하였는데, 지역방송인 광주MBC, KBS광주방송, KBC광주방송, CMB광주방송 등에 10월 7일 협조공문을 발송하여, 광주MBC, KBS광주방송, KBC광주방송 등은 로컬방송 시간대(지역뉴스, 자체방송)에 공지하였으며, CMB광주방송은 15분에 1회 이상, KCTV광주방송도 20분에 1회 이상 공지하였다.

그러나 지하철2호선 찬/반 홍보과정을 두고 공론화 절차가 무산될 위기에 처하기도 하였다. 공론화 홍보과정에서 시민모임은 11월 1일 공론화위원회에 '도시철도공사의 무차별적인 허위과장 광고에 대한 사과와 금지'를 요구했다. 광주시 산하 공공기관인 도시철도공사가 잘못된 정보를 기초로 홍보 공세를 하는 것은 불공정하다는 것이었는데 반대 측 시민모임은 십시일반 자비를 털어 홍보비를 감당하는데 비해 도시철도공사는 세금을 재원으로 홍보비를 충당하는 것이 공정하지 않다는 문제제기도 포함하고 있었다. 이와 관련해서 공론화위원회는 도시철도공사를 방문해서 지하철 전광판 광고와 현수막 게첩, 유인물 배치 등 물량 공세를 자제하도록 권유했다. 한편 공론화위원장은 공정성 차원에서 추후 공론화 진행 시 찬/반 홍보는 공론화위원회 예산범주에서 공정하게 집행되는 것이 필요하다는 의견을 밝혔다(2018.12.12. 광주전남언론학회 · 광주광역시 시민권익위원회 주최 공론화 경험평가와 개선방안모색토론회).

공론화위원회는 9월 28일 제3차 정기회의에서 공론화 결과도출 방법으로 시민참여단이 참여한 1박2일 종합토론회 후 실시하는 시민참여단의 최종 설문조사를 통해 나타난 도시철도 2호선 건설 찬/반 의견을 '단순 다수제' 방식으로 도출하기로 하였다(광주도시철도 2호선 공론화위원회, 2018). 실제로 11월 10일 종합토론회 직후 최종 설문조사를 실시하였고, 신속히 그 결과를 처리하여 공론화위원회 위원장이 종합토론회 현장에서 시민참여단에게 직접 발표하였다. 최종 설문조사 결과는 광주도시철도 2호선 건설에 대해 '찬성' 78.6%, '반대' 21.4%로 도시철도 2호선 건설 찬성이 압도적으로 높게 나타나, 도시철도 2호선 공론화 결과는 건설 찬성으로 결론을 내리게 되었다.

공론화위원회는 1박2일 종합토론회 직후 도시철도 2호선 건설 찬/반 공론화 결과를 담은 권고안 등에 대해 논의하였다. 논의의 결과 도시철도 2호선 건설 찬/반 공론화 권고안 초안을 공론화위원회 위원장이 작성하여 7명의 공론화위원과 공유하고 의견을 수렴하여 확정하기로 하였다. 11월 11일 오후 공론화위원회는 위원장의 초안을 바탕으로 권고안을 최종 확정하였다. 다음 날인 11월 12일 오전 공론화위원회 위원 전원이 참석한 가운데 광주광역시 브리핑 룸에서 기자회견을 통해 권고안을 발표한 후, 광주광역시장에게 직접 전달하였다.

공론화위원회의 주요 정책권고 내용은, 첫째 현재 일시중단 상태인 도시철도 2호선을 건설재개할 것, 둘째 시민참여단의 반대 의견에 유의하여 건설비용과 운영적자 등 재정 부담을 최소화하면서 추진할 것, 셋째 찬/반 양측 모두의 대중교통의 혁신이 필요하다는 점에 공감하고 있는바, 도시철도 1, 2호선을 근간으로 하되 버스, 트램, BRT, 자전거 등 다양한 교통수단에도 주목하여 제반 교통체계가 사람중심, 저비용 교통체계가 되도록 노력해 줄 것 등 이었다.

이에 이용섭 광주광역시장은 같은 날 기자회견을 통해 공론화위원회의 권고안을 수용해 '도시철도 2호선 건설을 속도감 있게 추진하겠다'고 공식 천명하였다(무등일보, 2018.11.12). 한편 시민단체들도 공론화 결과를 수용하겠다는 의견이 표명되었는데, 도시철도 2호선 공론화를 처음 제기한 시민모임은 11월 11일 성명서를 통해 '광주도시철도 2호선 건설 여부와 관련한 시민 공론조사 결과를 겸허히 수용한다'고 발표하였고, 광주시민단체협의회도 11월 12일, '광주도시철도 2호선 건설에 대한 시민참여단의 결정을 존중한다'는 입장을 밝혔다.

이와 더불어 시민모임은 '공론화 과정에서 광주광역시의 편향된 개입에 따른 불공정성에 유감을 표하며, 공론화위원회 역시 철저한 독립성과 공정성 확보 문제를 차후 공론화 과제'로 지적하면서 '광주도시철도 2호선과 관련된 시민사회의 우려에 귀를 귀울이고' 보완책을 세울 것을 촉구하였다.

이로써 시민사회의 요구에 의해 공론화가 촉발되었고, 정부(지방자치단체)가 이를 받아들여 공론화 과정을 실행하였으며, 최종적으로 지방자치단체와 시민사회 모두가 공론화위원회의 권고안을 수용함으로써 공론화 과정은 일단락되었다.

광주도시철도 2호선 공론화는 시민사회가 제기하고, 정부(지방자치단체)가 이를 받아들여 독립적인 공론화위원회를 구성하여 공론화 과정을 추진한 최초의 사례라 할 것이다. 더 나아가 공론화 결과를 시민사회와 정부(지방자치단체) 모두가 수용한 한국 사회 공론화의 새로운 모델이자 성공사례라 평가될 수 있다. 광주도시철도 2호선 공론화 최종권고안이 일반 광주시민들은 물론 핵심 이해당사자들에게도 수용성이 높은 이유는 과정의 공정성에 근거한 결과의 타당성 확보가 주된 동인이라고 할 수 있다. 이는 공론조사에 기반한 한국형 '시민참여형조사'가 갖고 있는 장점인 참여의 대표성과 숙의의 성찰성이 광주도시철도 2호선 공론화 과정에서 적절하게 실현되었기에 가능한 것이었다. 최종 설문조사에서 견실 찬성과 반대에 대한 최종결과가 본인의 의견과 다를 경우 95.1%가 이를 존중하겠다고 응답하였는데, 이는 참여와 숙의의 전 과정이 투명하고 공정하였다는 점을 반증하는 것이었다. 이러한 결과는 신고리 5·6호기 공론화 및 대입제도개편 공론화 사례 등 한국사회 내부에 시민참여형조사에 대한 사회적 역량이 축적되어 있었기 때문이라 할 것이다.

이와 더불어 광주도시철도 2호선 공론화 과정이 성공적으로 마무리되는 데에는 이미 한국사회에서 익숙한 시민참여형조사 기법을 벤치마킹한 것 외에도 시민사회가 공론화를 제안하고 이를 정부(지방자치단체)가 받아들이는 사회적 과정과 준비위원회 구성을 통한 사전공론화 단계의 충실한 이행도 빼놓을 수 없다. 우선 시민사회가 공론화 의제를 제출하고 이를 정부(지방자치단체)가 수행하는 과정을 거쳤다는 점은 신고리 5·6호기 공론화 및 대입제도개편 공론화 사례에서는 존재하지 않았던 것이다. 이 과정을 통해 공론화 의제에 대한 지역사회의 공감대 형성을 위한 시간과 노력이 확보된 점이 성공적인 공론화 수행의 요인이 되었다고 볼 수 있다.

다음으로 찬성과 반대 입장을 가진 이해당사자들 중심으로 준비위원회를 구성하여 공론화를 위한 사전 준비단계를 충실히 실행한 점도 주목할 필요가 있다. 이 또한 신고리 5·6호기 공론화 및 대입제도개편 공론화 사례에서는 볼 수 없었던 경험이다. 준비위원회 활동을 통해 실제 공론화 과정에 야기될 수 있는 문제점을 점검하고 이를 극복할 수 있는 원칙적 입장과 방안을 검토함으로써 공론화위원회의 효율적·효과적 운영을 가능케 하였다. 그러나 공론화 방식과 관련해서 광주시와 시민모임의 입장차이가 워낙 큰 현실에서 공론화준비위원장의 중재안 노력은 공론화 절차를 진행할 수 있었던 결정적 계기였지만 시민모임이 백서에서 당시 시민모임의 조건부 참여를 부정적으로 평가하는 등 불안정성을 내포하기도 했다.

광주도시철도 2호선 공론화 과정에도 개선할 사항들이 존재하는데, 그중 가장 중요한 하나는 결과도출 방식이다. 결과도출 방식으로 시민참여단의 최종 설문조사에서 나타난 의견분포를 '단순 다수제'로 결정하기로 했는데, 이는 통계학적 의미에서 받아들이기 어려운 것이라 할 수 있다. 표본(여론)조사에 기초하여 시민참여단을 구성하였는데 여기에는 반드시 표본오차를 고려해야만 하는 것은 상식으로, 시민참여단에 의해 도출된 결과는 전수조사 성격의 주민투표나 일정 지역의 주민들을 전수조사(투표)를 통해 위임받은 선출직 의원들의 모임인 의회(국회 혹은 지방의회)의 다수결 제도와는 근본적으로 다른 의미를 갖는다는 점을 유의할 필요가 있다.

표 3-18 광주도시철도 2호선 건설 찬성과 반대 비교

		사례수	최종 설문조사			
			찬성		반대	
전체		243	78.6%	191명	21.4%	52명
표본(여론)조사	찬성	145	93.8%	135명	6.2%	9명
	반대	45	35.6%	16명	64.4%	29명
	유보	53	73.6%	39명	26.4%	14명

　　다음으로 숙의의 효과성과 관련된 것이다. 광주도시철도 2호선 공론화 결과는 1박2일 종합토론회 직후 실시되는 설문조사 결과를 바탕으로 결과를 도출하기로 하였는바, 최종 설문조사 결과는 광주도시철도 2호선 건설에 대해 '찬성' 78.6%, '반대' 21.4%로 도시철도 2호선 건설 찬성이 압도적으로 높게 나타났다. 그러나 이러한 압도적 결과는 좀더 세밀한 분석이 필요하다. 광주도시철도 2호선 공론화의 경우 일반시민 2,500명을 대상으로 한 표본(여론)조사에서 찬/반 및 유보 비율이 58.6%, 19%, 22.4%로 나타났는데, 이를 찬/반으로만 선택하도록 한 최종 설문조사 방식으로 바꾸면 찬성과 반대 비율은 75.2%와 24.5%로 된다. 이를 최종 설문조사 결과 비교하면 찬성과 반대의 증감이 불과 3.1%의 차이(구체적으로 찬성 3.1% 증가, 반대 3.1% 감소)밖에 나지 않았다. 이는 결코 유의미한 변화라 할 수 없다.

　　아울러 소위 '기울어진 운동장'이라는 문제점 또한 광주도시철도 2호선 공론화 사례에서도 제기되었다. 광주시가 오랜 기간 동안 광주도시철도 2호선을 강력하게 추진해왔던 당사자란 현실과 공론화 과정에서 엄격한 중립성을 지켜야 하는 책무 간에 끊임없는 불공정 시비가 발생했다. 공론화 과정에서 발생한 광주시장

의 도시철도 2호선 지지 언론인터뷰, 도시철도 2호선을 찬성하는 정보제공 주체로서 광주시 교통건설국의 적절성(이후 도시철도공사로 교체됨)은 공정성 시비의 핵심이었다. 공론화위원장은 "시민의 공정한 알권리 차원에서 반대 측 시민모임은 조직화되어 있는데 찬성 측 시민단체가 조직화되지 않은 상황에서 인위적인 파트너를 만들어줘야 했기에 광주시 교통건설국을 통해 찬성 측의 홍보를 펼쳤지만 공정성 시비가 일면서 도시철도공사에서 홍보를 하기 시작했다"고 평가했고, 광주시 교통건설국장은 광주시민에게 정확한 정보를 제공하기 위해서는 도시철도 2호선 추진관련 가장 잘 알고 있는 담당부서가 설명하는 것이 타당하며 시민모임의 반대활동이 진행되는 상황에서 찬성활동을 못하게 하는 것은 불공정하다고 인식했다. 반면 시민모임은 "찬성 측 시민모임이 없다고 광주시 교통건설국장을 준비모임 주체로 인정한 데 브레이크를 걸어야 했는데 그러지 못한 결정적 아쉬움이 있고"(시민모임백서), "공론화를 결정하는 주체도, 지원하는 주체도, 찬반이해당사자의 한 축도 광주시였다. 지하철 찬성 발언 등 끊임없이 공정성을 훼손하는 등 심판이 선수를 겸하는 문제를 극복할 방안이 없었다."(2018.11.23, (가)한국공론장네트워크 등 주관 민주주의 심화를 위한 공론장활성화방안 2차 공론장집담회 토론문)고 언급하는 등 불공정시비는 공론화 과정에서 핵심적인 이슈였다.

  광주도시철도 2호선 공론화는 시민단체 요구로 지방자치단체가 공론화를 수용하여 민·관 협치를 이루고 찬반이해관계자가 참여하는 공론화 준비위원회를 통해 사전공론화 활동에 모범을 보여준 사례이다. 특히 공론화 결과를 찬반이해관계자가 수용하여 16년간 지속된 지역사회 현안을 해결하였지만, 광주시가 사업추진의 당사자이자 공론화 요청기관으로서 엄정한 중립을 지켜야 하는 이중적 현실에서 '기울어진 운동장 시비'를 효과적으로 차단하지 못한 문제점을 노정했다. 또한 신고리 5·6호기 공론화 이후 공론화 기간이 3개월로 일반화되는 폐단으로 인해 시민참여에 제한이 있는 평일에 시민참여단 종합토론회가 개최되었고, 1주일간 짧은 시민참여단 온라인숙의, 자료집 제작 과정의 불충분성 등은 개선해야 할 문제점이라고 할 수 있다.

Ⅸ. 2018 서울지역 균형발전 공론화

- 최초의 온라인참여단 운영과 의제발굴형 공론화 모델 -

1 개요

2018년 2월 2일 서울시는 갈등 관리의 새로운 해결 모델로 공론화 절차 도입을 추진하였고 시민의 관심이 높은 중요 사업, 현재 이슈가 되고 있거나 장래 문제가 될 수 있는 사안을 의제로 선정하고 숙의과정을 거쳐 해결방법을 모색하고자 하였다. 서울시는 서울형 공론화의 의제를 탐색하기 위해 2018년 상반기 '전문가집담회 · 토론회'를 개최하였고 2018년 7월경 '의제선정자문위원회'를 통해 서울형 공론화의 1호 안건으로 '서울지역 균형발전'을 채택했다. 균형발전은 전국적 차원에서 제기되는 이슈이지만 서울의 지역 간 불균형에 대한 사회적 논의의 필요성도 증가되고 있었기 때문이다. 2018년 9월 11일 '서울균형발전 공론화추진단(이하 공론화추진단)'이 구성되었고 공론화추진단은 '서울의 균형발전'에 대한 정책 방향과 주요과제 및 우선순위를 핵심 토의이슈로 선정하고 잠재적 쟁점이 될 수 있는 재원조달관련 이슈들을 설문의제로 확정하였다. 특히, 신고리 5 · 6호기 공론화처럼 찬/반 옵션을 선택하거나 사전에 구조화된 설문에 대한 응답을 중심으로 공론을 확인하는 방법과 달리 서울시균형발전대책과 관련한 다양한 세부 의제에 대해 열린 토론(개방형토론)을 실시하고 숙의 단계별로 토의 결과를 종합 및 구체화하여 최종적으로 서울시균형발전대책과 관련한 시민 가이드라인을 도출하는 공공토의기법을 활용했다.

공론화추진단은 자치구의 형평성을 고려하며 25개 자치구별

18명씩 총 450명으로 시민참여단을 구성하고 서울시 인구특성(자치구별/연령별/성별 인구분포 현황)을 반영하여 1,000명의 온라인 참여단을 별도로 운영한다는 계획을 수립했다. 서울형 공론화는 시민의 의견, 정책 방향관련 다양한 제안을 수렴하기 위해 "공공토의방식"과 "의견분포 확인을 위한 설문조사"를 병행하는 것으로 공론화 방식을 설계했다. 온·오프라인 시민참여단이 결합된 서울 균형발전 공론화는 2018년 9~10월까지 약 2개월에 걸쳐 두 차례 권역별 토론회와 한 차례 시민대토론회가 개최되었는데 1차 권역별 토론회는 총 436명이 참여했고(전체 450명 중 96.9%), 권역별 토론회에 참여자 중에서 25개 자치구별 10명씩을 선발한 시민대토론회는 246명이 참석(전체 250명 중 98.4%)하는 등 전체적으로 매우 높은 참여율을 보여주었다.

공론화 추진단은 공론화 결과를 바탕으로 2018년 11월 23일 "서울지역 균형발전 공론화 결과에 따른 7대 정책제언"을 서울시장에게 제출했다. 서울시민이 함께 만든 7가지 제언은 서울균형발전을 위한 일종의 시민 가이드라인으로서 ▲서울지역의 불균형 해소를 위해 적극적이고 즉각적인 정책 추진 제안, ▲삶의 질 격차 해소, 지역특성에 맞는 다양한 발전 도모에 초점, ▲5개 권역별 균형발전 공간단위, ▲주거안정 및 주거환경 개선 최우선 시행, ▲균형발전을 위한 안정적인 특별재원 필요, ▲형평성(공공성) 우선적 고려 및 경제성 보완 방안 모색, ▲지역특성화 방안, 재원마련 시 수용성 제고 방안을 위한 지속적인 공론의 장 마련 등을 담고 있다.

서울지역 균형발전 공론화는 서울시가 균형발전 정책을 수립하는 과정에서 대표성을 갖춘 시민숙의를 통해 '의제발굴 및 구체화' 유형의 공론화 모델을 활용했고 25개 자치구 형평성을 고려한 436명의 시민참여단과 1,000명의 온라인 참여단을 별도로 운영한

표 3-19 서울균형발전 공론화관련 주요 활동일정

일시	구분	내용
2018.2.7	전문가 집담회	서울시 공론화 절차 도입에 따른 각계 전문가 의견 청취 집담회 개최
2018.4.20	전문가 토론회	공론화 의제 탐색 및 설정을 위한 전문가 토론회 개최
2018.7.4~8.20	의제선정 자문위원회	의제 적정성 검토 및 하위의제 내용 구성
2018.7.25~26	'서울균형발전' 1차 시민인식 조사	서울지역 균형발전에 대한 시민인식 조사
2018.9.11~11.30	공론화추진단	의제선정, 숙의 방법 등 결정
2018.8.16~8.18	'서울균형발전' 2차 시민인식 조사	서울지역 균형발전 정책수단에 대한 시민인식 조사
2018.9.13~15	온라인 시민참여단 1차 조사	균형발전 및 정책수단 일반 인식조사
2018.9.29~10.6	권역별 토론회 (1·2회)	1차 숙의 진행(방향 및 주요과제 브레인스토밍, 주요 과제 그룹핑)
		시민참여단 1차 설문조사
		온라인시민참여단 1차 조사 공유 및 상호작용을 통한 환류과정
2018.10.10~10.12	온라인 시민참여단 2차 조사	균형발전 정책수단의 우선순위, 재원마련 주요이슈에 대한 조사
2018.10.13	시민대토론회	2차 숙의 진행(서울균형발전 주요 과제 및 우선운위 실행방안, 재원마련 방안 토의)
		시민참여단 2차 설문조사 (서울균형발전 종합인식조사)
		온라인 시민참여단 2차 조사 결과 전체 공유 및 숙의 학습자료 활용

2018.11.6	평가토론회	서울국제갈등포럼: 서울균형발전 공론화의 평기외 전망
2018.11.23	공론화 결과 전달	「서울지역 균형발전 공론화 결과에 따른 7대 정책제언」 서울시장 전달

2018 서울지역 균형발전 공론화 결과보고서 일부 발췌, 재구성

특징을 갖고 있으며 서울균형발전의 목표, 주요과제, 재원마련 방안 등 서울시민이 제안한 최초의 서울지역 균형발전 가이드라인을 도출하는 성과를 낳았다.

2 공론화 사전단계 및 의제선정

　서울시는 2012년 1월 광역지방자치단체에서는 최초로 갈등관리 전담부서인 서울시 갈등조정담당관실을 신설하고 선제적이고 체계적인 갈등관리에 나섰다. 2012년 12월 서울시는 공공갈등예방과 조정에 관한 조례를 제정하고 정책 단계별 갈등관리 시스템을 정비하여 서울시 내부의 갈등관리시스템을 구축했다. 그리고 서울시의 갈등관리시스템은 다른 지방자치단체와 공공기관이 벤치마킹을 하게 되는 등 공공부문의 갈등관리를 선도하는 데 모범이 되었다. 이후 2018년 2월 서울시는 갈등관리의 새로운 모델로 공론화 절차 도입을 추진하는데, 시민참여를 핵심으로 갈등해결 과정의 전반을 보고, 듣고, 참여하는 '공론의 장'으로서의 숙의과정을 통해 해결방법을 모색하기에 이른다(서울형 갈등관리모델_공론

화 절차 도입추진 2018.2.2). 2017년 12월 서울 거주 만 19세 이상 성인 남녀 1,000명을 대상으로 실시한 '2017 서울시 공공갈등 인식'에 대한 조사 결과에 따르면 공공갈등 문제에 대헤 시민과 함께 논의하는 '공론화 제도'를 도입하는 것에 대해 서울시민의 65.7%가 '도움이 될 것이다'라고 답해 '도움이 되지 않을 것이다(13.3%)'보다 5배 이상 높아 시민들은 공론화 절차 도입에 대해 긍정적으로 생각하는 것으로 나타났다.

서울시는 공론화에 대한 다양한 의견 공유 및 인식 확산과 서울형 공론화 모델 구상을 위한 기초 자료를 마련하고 공론화 절차 도입을 위한 전문가 집담회(2018.2.7)를 개최하였고 한국정책학회와 함께(2018.5) 서울시 공론화 의제관련 전문가 토론회를 진행했다. 전문가 집담회와 학술토론회를 통해서 서울시 공론화는 서울시 일부 지역에 한정되는 갈등 주제보다는 시정 전반에 걸친 시민의 보편적인 공통의 과제와 공동체의 합의를 통해 대안을 모색하는 의제가 필요하다는 결론을 도출했다. 한편 균형발전 이슈는 국가적 차원의 과제이지만 서울지역 내 주요 이슈로도 자리매김하고 있었다. 서울지역 강·남북의 격차가 크다는 인식이 확대되고 있었으며 2018년 8월 19일 박원순 서울시장은 강북구 삼양동에서 한 달 생활을 마무리하면서 서울의 지역균형발전 정책구상을 발표했다. '강북 우선투자' 전략으로 ▲교통: 비강남권 4개 철도 노선 재정사업 전환, 공공시설 나눔카 주차장 설치 의무화, ▲주거환경: 빈집 1,000호 매입, 신축불가능 지역도 소규모 정비모델 촘촘히 도입, ▲골목경제: 주민 주체 '선순환 경제 생태계' 구축, 마을 단위 '생활상권 프로젝트', ▲교육·문화·돌봄 인프라: 대학 연계 교육 프로그램과 인프라 확대로 양극화 해소, ▲공공기관 강북 이전: TF 통해 연내 확정, 서울주택도시공사 등 우선 검토, ▲재정·조직: 1조 원 「균형발전특별회계」, 1구 1시설 → 낙후지역 집중 '투자기준 등을 제시했다. 서울지역 간 격차해소 및 균형발전과 관련해서 갈등사안이 잠복되어 있기에 갈등예방 차원에서 서울지역 균형발전이슈는 공론화 의제로 적합하다고 할 수 있다. 또한 의제선정과 관련해서 전문가·집담회 개최 등 다양한 방법으로 의견을 수렴했고 박원순 서울시장의 강북 한 달 살이 체험을 통해 서울지역 균형발전 이슈가 공론화되었으나 서울시민이 참여하는 활발한 사전토의는 미흡했다고 볼 수 있다.

2018년 7월 4일 서울시는 서울형 공론화 추진과 관련해서 '의제선정자문위원회(이하 자문위원회)'를 구성하고 서울형 공론화 의제선정을 위한 본격적 논의를 시작했다. 공론화 의제는 서울시정 전반에 걸친 시민의 보편적인 공통의 과제로서 공동체의 합의를 통해 대안을 모색하는 데 적합해야 하는데 이에 걸맞은 의제를 선정하기 위해 자문위원회는 내부 논의뿐만 아니라 서울시민을 대상으로 인식조사를 실시했다. 2018년 7월 25~26일까지 이틀에 걸쳐 실시된 「제1차 서울지역 균형발전에 대한 시민인식 조사」결과 서울시민 대다수(85.5%)는 서울시 내 자치구별 불균형 문제가 심각하다고 인식하고 있으며, 응답자의 절대다수(94.1%)는 균형발전을 위한 서울시의 노력이 필요하다고 응답하였다. 1차 서울시민 인식조사를 통해서 서울지역 균형발전 이슈가 서울시민에 광범위한 지지를 받고 있다는 것을 확인할 수 있었다. 또한 2018년 8월 16~18일 「서울지역 균형발전 2차 시민인식조사」결과 균형발전 정책수단으로 개발사업 및 교통인프라 확충을 1순위로, 격차해소를 위한 예산 및 재원 마련 정책이 2순위로, 갈등유발 사안으로 격차해소를 위한 예산 및 재원마련 정책이 1순위로 나타났다. 이에 자문위원회는 2018년 서울형 공론화 의제로 '서울지역 균형발전'을 제안하고 핵심의제로 '균형발전의 주요 과제와 우선순위'를 제안했다.

이후 서울시는 2018년 9월 11일 「공공갈등 예방 및 조정에 관한 조례 제12조」에 의거하여 임승빈 교수(명지대, 행정학)를 단장으로 '2018 서울지역 균형발진 공론화추진단(이하 추진단)'을 발족하고 자문위원회로부터 전달받은 핵심의제 등을 검토하여 공론화 세부 의제를 확정했다. 추진단은 서울균형발전 세부 의제로 균형발전을 위한 주요과제와 우선순위, 재원마련 방안을 확정하고, 시민들의 다양한 의견을 수렴하고 잠재적 쟁점이 될 수 있는 재원조달관련 이슈에 대한 찬/반 쟁점토의도 병행하기로 했다. 공론화추진단을 통해 정립된 핵심의제 및 설문의제는 다음과 같다.

의제선정 내용

▸ 핵심의제: 서울의 균형발전을 위한 과제 및 우선순위
▸ 설문의제: 균형발전을 위한 안정적인 재원조달 및 활용 방안
　　　　　 기타 다양한 균형발전 이슈
　－ 재원조달: 재건축부담금, 개발부담금, 공공기여금
　－ 재원배분: 사용목적, 범위(지구단위, 행정구역) 초월 집행 등

　2018 서울지역 균형발전 공론화는 자유롭게 어젠다를 발굴하는 "공공토의방식"과 "의견분포 확인을 위한 숙의형 여론조사"가 결합된 공론화 방식을 채택했고 서울지역 균형발전의 직접적인 이해당사자인 일반시민의 참여가 중심이 되는 공론화 절차를 고려하여 모색되었다. 공공토의는 '서울지역 균형발전 방향과 주요 과제'에 대한 브레인스토밍, '균형발전관련 정책수단의 우선순위'에 대한 토의로 구성되었으며 숙의를 통한 통합적 대안마련을 목적으로 구성되었다(균형발전 수단을 사전에 확정한 후에 참여단의 의견을 묻는 것이 아니라 정보제공 후 시민참여단 토의를 통해서 균형발전의 내용, 수단 등을 사후 정리해내는 열린 숙의방식). 더불어 균형발전관련 시민참여단의 의견분포 확인 및 의견 변화 추이를 거시적으로 분석하기 위해 1·2차 설문조사가 숙의과정 전·후로 실시되었다. 서울시 균형발전에 대한 시민참여단의 의견을 파악하기 위한 목적으로 진행된 숙의형 여론조사는 1차 숙의(1·2회 권역별 토론회) 시작 전, 설문조사(1차 조사)를 진행 후, 2차 숙의(시민대토론회) 마무리 단계에서 2차 설문조사를 실시함으로써 서울시 균형발전에 대한 시민참여단의 전반적인 의견 변화 추이를 파악하고자 하였다.

　서울지역 균형발전 공론화는 대표성·숙의성·포괄성·공정성·투명성·자발성을 원칙으로 추진하였다. 시민참여단 구성 특징은 서울시 인구비례에 따른 시민참여단을 구성할 때, 특정 자치구의 의견이 지나치게 적게 또는 많이 반영 될 것을 우려하여 자치구별 형평성을 고려해 25개 자치구별 동 수(18명)로 시민참여단을 구성했다는 점이다. 더불어 자치구별 성별, 연령별 인구 구성비를 고려한 할당 추출을 통해 유·무선 RDD 및 조사기관 보유 패널을 활용해 대표성을 확보하고자 했다. 또한 숙의성과 관련해서 1차 숙의(2회 권역별 토론회, 시민참여단 450명)와 2차 숙의(1회 시민대토론회, 권역별 토론회에 참여한 250명)를 실시하고 퍼실리테이터 지원을 통한 10인 내외 분임별 토의를 진행하며, 포괄성 측면에서 홈페이지를 통한 일반시민 의견수렴 이외에 온라인 시민참여단(서울시 자치구별, 성별, 연령별 인구특성 반영 표집된 1,000명)을 구성하여 오프라인 시민참여단 숙의과정에 환류하기로 기획을 했다. 서울균형발전 공론화의 두드러진 특징 중에 하나는 온라인 시민참여단 구성 및 운영에 있다. 의제와 관련 권역별 토론회 전·후 두 차례 온라인 참여단 인식 조사를 실시하여 (오프라인) 시민참여단의 토론 및 숙의에 참고 자료로 활용할 수 있도록 설계했다. 아울러 공정성을 실현하기 위해 서울지역 균형발전 공론화는 공론화추진단이 독립적이고 객관적으로 공론화 과정을 주관하며 홈페이지를 통해 숙의과정을 공개하기로 했다.

공론화추진단은 공론화 결과를 10월 말~11월까지 정리해 서울시에 제안하고 서울시는 공론화 결과를 바탕으로 서울의 균형발전을 위한 후속 조치 방안을 마련하고 서울시 균형발전 기본 계획수립에 자료로 활용하며, '서울형 공론화 모델'을 만들어 지속적으로 활용한다는 계획을 세웠다.

그림 3-7 2018 서울시 균형발전 숙의개요(온·오프라인 시민참여단 상호작용)

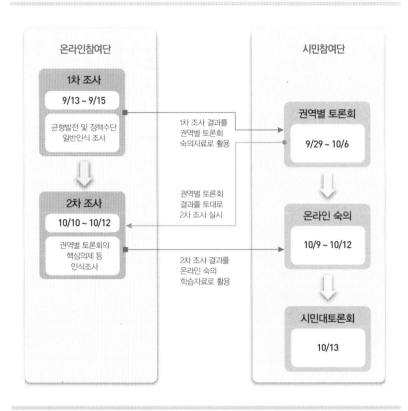

※ 숙의과정은 1차 숙의와 2차 숙의로 나누어 진행하되, 숙의과정에 온라인시민
참여단과 (오프라인)시민참여단의 상호작용을 통한 환류과정을 고려하여 진
행되었다.   2018 서울시 균형발전 공론화 결과보고서 발췌

2018년 9월 13일(토)과 10월 6일(토)에 걸쳐 서울균형발전 공론화 1차 숙의(권역별 토론회)가 개최되었다. 9월 13일 코엑스 그랜드볼룸에서 열린 (1차)권역별 토론회는 14개 자치구(강남구·강동구·강서구·구로구·금천구·관악구·광진구·동작구·서초구·성동구·송파구·양천구·용산구·중랑구)별 18명씩 총 252명이 연령대 및 성별을 고려하여 선정되었으나 246명이 참여함으로써 97.6%의 참여율을 기록하였다. 10월 6일 스페이스쉐어 시청한화센터에서 개최된 (2차)권역별 토론회는 11개 자치구별(종로구·중구·동대문구·성북구·강북구·도봉구·노원구·은평구·서대문구·영등포구·마포구) 18명씩 총 198명이 연령대 및 성별을 고려하여 선정되었으나 190명이 참여함으로써 96%의 참여율을 기록하였다. 1차 숙의 권역별 토론회는 추진단장의 인사말과 2018 서울지역 균형발전 공론화 추진경과 및 일정, 시민참여단 역할 등 오리엔테이션을 마친 후, '서울균형발전의 방향(목표)과 균형발전 주요과제'에 대한 전문가 발표와 질의·응답 → 분임토의1(서울균형발전 목표) → 전체공유 → 분임토의2(서울균형발전 주요과제) 순서로 진행되었다. 특히 1차 숙의과정에 온라인시민참여단 1차 설문조사('18.9.13~9.15, 3일간 실시)결과를 시민참여단에게 제공하여 시민참여단의 학습과 토의자료로 활용하였다. 1차 숙의결과, 시민참여단이 제안하는 서울의 균형발전 정책 방향은 ▲시민의 기본적인 삶의 질에 대한 균형, ▲모두에게 균등한 발전의 기회 제공, ▲모든 분야에서의 지역별 격차의 완화, ▲지역 특성에 따른 발전, ▲서울시민으로서의 공동체의식 회복이 요구되어졌다. 주요 정책수단(과제)으로는 ▲주거 안정 및 주거환경 개선, ▲교육 기회 및 인프라 개선, ▲안정적 균형발전 재원마련,

▲지역개발을 통한 일자리 창출, ▲접근성 및 교통인프라 개선, ▲복지·문화·안전시설의 확충, ▲정책의 일관성 및 시민 연대의식 회복 등으로 제안되었다.

2018년 10월 13일(토)에 세종문화회관에서 2차 숙의(시민대토론회)가 개최되었다. 2차 숙의를 위한 시민참여단 구성은 숙의의 연속성을 고려하여 1차 숙의(권역별 토론회)에 참여한 시민참여단 436명 중 25개 자치구별 10명씩, 연령대 및 성별을 고려하여 참석신청을 받아 추첨을 통해 선정하였다. 총 250명 전체 시민참여단 중에 당일 246명(참여율 98.4%)이 참여함으로써 전체적으로 매우 높은 참여율을 보였다. 서울시장의 축사와 공론화추진단장 인사말 및 1차 숙의결과 공유를 마치고 서울균형발전 주요 과제 우선순위를 토의하고 재원마련 방안과 관련해서 전문가 발표와 질의·응답 → 분임토의 순서로 진행했다. 시민참여단은 서울균형발전을 위한 주요 과제의 우선순위를 정하기 전에 온라인시민참여단의 2차 인식조사결과를 공유했는데 2차 설문조사(10.10 ~10.12, 3일간 진행함)는 1차 온라인시민참여단 1,000명 중에 700명이 응답했다. 특히 2차 숙의는 재원조달 방안과 관련해서 개발이익금 활용을 두고 찬/반 의견을 갖는 전문가 2인의 발표와 질의·응답 시간을 갖고 시민참여단의 숙의를 진행했다. 2차 숙의결과 시민참여단의 93.9%가 지역격차가 심화되고 있으며, 90.2%가 불균형 완화를 위해 정부개입이 필요하다는 인식을 확인할 수 있었다. 또한 서울지역 균형발전의 주요과제에 대한 우선순위는 '주거안정 및 주거환경의 개선'(45.1%) > '접근성 및 교통 인프라 개선'(20.3%) > '지역개발을 통한 일자리창출'(11.4%)이 나타났고, 균형발전의 재원으로 일부지역의 개발(발전) 성과를 서울시민이 고르게 나누어 가지는 것에 92.7%가 동의했고 개발부담금, 공공기여금, 재건축부담금 등의 개발이익을 균형발전 재원으로 사용하는 것에 93.9%가 동의하는 것으로 나타났다. 아울러 개발이익의 서울 전역 활용 시 지역 간에 발생할 수 있는 갈등 해소 방안으로 ▲재원사용의 투명성 확보와 관련 정보를 공개하고, ▲균형발전 재원 마련과 관련된 법령과 제도의 개선, ▲지역 간 소통 및 사회적 합의 추진 등이 주요 의견으로 제시되었다.

서울지역 균형발전 공론화는 '서울의 균형발전'에 대한 서울시민의 관심을 제고하고 적극적인 참여와 균형발전 정책방향에서 구체적인 정책과제와 수단제안까지 심도있는 토의와 학습을 기초로 공적 숙의의 장을 마련하였다. 또한 2차 숙의(시민대토론회, 246명) 참여 시민참여단은 최종 설문조사 결과, 공론화의 결과가 나의 의견과 다르더라도 그 결과를 존중할 것이라는 응답에 87.4%의 응답을 보였고, 균형발전 관련 갈등해소를 위해 서울시민 연대의식의 필요성에 높은 공감을 보였으며, 향후 서울시가 자신과 생각이 다른 정책을 추진하여도 서울시의 결정에 신뢰할 것이라는 의견이 67.7%로 공론화를 통해 서울시 시정의 신뢰도가 제고됨을 확인할 수 있었다.

5 결과도출 및 활용

공론화추진단은 시민참여단의 숙의결과(분임토의 결과 및 설문조사 결과)를 종합적으로 분석하여 2018년 11월 23일 '서울의 균형발전'에 대한 정책제언을 도출하고 서울시장에게 전달했다. 추진단은 일반적으로 공론화위원회가 숙의결과를 단순히 전달하는 것과 달리, 시민참여단 숙의결과를 적극적으로 해석하여 제안서 형태로 제언문을 작성했다. 공론화추진단은 제안서 서문에서 "2018 서울지역 균형발전 공론회는 서울시 현안을 시민의 숙의를 통해 해결하는 서울형 공론화 1호로서, 서울형 숙의민주주의 실현에 기여했고 균형발전이란 국가적 이슈를 지방정부 차원에서 공론화한 최초의 실험적 성과를 획득했으며, 서울형 공론화 모델을 전국적으로 파급하는 효과를 가져왔다며 공론화 결과를 토대로 서울시민이 제안하는 서울의 균형발전 정책 방향에 대하여 서울특별시장에게 7대 과제를 제안한다"고 밝혔다. 서울시는 11월 23일 보도자료에서 공론화 결과를 반영해 향후 「서울시균형발전기본계획」을 수립한다는 계획과 공론화 숙의과정 중 프로세스별 평가를 별도로 실시해 미비점을 보완하고 향후 서울형 공론화 추진 시 반영할 예정이라고 밝혔다. 그리고 2018년 12월 「2018년 서울균형발전 공론화 백서」를 발행했다.

「2018 서울지역 균형발전 공론화 결과에 따른 시민정책제안」 주요 내용

① 서울지역의 불균형 해소를 위해 지금보다 더 서울시의 적극적이고 즉각적인 특단의 정책 추진을 촉구합니다.
   • 서울시민은 지역불균형 문제가 심각하며 지역불균형문제가 향후 사회적 문제를 야기할 수 있기 때문에, "서울시의 적극적인 개입을 통하여 지역불균형을 해소하는 것이 필요하다는 공감대"가 숙의를 거듭할수록 확대되고 있습니다. 따라서 서울시는 강남·북 불균형 및 서울시 권역별 불균형 해소를 위해 지금보다 더 적극적인 조치를 시급히 취할 것을 촉구합니다.
     – 서울에서 지역격차가 커지고 있다고 인식은 1차 숙의 86.2%, 2차 숙의 93.9%로 높아짐.
     – 서울의 지역불균형은 허용하기 어려운 수준으로 1차 숙의 64.6%, 2차 숙의 73.2%로 높아짐.
     – 지역 간 불균형해소를 위해 정부의 개입이 필요성은 1차 숙의 87.4%, 2차 숙의 90.2%으로 높아짐.

② 서울지역 균형발전의 방향은 삶의 질(기본권) 격차 해소와 지역 특성에 맞는 다양한 발전을 도모하는 데 초점을 두길 촉구합니다.

- 서울시민은 균형발전 정책 방향과 관련해서 지역별 사정을 고려한 형평(equity)을 중심으로 서울시민이라면 일정 수준 이상의 삶의 질(기본권)을 보장받고, 지역발전이 획일성이 아닌 지역적 특성에 맞는 다양한 발전을 도모하길 촉구했습니다. 균형발전 정책은 단순히 공공시설 배분이나 개발 중심의 기능적 접근에서 탈피해 '사람 중심의 접근'에 기초하여 삶의 질 향상이나 행복 증진을 도모하는 데 초점을 두어야 합니다.
  - 서울시민은 균형발전 방향으로 지역별 사정을 고려해 차등적으로 배분하는 형평(equity)의 필요성에 공감대가 확대됨(1차 숙의 68.7%, 2차 숙의 83.3%).
  - 균형발전 관련 삶의 질, 기본권의 측면에서 지역 간 격차 해소 (1차 숙의 89.8%, 2차 숙의 94.3%), 지역의 특성을 발전시켜 나아가는 데 초점을 맞추는 것에(1차 숙의 66.3%, 2차 숙의 79.3%) 공감대가 확대되고 있음.

③ 서울지역 균형발전의 공간단위는 5대 권역(도심권: 종로구, 중구, 용산구, 동남권: 서초구, 강남구, 송파구, 강동구, 동북권: 도봉구, 노원구, 강북구, 성북구, 중랑구, 동대문구, 성동구, 광진구, 서남권: 강서구, 양천구, 구로구, 영등포)을 중심으로 하되, 일자리, 주택, 교육, 교통, 일자리 경제 등이 선순환구조를 갖도록 추진할 것을 촉구합니다.

- 서울시민은 지역 균형발전 공간단위로 5대 권역에 대한 공감대가 높기 때문에 서울시 5대 권역별 특성을 반영한 균형발전 전략을 수립할 필요가 있습니다. 5대 권역별 지표를 개발하고 지속적인 모니터링과 지역 간 특화된 균형발전 정책을 통해 격차를 해소하는 노력이 시급합니다.
  - 5대 권역별 균형발전(1차 숙의 71.5%, 2차 숙의 76.4%)이 강남 3구와 다른 지역 간 균형발전(2차 숙의 45.1%), 25개 자치구간의 균형발전(2차 숙의 40.2%)보다 훨씬 높은 수준임.

④ 서울균형발전 해법은 주거 안정 및 주거환경개선을 최우선으로 시행할 것을 촉구합니다.

• 서울시민은 균형발전 해결방안으로 '주거 안정 및 주거 환경 개선' > '접근성 및 교통 인프라 개선' > '지역 개발을 통한 일자리 창출' > '정책의 일관성 및 시민 연대의식' > '안정적인 균형발전 재원 마련' > '교육 기회 및 인프라 개선' > '복지·문화·안전의 확충'을 제안했습니다. 서울지역 균형발전을 위해서 공공주택 확충 등 서울시민의 주거권 안정을 위해 주안점을 두되, 지역 간 주택가격 격차 해소를 위해서 도시재생모델을 선진화·다양화하고, 교통인프라, 지역개발을 통한 일자리 창출 등을 연계하여 시행할 필요가 있습니다.

  – 서울시에서 가장 불균형이 심각하다고 생각하는 분야는 최근 주택가격 상승을 반영하여 지역 간 주택 가격차이(1차 숙의 73.6%, 2차 숙의 80.9%)로 나타났으며, 기타 교통시설과 접근성(2차 숙의 46.3%), 지역 간 일자리 차이(2차 숙의 32.5%), 교육시설(2차 숙의 26%) 등도 불균형 주요 분야로 인식함.

  – 이에 서울균형발전을 위한 주요 정책 과제도 '주거 안정 및 주거 환경 개선(2차 숙의 45.1%)'이 우선 순위가 가장 높고, 접근성 및 교통인프라 개선(2차 숙의 20.3%) 등이 다음 순위임.

⑤ 서울지역 균형발전을 위해 안정적인 특별 재원이 필요하며, 공공기여금, 재건축초과부담금 등 개발 관련 이익을 지구단위를 넘어 서울 전역에 활용하거나 서울시 할당액을 상향할 수 있도록 관련 법 개정을 위한 노력을 촉구합니다.

• 서울시민은 서울시가 균형발전 재원마련을 위해 적극 노력해야 하며, 개발부담금, 공공기여금, 재건축부담금 등을 적극 활용하는 데 높은 공감대를 갖고 있습니다. 따라서 서울시는 개발부담금 등을 균형발전 재원으로 활용할 수 있도록 「국토의 계획 및 이용에 관한 법률」, 「개발이익환수에 관한 법률」 등 관련 법령 및 제도 개선에 노력해야 합니다.

  – 서울시민은 균형발전 재원으로 개발부담금, 공공기여금, 재건축부담금 등을 사용하는 것에 대해서 압도적인 동의를 보여줌(2차 숙의 93.9%).

  – 공공기여금을 지구단위계획 구역을 넘어 서울시 낙후 지역에서 사용하거나 서울시 지역 균형발전을 위해 사용하는 것(2차 숙의 94.1%)과 개발부담금 중 일부를 서울시에 귀속하여 지역균형발

전에 사용하는 것(2차 숙의 90.8%)에 대해 높은 공감대를 형성하고 있음.

- 현행 「국토의 계획 및 이용에 관한 법률」은 공공기여금을 해당 지구단위 사용을 원칙으로 하고 있어 지구단위계획구역을 넘어서 사용하는 것에 어려움이 있고 「개발이익환수에 관한 법률」은 국가(50%)와 해당 시군구에 재원을 배분하여 서울시가 균형발전을 위한 재원으로 사용하기 위해서는 관련 법령의 개정이 필요함.
- 이에 관련 법 개정이 필요하고, 만일 법령의 개정이 이루어지지 않는다면 현재의 세입세출예산체계에서는 균형발전 재원을 마련하기 어려우며, 법령의 개정이 이루어지지 않을 경우 균형발전을 위한 재원은 시비만으로는 충분하지 않기 때문에 다양한 방안을 마련해야 함.

⑥ 서울지역 균형발전을 실현하기 위해서 형평성(공공성)을 우선적으로 고려하되, 경제성을 보완할 수 있는 다양한 방안을 모색하길 촉구합니다.

- 서울시민은 기회의 균등 등 균형발전을 위해 사업추진 시 단순 경제적 타당성뿐만 아니라 형평성(공공성)을 적극적으로 고려해야 된다는 데 공감하고 있습니다. 균형발전 차원에서 사업추진 시 형평성(공공성)을 적극 고려하여 경제성이 없는 사업 추진에 신중을 기하고 경제성을 보완할 수 있는 다양한 방안을 마련해야 합니다.
  - 서울시균형발전 정책 추진 과정에서 경제성과 형평성 중 어떤 점을 우선적으로 고려해야 할 것인지에 대해서는 형평성을 우선해야 한다는 의견이 높으나(1차 숙의 47.6%, 2차 숙의 65.0%) 적지 않은 시민들은 경제성을 고려해야 한다는 의견을 나타냄(1차 숙의 38.2%, 2차 숙의 32.9%)을 제시함.
- 서울의 균형발전을 실현하기 위해서 사업성이 높은 사업과 사업성이 낮은 사업을 결합하는 방안을 균형발전 정책에 적극 활용하기 바랍니다.
  - 기반시설이나 공공건축 사업의 타당성 부족 문제를 해결하기 위해 사업성이 높은 사업과 결합하여 추진하는 방안에 대해서 많은 시민이 동의(2차 숙의 87.4%)하였으며, 교차보조(Cross-Subsidization) 등을 통한 사업을 추진할 수 있는 정책을 개발할 필요가 있음.

⑦ 5대 권역 특성화 방안, 재원 마련 시 수용성제고 방안 등 지속적인 공론장을 마련하길 촉구합니다.

- 2018 서울지역 균형발전 공론화는 서울지역 균형발전의 필요성 및 5대 권역별 차이와 특성을 반영한 균형발전 정책이 필요함을 알 수 있었으나 특성화를 위한 구체적인 대안을 시민들에게 확인하지는 못하였습니다. 더불어 균형발전을 위해 개발이익금 등을 해당 지구 단위를 넘어 서울 전역에 활용할 때의 야기될 수 있는 지역 간 갈등 해소, 균형발전특별회계의 사용 시 경제성과 공공성에 대한 공감대 확충 등 균형발전에 대한 서울시민의 수용성 제고를 위해 추가적이고도 지속적인 공론의 장을 마련할 필요가 있습니다.
  - 서울을 5개 권역으로 나누어 권역별로 상이한 불균형의 이미지를 탐색하고 권역별 특성을 반영한 균형발전 방안 공론화가 필요함. 논의구도의 지역적 안배를 충실히 반영하여 공론화 결과의 지역적 수용성을 높여야 함.
  - 서울시민은 개발이익의 서울 전역 균형발전 재원 활용 시 갈등해소 및 시민 수용성 제고 방안으로 ▲재원발생에 기여한 지자체 인센티브 제공, ▲재원사용의 투명성 확보와 정보공개, ▲관련 법·제도의 개선, ▲소통 및 사회적 합의를 위한 추진협의체 구성'을 제시하였으며 서울시는 이를 적극 반영하여 균형발전 재원을 마련하되 추가적인 공론화를 통해 지역주민의 수용성을 높여야 함.

아울러 2018 서울지역 균형발전 공론화를 통해 지역불균형 해소를 위한 시민들의 높은 관심과 참여, 서울균형발전을 위한 시민 가이드라인을 확인한 만큼, 서울시의 적극적인 추진과 의지가 중요하기에 서울균형발전을 위한 적극적인 노력과 국가균형발전을 위해 서울시가 선도적이고 모범적인 노력을 보여주길 촉구한다고 강조했다.

　　서울시의 현안을 서울시민의 숙의를 통해 해결하려는 서울형 공론화 1호 안건인 "2018 서울지역 균형발전 공론화"는 서울시 갈등관리시스템의 고도화에 기여하고, '균형발전'이라는 국가적 이슈를 지방자치단체 차원에서 참여적 의사결정 방법을 활용, 해결하고자 한 최초의 실험적 성과를 획득했다고 볼 수 있다. 시민이 제안하는 서울균형발전의 가이드라인(균형발전 목표, 주요과제, 균형발전 공간단위, 재원조달방안 등)을 효과적으로 도출했고 균형발전에 대한 서울시민의 관심 제고 및 공론의 장을 형성했다는 것에 의의가 있다.

　　또한 의제선정을 위한 전문가 집담회 및 토론회를 개최하고 '의제선정자문위원회'와 '온라인서울시민 인식조사'를 실시하는 등 다양한 방식을 통해 사전 공론화 및 의제발굴에 기여했고 최초의 온·오프라인 시민참여단의 숙의과정을 시도했다는 특징을 갖고 있다. 이처럼 2018 서울지역 균형발전 공론화는 확정된 정책수단과 관련된 공론화가 아닌 정책의 방향, 과제 등에 대해 토의하고 의견을 수렴하는 "의제발굴 및 구체화 유형"의 대표적 사례라 할 수 있으며 공공토의와 숙의형 여론조사 기법을 종합하여 숙의과정의 정성적·정량적 의견을 통합하는 데 성공적으로 기여했다고 할 수 있다. 다만, 공론화 과정에 일반시민의 참여가 다양화되지 못했고 적극적인 홍보가 미비했으며 공론화 결과에 따른 후속조치가 무엇인지가 명확하게 제시되지 못한 아쉬움이 있다.

X. 국토교통부 '제5차 국토종합계획수립을 위한 국민참여단 운영'

- 시민참여단 주도 국토헌장초안 합의도출 사례 -

1 개요

국토종합계획은 우리 국토의 장기적인 비전을 설정하고 이를 달성하기 위한 전략(방향)을 마련하는 국토 분야의 최상위 계획이다. 그동안 정부는 제1차 국토종합개발계획(1972~1981)부터 제4차 국토종합계획 수정계획(2011~2020)까지 40여 년 동안 네 차례의 본 계획과 세 차례의 수정계획을 수립했다. 2020년 '제4차 국토종합계획'의 만료시기가 도래함에 따라 최상위 공간계획으로서 제5차 국토종합계획이 선행하여 수립될 필요가 제기되었다. 이에 국토교통부(이하 국토부)는 국토종합계획이 국가의 국토정책의 방향과 전략을 선도하는 가이드라인으로서 새로운 국가계획의 모델에 기여하도록 전략적 정책계획·실증기반계획·소통협력계획을 제5차 국토종합계획의 새로운 키워드로 정립했다. 국토부는 국토연구원과 함께 국민참여단을 구성하고 국토종합계획 40년 만에 국민들의 직접적인 참여를 통해 제5차 국토종합계획을 수립하는 최초의 공론화를 '제5차 국토종합계획수립을 위한 국민참여단'(이하 국토종합계획참여단) 운영을 통해 도모하고자 하였다. 2018년 11월 국토부(국토연)는 국민참여단의 효과적인 숙의과정을 위해서 국민참여단 운영과 관련한 프로그램 기획과 진행의 역할을 한국사회갈등해소센터에 위탁했다.

표 3-20	제5차 국통종합계획수립절차 및 일정	
01: 2018.06	• 연구 및 계획 제안 착수	
02: 2018.09	• 부문 / 지역 계획 지침 배포	
03: 2018.11	• 부문 / 지역 계획안 작성	국민참여단 1차 회의: (18.11.17)
04: 2018.12	• 부문 / 지역 계획 종합 정리	
05: 2019 상반기	• 공청회 / 토론회 / 세미나	국민참여단 2차 회의: (19.2.23) 국민참여단 3차 회의: (19.4.20)
06: 2019.06	• 최종시안 마련	
07: 2019 하반기	• 국무회의 심의 등	
06: 2019 말	• 대통령 승인 / 고시	

국토교통부 제5차 국토종합계획 홈페이지

국민참여단은 국토종합계획과 관련하여 전용 누리집 등을 통해 자발적으로 신청을 한 333명 중에서 지역별·성별·연령별 할당을 고려하여 무작위로 170명을 추출하여 선정했다. 또한 제5차 국토종합계획 수립을 위한 국민참여단 숙의는 일회적이 아닌 세 차례 연속적으로 시행되었고 숙의 주제는 미리 확정하는 것이 아니라 순차적으로 국민참여단의 숙의결과를 반영하여 다수가 제안하는 주제로 선정하여 국민참여단의 자율성을 극대화했다. 2018년

11월 17일 국민참여단 1차 숙의는 '국토미래 비전과 가치', '국토발전 추진전략 및 정책과제' 등 총론을 중심으로 진행되었고, 2019년 2월 23일 2차 숙의는 1차 숙의결과에 따라 '국토균형발전과 지방분권'을 주제로 국민참여단 토의가 이루어졌고, 4월 20일 3차 숙의는 2차 숙의결과에 따라 '국토환경정책'을 중심으로 논의가 진행되었다. 이처럼 국토부(국토연)는 세 차례 국민참여단 숙의를 통해 '제5차 국토종합계획' 수립과 관련한 핵심 가치, 주요과제 및 수단 등 다양한 국민의견을 수렴했고 국민참여단 의견 결과를 반영한 초안을 마련하여 지역공청회('19.6~7월)를 개최했다. 국민참여단은 무보수 명예직임에도 불구하고 5개월에 걸친 세 차례 숙의에 연인원 269명이 참여하는 등 적극적인 의지를 보여주었고 국토종합계획수립과 관련하여 최초로 「국토계획헌장 초안」을 채택하는 성과를 도출했다.

2 공론화 사전단계 및 의제선정

국토부는 국토정책 방향과 전략을 선도하는 가이드라인 역할과 새로운 국가계획 수립의 기초가 되는 '제5차 국토종합계획수립'을 위해 관계부처, 지자체, 국책·지역연구기관 등이 참여하는 연구단을 구성 및 운영하고 계획제안 온라인 플랫폼(www.cntp.kr)과 국민참여단 운영(3회)을 통한 소통·참여형 계획모델 마련을 추진했다. 국토연구원은 2018년 5월 연구에 착수한 이후, 지역설명회(2018.6~7), 국책연구기관 융합세미나 6회, 전문가 자문회의 및 집담회, 학회공동세미나, 국토계획 전문가 포럼 등을 운영했고 청소년(전국 중·고등학생) 및 일반국민(1,000명) 설문조사와 전문가 설문조사 등을 실시하여 5차 국토종합계획 수립과 관련한 핵심가치, 주요과제 및 수단 등 내용을 발굴하고자 노력했다(국도부, 2018 국토종합계획수립 1차 국민참여단회의 자료집).

특히 2018년 7월에 개최된 제5차 국토종합계획 수립관련 '지역별 미래발전 비전과 새로운 이슈 발굴' 세미나에서 ▲지역발전 비전으로 제주(청정, 공존), 충북(풍요, 공존, 개방), 인천(인본, 역동, 청정), 강원(자연과 사람의 미래), 세종(자족성, 상생, 협력) 등이 제안되었고, ▲공간구상 관련 제안으로 국토 발전축 보완(강·호축, 한반도 허리벨트, 남부경제권)과 광역도시권 정책 추진 및 국토 네트워크 구축 제안, 대륙연결형 국토발전(대륙연결형 남북교통망 구축, 대중국 해저터널 등)이 필요하며, ▲정책과제 및 제도개선관련 제안으로 인구감소 대응, 4차 산업혁명 대응, 지역특화 발전, 국토 - 환경의 연계, 포용정책 추진, 분권·참여 등이 필요하다는 의견이 수렴되었다(국토부 국토정책과 '국민-지역과 함께 국토정책의 새로운 미래 만든다' 보도자료). 국토부와 국토연구원은 5차 국토종합계획수립을 하기 위해 관계부처와 지자체, 관련 전문가 등 사전 논의를 확대하여 공감대를 넓혀갔다. 그 결과 국토부와 지자체 홈페이지 공지를 통해서 자발적으로 국민참여단 333명을 모집했다.

국토부와 국토연구원은 제5차 국토종합계획을 소통·협력적 국민참여형 계획으로 수립하고자 했기에 세 차례 국민 참여단 회의를 통해 5차 국토종합계획의 핵심가치, 주요과제 및 수단에 관한 아이디어를 얻고자 했다. 또한 세 차례 숙의 주제는 미리 확정하는 것이 아니라 순차적으로 국민참여단회의를 개최하고 회의결과를 반영하여 다수가 제안하는 주제를 차기 숙의에서 다룬다는 원칙을 마련했다. 즉 제5차 국토종합계획 수립과 관련하여 국민참여단에게 기본정보를 제공하고 국민참여단의 숙의를 통해 의제를 발굴하고 구체화하는 과정을 통해 합의형성을 도모한 공론화 유형이라 할 수 있다.

국토부와 국토연구원은 제5차 국토종합계획 수립과 관련하여 별도의 관리기구 없이 직접 주관하였으며 세부프로그램은 숙의진행기관과 협의를 통해 확정해갔다. 먼저 국민참여단 구성은 국토종합계획 전용 누리집 등을 통해 자발적으로 신청을 한 국민 중에서 지역·성·연령별 무작위로 170명을 추출하기로 했다. 다만 국민참여단 170명은 17개 광역지자체의 의견을 고르게 들을 수 있도록 각 광역지자체별로 우선 5명씩을 선정하고, 나머지 인원은 나이·성별 등을 고려하여 전체적으로 추첨을 통해 선정하기로 했다. 또한 국민참여단은 국민들의 대표로서 제5차 국토종합계획이 확정될 때까지 세 차례 숙의에 모두 참여해야 한다는 원칙을 사전 신청단계에서 미리 안내했다. 국민참여단 구성은 지원자 위주로 구성되었기에 엄격한 의미에서 대표성 논란이 있을 수 있지만 17개 시도별 최소인원(5명)을 배정하고 성별·연령별로 추가하여 무작위로 선정하는 등 대표성을 최소한 유지한 것으로 볼 수 있다. 국민참여단 숙의는 1일 6시간을 기준으로 2개의 주제발표를 하고, 발표자와 국민참여단 간에 질의·응답을 시간을 가진 후에 10명을 1분임으로 구성하고 회의진행자(facilitator)의 지원을 받아 분임별 토의를 갖고 관련 주제에 관한 의견을 모으는 것으로 기획했다. 그리고 마지막 시간에 관련 주제 및 주요 관심사를 설문조사하여 차기 회의 주제를 설정하기로 기획했다. 국민참여단에게 제공될 자료집 및 팩트체크는 국토부와 국토연구원이 자체 시행하기로 했다.

제5차 국토종합계획 수립을 위한 국민참여단은 단계별로 랜덤함수를 이용 무작위로 선정했는데 참여신청자 333명을 1차로 지역별 최소인원 85명을 배정하고, 2차로 성별·연령별 무작위 85명을 선정했다. 국민참여단 최종 선정결과는 여성 69명, 남성 101명이었고 연령별로 분포는 20대 22명, 30대 32명, 40대 34명, 50대 47명, 60대 31명, 70대 4명이었으며 지역별 분포는 서울 23명, 부산 18명, 대구 14명, 인천 6명, 광주 8명, 대전 5명, 울산 5명, 세종 9명, 경기 20명, 강원 5명, 충북 9명, 충남 8명, 전북 8명, 전남 5명, 경북 7명, 제주 5명이었다.

4 | 숙의단계: 공론화 시행

국민참여단 1차 회의는 2018년 11월 17일 서울 세종문화회관에서 개최됐고 111명의 국민참여단이 참석했다. 국토부장관 인사말과 국토연구원장 환영사, 국민참여단 연령별 대표 위촉장 수여 등 개회식을 갖고 '국민과 함께 만드는 제5차 국토종합계획'에 대한 발표와 질의·응답을 통한 기본학습을 진행했다. 이어서 '국토의 문제와 향후 국토이슈'에 대한 1차 분임토의와 전체공유 → '10대 청소년들이 생각하는 우리 국토'를 주제로 발표와 질의·응답, 국토미래비전과 가치에 대한 2차 분임토의와 전체공유 → '국토발전 추진전략 및 정책과제'에 대한 3차 분임토의 → 설문조사와 평가 및 소감나누기를 갖고 2차 회의에 대한 안내와 폐회를 끝으로 마무리됐다.

1차 회의결과 국토의 주요 문제점으로 ▲격차, ▲단절, ▲부조화, ▲재난·재해·안전 관련 등 기타 사항이 제기됐고, 국토 미래비전과 추구가치로 ▲국토자원환경, ▲균형발전, ▲문화/사회경제(인구·고령화·경제관련 이슈 등), ▲삶의질/포용, ▲스마트, 인프라, ▲재난/재해/안전, ▲재생/보전, ▲제도와 정책 개선, ▲평화/남북교류/글로벌 등이 거론됐다. 추진전략과 관련하여 ▲안전하고 회복력 있는 국토 만들기, ▲세계와 하나 되는 한반도 평화 국토 실현, ▲깨끗하고 아름다운 국토 만들기, ▲포용적인 문화, ▲생활국토 만들기, ▲편리하고 스마트한 인프라 구축, ▲개성 있고 매력적인 지역 만들기, ▲국토자원의 미래가치 창출·활용이 필요하다는 의견이 모아졌다(국토종합계획 홈페이지: 1차 국민참여단 결과).

국민참여단 2차 회의는 1차 국민참여단 설문조사 결과를 토대로 '국토 균형발전'이 주제로 다루어졌는데 2019년 2월 23일 세종시 정부세종컨벤션센터에서 개최되었고 국민참여단 88명이 참석했다. 국토부차관 인사말과 국토연구원장 환영사 개회식에 이어 제1차 국민참여단 숙의결과와 국민의식조사 공유 → '국토의 균형발전, 현 주소는?' 관련 주제 발표와 질의·응답 → 균형발전관련 1차 분임토의와 전체공유 → 균형발전과 지방분권 주제발표와 질의·응답 → 지방분권관련 2차 분임토의와 전체공유 → 3차 분임토의(기타토의) → 설문조사와 평가 및 소감나누기를 갖고 2차 회의에 대한 안내와 폐회를 끝으로 마무리됐다. 격차에 대한 유형별 주요 의견으로는 ▲수도권과 비수도권 격차가 가장 심하고 이어서 ▲시/도 간, 시/군/구 간 격차해소, ▲지역 내 격차가 심각하다고 의견을 모았다. 지역격차 해소 방안으로는 ▲지역거점 국립대학에 대한 전폭적인 지원, ▲산업시설 권역별 균형 배치, ▲청년/신혼부부의 주거안정 – 10년 무상대출(집), ▲지역에 맞는 개발필요 → 난개발 자제, ▲교통인프라 구축으로 지역기점도시 광역 경제권 형성 등이 제안되었다. 또한 지역주도로 균형발전을 추진할 때의 장점은 ▲지역특성에 맞게 예산을 효율적으로 사용, ▲지역의 핀셋정책의 신속적, 주민 참여로 통한 균형발전 및 특화 발전, ▲지방분권 주민들의 역량강화 등이 거론되었고, 단점은 ▲지역에 따라 균형발전의 차이 발생, ▲중복사업에 따른 나라 경쟁력 악화, ▲지역 당선자에 따른 난개발 등이 우려된다고 지적했다. 지역주도로 균형발전을 추진할 때 지방자치단체의 역할은 ▲눈앞의 이익을 보지 않고 미래를 보는 선택, ▲지역별 특화된 개발사업을 주민과 소통하여 추진, ▲지방공무원의 역량 강화 등이고 주민의 역할은 ▲주민들의 적극적인 참여, ▲단기적 성과(눈앞 이익)만을 요구하는 인식전환, ▲주민 주도의 적극적인 감시 등이 필요하다는 의견을 모았다(국토부, 국민참여단 2차 회의 내부 보고서).

국민참여단 3차 회의는 2차 국민참여단 설문조사결과를 토대로 '깨끗한 국토 만들기'가 주제로 다루어졌는데 환경부(한국환경·정책평가연구원)와 협력하여 진행했다. 2019년 4월 20일 세종시 정부세종컨벤션센터에서 개최되었고 국민참여단 70명이 참석했다. 국토부실장 인사말과 국토연구원장 환영사 개회식에 이어 제2차 국민참여단 숙의결과와 「국토계획헌장」 설명 → '깨끗한 국토 만들기: 국토환경정책변화와 방향' 관련 주제 발표와 질의·응답 → 주요 국토환경이슈관련 1차 분임토의와 전체공유 → 미세먼지 저감 등 현안이슈에 대한 주제발표와 질의·응답 → 미세먼지 저감대책 관련 2차 분임토의와 전체공유 → 3차 분임토의(기타토의) → 「국토계획헌장 초안 채택」 → 설문조사와 평가 및 소감나누기로 진행했다. 환경문제 해결을 위한 국민의 역할로 ▲환경제도와 문제에 대해 인식하기, ▲국민이 해야 할 일(쓰레기 버릴 때 한 번 더 생각하기), ▲지구환경에 대한 근본적인 시민의 인시변화 유도 등이 제안되었고, 정부의 역할은 ▲국민의 안전생활을 국가정책의 최우선 과제로 생각하기, ▲국가와 지자체가 연계한 체계적 관리가 필요 환경제도를 홍보하는 역할, ▲미세먼지 문제 등 환경문제를 해결하기 위한 적극적인 노력이 필요하다고 제안됐다. 또한 미세먼지 저감을 위해 생활 불편, 경제적 비용지불 여부 등 국민수용방안으로 ▲'정확한 현황 파악', '사회적 동의 분위기 형성', ▲오염자 부담 원칙에 따른 비용 지불, ▲환경 인식 개선을 높일 수 있도록 초·중·고 환경교육 의무화 등이 제안되었다. 끝으로 국토종합계획수립과 관련하여 최초로 국민참여단은 「국토계획헌장 초안」을 채택했는데, 1차 국민참여단 숙의를 통해 도출된 국토종합계획수립과 관련한 핵심가치를 기초로 국토부(국토연구원)가 초안을 작성하고 국민참여단의 토의와 우선순위 투표를 통해서 이루어졌다.

국민참여단 토의를 통해서 제안된 제5차 국토종합계획 국토계획헌장(안)은 취지에서 "국토계획헌장은 더 나은 국토를 위한 국민의 바람으로 국토는 우리 겨레가 영원히 살아야 할 소중한 터전이고, 국토는 국민들이 가진 잠재력을 마음껏 실현할 수 있는 기회의 공간이어야 하며, 국민 모두가 함께 누릴 수 있는 행복한 공간이 되어야 하고, 이 땅에 살고 있는 우리는 안전한 국토, 깨끗한 국토, 균형된 국토를 만들어 후손들에게 물려주어야 한다며, 국토계획은 「모두를 위한 국토, 함께 누리는 삶터」를 만들기 위한 출발점이다"고 밝히면서 국토계획을 수립할 때에는 필요한 여섯 가지 가치를 제시했고 주요 내용은 다음과 같다.
첫째, 어디에 살더라도 최소한의 삶의 질과 기회를 보장할 수 있도록 하며, 나이와 성별, 그리고 지역 등에 따라 차별받지 않은 포용의 공간이 되도록 한다.

둘째, 지역을 개성 있게 발전시켜 자립적인 경쟁력을 갖출 수 있도록 하고, 국토의 균형있는 발전을 위해 노력하여야 한다.

셋째, 우리 경제를 건정하게 키워나가고, 대륙과 해양을 잇는 국토의 특성을 살려 세계와 번영을 누릴 수 있도록 국토경쟁력을 향상시켜야 한다.

넷째, 깨끗하고 아름다운 국토가 될 수 있도록 환경을 보전하며, 국민이 안심하고 살 수 있도록 국토를 관리하여야 한다.

다섯째, 현재와 미래세대가 공유하는 공동 이익의 실현을 우선으로 하여 국토를 이용하고 보전·관리하여야 한다.

여섯째, 국민의 공감과 참여, 지역과의 협력을 토대로 정책을 집행하여야 한다.

5 결과 및 활용단계

국토부(국토연구원)는 제5차 국토종합계획 수립과 관련한 세 차례 국민참여단 숙의를 통해서 제5차 국토종합계획의 핵심가치, 주요과제 및 수단 등의 내용을 수렴했다. 특히 국토계획 수립과 관련하여 주요한 논점인 균형발전추진방안(정부주도 vs 지방자치단체주도), 환경문제 해결을 위한 정부와 국민의 역할, 미세먼지 저감을 위한 국민의 수용성 제고 방안에 대해서 국민참여단의 다양한 아이디어(의견)를 확인했고 국토종합계획 수립과 관련해서 최초의 국토계획헌장 초안을 마련하는 성과를 얻었다. 국토부(국토연)는 제5차 국토종합계획 수립 일정에 따라 국민참여단 의견 결과를 반

| 표 3-21 | 제5차 국토종합계획(2020-2040) 지역 공청회 |

해당지역	일시	주관/장소
공청회 공고	6.12(목)	국토교통부 전국 중앙일간지 신문에 공고
대전·세종·충청권 (대전, 세종, 충북, 충남)	6.27(목), 14시	세종 (국토연구원 대강당)
호남권·제주권 (광주, 전북, 전남, 제주)	7.10(수), 14시	광주 (LH광주전남지역본부 3층 대강당)
수도권·강원권 (서울, 인천, 경기, 강원)	7.15(월), 14시	서울 (서울시청 서소문별관 후생동 4층 강당)
대구·경북·부울경권 (대구, 경북, 부산, 울산, 경남)	7.25(목), 14시	울산 (울산시청 2층 대강당)

국토연구원 내부 자료

영한 초안을 마련하여 지역공청회('19.6~7월)를 <표 3-21>과 같이 진행하며 권역별로 국민참여단 일부를 참여시켜 국민참여단 운영의 성과를 공유하였다.

    이 사례는 국토분야의 최상위 계획인 국토종합계획을 40년
만에 최초로 국민들의 참여와 숙의를 통해서 추진했고 국토계획
헌장이란 최초의 결과물을 도출했다는 데 의의가 있다. 특히 자발
적 신청자를 대상으로 국민참여단을 꾸리되 최소한의 대표성을
유지하고 세 차례 연속 숙의를 진행함으로써 단순 이벤트 식 행사
를 지양했다. 특히 공론화 세부 의제를 미리 정하지 않고, 참여자
들의 의견을 반영하여 순차적으로 공론화 의제를 확정함으로써
국민참여단의 자발성을 극대화했고 숙의결과를 유튜브와 홈페이
지에 공개하여 투명성을 높였다. 또한 여타 공론화가 소정의 사례
비를 지급하는 것과 달리 이 사례는 최소한의 교통비 지급만으로
도 세 차례 국민참여단 숙의를 무난히 진행했으나 당초 170명 규
모의 참여단 운영계획에 비춰볼 때 참석률이 다소 저조했다는 아
쉬움이 있다. 이 사례는 국민참여단에게 기본적인 정보를 제공하
고 국민참여단의 숙의를 통해서 의제를 발굴하고 구체화하는 공
론화 유형으로 시민참여단에 의한 합의안(국토계획헌장 초안) 도출
이라는 성과를 낳았다는 데 의미가 있다.

4장

결론: 교훈과 제안

본 연구는 한국사회 공론화 모델의 탐색이라는 취지에서 나름의 의미가 있다고 판단되는 사례를 분석 대상으로 선택했다. 각각의 사례 모두는 완벽한 것이 아닌 몇 가지 결함도 갖고 있지만 유의미한 시사점도 주고 있다. 각 사례가 갖는 주요 특징과 공론화 유형을 종합 정리해 보면 <표 4-1>과 같다. 우리는 분석결과를 통해 얻게 되는 교훈과 시사점을 바탕으로 한국사회 공론화 모델을 탐색하기 위해 몇 가지 제안을 하고자 한다.

표 4-1

사례	주요 특징	공론화 유형		
		이슈 특성	갈등 유무	목적
신고리 원전 5·6 중단 및 재개	- 시민참여형조사 모범 - 권고안논란, 기울어진 운동장 논란 야기	일반 시민 중심 공론화	갈등 발생	찬/반 등 옵션 선택 (의견 분포 확인)
광주도시철도 2호선 착공 여부	- 시민제안 수용(민관협치) 모범 - 기울어진 운동장, 숙의충분성 논란			
교육부 '2022년대입 개편방안'	- 공론화기구 이원화 (의제구체화 성공) - 의제적절성, 공론화 결과 논란			
기재부 '2018 국민참여 예산제도'	- 사전공론화모범/숙의민주주의확대 (재정민주주의) 기여 - 숙의 충분성 논란			

교육부 '신뢰도 제고학교생활 기록부 개선방안'	- 다수 의제 분류, 참여단 옵션개발 - 공론화주관 기구부재 문제점 노정	이해 관계자 중심 공론화	갈등 발생	합의 지향

국립서울병원 이전 및 재건축갈등 공론화	- 이해관계자 합의 후
	  공론화절차 추진
	  (갈등조정 및 주민합의 도출)
	- '정보제공형 여론조사'의 불충분성
	  (응답자 52%, 정보 숙지함)			

4·16 세월호 참사 안산시 추모사업	- 주민의견수렴 후 이해관계자 합의 추진 - 미합의 & 정책결정 순차기여		갈등 예방	
2014 대한민국 미래비전국민 대토론회	- 최초 국민참여미래비전 숙의 - 사전공론화 미비 (정부내 컨센서스 미비)	일반 시민 중심 공론화	갈등 예방	의제 발굴 및 구체화 (의견 수렴)
2018 서울균형발전	- 시민 가이드라인 도출, 온라인참여단 활용 - 공론화결과 활용 투명성 문제			

국토부 '제5차 국토종합계획 수립국민참여단'	- 참여단의제선정 및
	  국토종합계획 헌장 도출
	  (참여단 자발성과 주도성)
	- 참여단 지속적 참여 한계점 노정
				합의
				지양

1. 공론화 모델은 이해관계자 중심과 일반시민 중심으로 구분할 수 있다

본 연구는 우선, 합의형성을 지향하는 이해관계자 중심의 공론화 사례가 가능하고 필요하다는 점을 입증하고자 노력했다. '국립서울병원 이전 및 재건축 갈등 공론화' 사례는 기존의 연구(이강원·이선우, 2011)에서는 조정을 통한 이해관계자 간의 합의라는 데 초점을 맞추어 진행된 반면, 본 연구에서는 사례의 후반부에 초점을 맞추어 공론화라는 관점에서 새롭게 연구하였다. 이러한 연구 관점의 변화 혹은 확장을 통해 본 연구는 국립서울병원 이전 및 재건축 갈등 공론화 사례가 이해관계자 중심의 공론화의 대표적 모델이라는 성과를 얻게 되었다. 국립서울병원 이전 및 재건축 갈등 공론화 사례에 대한 이러한 해석은 본 연구에서 최초로 시도된 것으로서, 향후 한국 사회 공론화 모델의 한 축으로 자리매김 할 것으로 판단된다.

　이와 더불어 '4·16 세월호 참사 안산시 추모사업 공론화' 사례도 비슷한 문제의식에서 본 연구의 분석 대상이 되었다. 두 사례 모두 신고리 5·6호기 공론화 사례가 실행되기 이전에 갈등해결의 주요 수단인 조정(mediation) 또는 조정협의체 활동이라는 관점에서 출발한 사례였다. 신고리 5·6호기 공론화 사례 이후 새롭게 공론화라는 관점에서 재해석한 것이었다. 다만 4·16 세월호 참사 안산시 추모사업 공론화 사례는 갈등이 발생한 이후 이를 해결하기 위한 수단으로 공론화가 진행된 국립서울병원 이전 및 재건축 갈등 공론화와 달리 갈등이 발생하기 이전 주요 이해관계자들이 세월호 추모시설 입지선정 및 건립이라는 예민한 사안을 지역주민들의 폭넓은 합의를 통해 갈등을 예방하기 위한 수단으로 공론화를 진행했다는 점에서 차이가 있다. 구체적으로 4·16 세월호 참사 안산시 추모사업 공론화 사례는 이해관계자(혹은 갈등당사자) 합의 이후, 지역주민에게 합의안에 대해 공론화 방식으로 의견을 수렴한 국립서울병원 이전 및 재건축 갈등 공론화 사례와 달리 지역주민의 충분한 의견수렴 이후 이를 바탕으로 이해관계자 간 합의를 모색하고자 하였다. 그것도 무리하게 이해관계자 간의 합의를 강제하지 않고(비교적 명확하게 다수와 소수의 의견 분포가 존재했음에도 불구하고), 주민들의 의견 분포를 존중하여 그대로 보고하는 것으로 사회적 과정으로서의 공론화를 마쳤다.

다음으로, 일반시민 중심의 공론화는 다양한 상황에서 다양한 유형으로 활용될 수 있다는 점을 확인하였다. 특히 갈등해소를 지향하는 '시민참여형조사'의 유용성이 주목된다. '신고리 5·6호기 공론화 사례', '2022년 대입제도개편 공론화 사례', '광주도시철도 2호선 공론화 사례'는 일반시민 중심의 공론화의 대표적 사례이다. 공론화와 관련한 대부분의 연구는 신고리 5·6호기 공론화를 기점으로 연구가 본격적으로 진척되었다는 점을 부인하지 않는다(강지선, 2018). 그만큼 공론화와 관련된 연구에서 신고리 5·6호기 공론화 사례는 하나의 변곡점이라 할 것이다. 그러나 신고리 5·6호기 공론화 사례가 우리에게 주는 핵심 교훈은 '시민참여형조사'라는 새로운 형태의 공론화 모델을 창출한 사례라는 점이다. 시민참여형조사는 Fiskin이 창안한 숙의여론조사(deliberative poll)를 기반으로 하지만 갈등발생 이후 이를 해소하기 위한 수단에 특화된 모델로 숙의여론조사를 한국사회에 적합하도록 발전시킨 한국형 모델이라 할 수 있다(신고리 5·6호기 공론화 위원회, 2017). 2022년 대입제도개편 공론화 사례 역시 우리에게 중요한 시사점을 준다. 신고리 5·6호기 공론화 사례가 시설 건립을 '지속할 것인가, 중단할 것인가'라는 비교적 단순한 사안에 적용된 것이라면 2022년 대입제도개편 공론화 사례는 사안이 보다 복잡한 제도설계의 영역에 시민참여형조사를 적용하였다는 점에서 새로운 시도로 평가된다. 특히, 사안의 복잡성을 반영하여 시나리오 워크숍과 시민참여형조사를 동시에 활용한 혼합(hybrid)형 공론화로서 많은 논쟁점을 야기한 사례이기도 하였다. 궁극적으로 신고리 5·6호기 공론화 사례와 2022년 대입제도개편 공론화 사례를 통해 한국사회 갈등해소 수단으로서 시민참여형조사가 유력한 모델로 자리매김하게 되었다. 이후 공론화는 곧 시민참여형조사라는 인식이 한국사회에 확산되었다. 광주도시철도 2호선 공론화는 이러한 분위기에서 시민참여형조사가 지역사회 갈등해소에도 적용될 수 있다는 점을 보여준 사례이다. 광주도시철도 2호선 공론화 사례는 시민사회가 공론화를 요구하여 시작된 최초의 사례라는 측면에서 의미를 가지는데, 이때 시민사회가 요구한 공론화 방식이 바로 시민참여형조사였다.

　나머지 사례들은 앞에서 언급한 한국사회의 두 가지 유력한 공론화 모델에 속하지는 않지만 두 가지 유력한 모델의 확장 모델로서 한국사회에 중요한 함의를 제공하는 사례들이다. 우선, 옵션선택형 이해관계자 중심의 공론화 사례인 '학교생활기록부 신뢰도개선 정책숙려제'는 '2022년 대입제도개편 공론화'와 동시에 시작하여 비슷한 시기에 끝낸 사례이고, 같은 교육 문제를 다루고 있다는 점에서 비교의 대상이 되는 사례이다. 대입제도개편 공론화가 일반시민 중심의 공론화를 실행했다면 '학교생활기록부 신뢰도개선 정책숙려제'는 학생, 학부모, 교사, 대학관계자로 구성된 이해관계자 중심의 공론화를 지향하였다. '2022년 대입제도개편 공론화'가 숙의 후 의견분포를 확인하는 것에 초점을 맞추었다면 '학교생활기록부 신뢰도개선 정책숙려제'는 의제 특성을 고려하여 이해관계자(학생·학부모·교사·대학·국민 등 각 20명) 동수로 참여단을 구성했다는 것과 교육부가 마련한 학생부 개선안에 단순 찬/반 의견을 확인하는 것이 아니라 주요 쟁점을 선정하고 각각에 대안을 개발하고, 2/3찬성을 기준으로 대안을 선택하는 공론화를 진행하였다. 비슷한 시기에 같은 특성을 가진 사안을 놓고 서로 다른 공론화 방식을 채택하였다는 점에서 이러한 차이는 향후 한국형 공론화를 탐색하는 데에 깊이 있게 검토되어야 할 쟁점 중의 하나라 할 것이다.

　또한 '2014 미래비전 국민대토론회'와 '2018 서울지역 균형발전 공론화' 사례는 국민적(혹은 지역적) 의제발굴 및 구체화를 위한 시민 중심의 공론화 모델로 한국사회 공론화의 영역을 확대하였다는 데 의미가 있다. 갈등이 발생되기 이전에 국민적(혹은 지역적)으로 중요한 의제를 발굴하고 구체화하기 위한 작업으로 공론화라는 수단을 채택하였는데, 체계적인 준비와 기획으로 공론화 과정에서 시민의 역할을 강화함으로써 시민 중심의 공론화의 기본 취지에 보다 부합한 형태에 해당된다고 할 수 있다. '2014 미래비전 국민대토론회'와 '2018 서울지역 균형발전 공론화'는 토론을 강조하는 프랑스의 국가공공토론위원회(CNDP)와 맥이 닿아 있었다(일부에서는 이를 한국형 공공토의모델이라 지칭함). 2014 미래비전 국민대토론회의 공식 명칭인 '국민대통합을 위한 미래가치: 대한민국, 국민에게 길을 묻다, 2014 미래비전 국민대토론회'에서도 알 수 있듯이 2014 미래비전 국민대토론회는 '국민이 토론의제를 선정하고, 국민이 토론 주체인 국민 중심의 토론회'를 지향하였다. '2018 서울지역 균형발전 공론화' 역시 시민의 관심이 높은 중요 사업, 현재 이슈가 되고 있거나 장래 문제가 될 수 있는 사안을 의제로 선정하고 시민 중심의 숙의과정을 거쳐 해결방법을 모색하고자 하였다는 점에서 2014 미래비전 국민대토론회와 기본적으로 유사하다 할 것이다. 더불어 '2018 서울지역 균형발전 공론화' 사례에서 눈여겨보아야 할 것은 한국사회 공론화 과정에서 최초로 오프라인 시민참여단(436명 참석)과 더불어 서울시 인구특성(자치구별/연령별/성별 인구분포 현황)을 반영한 1,000명의 온라인 참여단을 별도로 운영하였다는 점이다. 세계적으로 주목을 받고 있는 온라인 숙의를 한국사회에서도 구현해 볼 수 있는 경험적 기반을 확보했다는 점에서 의의가 있다 할 것이다.

한편 시민참여형조사가 갈등해소를 목적으로 활용되었다면 '2018 국민참여예산제도와 예산국민참여단 운영' 사례는 갈등예방 차원의 공론화 유형을 보여주며, 시민들의 숙의가 국가재정운영에 활용될 수 있다는 가능성을 보여준다. 예산의 배분과 사용은 편익과 비용 모든 면에서 분산되어 있기 때문에 예산 문제는 기본적으로 시민중심의 공론화 모델에 적합한 경우라 할 것이다. 특히 갈등발생 이전 예산 문제를 시민중심의 공론화 방식으로 진행하였기에, 이해관계자나 갈등당사자보다는 전문가와 초대된 일반시민 간의 상호작용을 통해 공론화가 진행된 사례라 할 것이다. 더불어 '2018 국민참여예산제도와 예산국민참여단 운영' 사례는 공론화의 적용 대상을 중앙정부 차원의 예산문제로까지 확장하였다는 점에서 남다른 의미가 있다 할 것이다. 공론화를 주문한 기재부도 이에 고무되어 향후 지속적으로 국민참여예산제도를 확대할 것으로 알려졌다.

끝으로 '제5차 국토종합계획수립을 위한 국민참여단 운영' 사례는 합의형성을 위한 시민 중심의 공론화도 가능하다는 단초를 보여준 사례이다. 시민 중심의 공론화는 합의형성을 지향하기보다는 숙의 후 참여단의 선호변화나 의견분포를 확인하는 것이 일반적이다. 그러나 '제5차 국토종합계획수립을 위한 국민참여단 운영' 사례는 국토분야 최상위 계획인 국토종합계획 수립과 관련하여 참여단에게 기본 정보를 제공하고 참여단의 숙의를 통해 의제를 발굴하고 구체화하며 궁극적으로는 국토종합계획 수립과 관련해서 최초의 국토계획헌장 초안을 도출하는 성과를 얻었다. 비록 추상적이지만 일반시민들의 가치적 접근이라는 공론화의 기본 취지에 매우 잘 부합하는 공론화로 평가될 수 있는 사례라 할 것이다.

2. 공론화 모델은 사안의 특성, 갈등발생 유무, 공론화 목적을 종합적으로 고려하여 선택할 필요가 있다

본 연구는 공론화 모델의 선택이 적절했는지 아닌지를 평가하는 데 있어 핵심 요인으로 사안의 특성, 갈등발생 유무, 공론화 목적 등 세 가지를 제시하였다. 세 가지 기준에 근거하여 10개의 사례를 분석적으로 재평가해 보면 다음과 같다.

첫째, 사안의 특성과 관련된 것으로 본 연구는 비용과 편익이 분산된 대중적 정치 상황에서는 시민 중심의 공론화, 비용과 편익이 집중된 이익집단 정치 상황에서는 이해관계자 중심의 공론화, 그리고 비용과 편익이 불일치할 경우에는 이를 교정하기 위해 혼합형 공론화 모델이 불가피하게 적용되어야 한다고 보았다.

이러한 기준에 입각하여 10개의 사례를 분석적으로 재검토하면, 우선 신고리 5·6호기 공론화 사례, 국립서울병원 이전 및 재건축 갈등 공론화 사례, 4·16 세월호 참사 추모공원 공론화 사례, 광주도시철도 2호선 공론화 사례는 모두 시설 입지 및 건설과 관련된 것으로 광주도시철도 2호선 공론화를 제외하고는 비선호 시설로 인식되는 사안이었다. 그럼에도 신고리 5·6호기 공론화 사례는 시민 중심의 공론화를, 국립서울병원 이전 및 재건축 갈등 공론화 사례와 안산시추모사업 공론화 사례는 이해관계자 중심의 공론화를 시도하였는데, 사안의 특성을 고려하여 판단해 보자면 시민 중심의 공론화를 시도한 신고리 5·6호기 공론화 사례가 적절하지 않은 것으로 판단된다. 한편 비용과 편익이 상대적으로 분산되어 있는 것으로 평가되는 광주도시철도 2호선 공론화의 경우 시민 중심의 공론화를 시도한 것은 적절한 선택인 것으로 평가된다.

나머지 6개 사례 중 2022년 대입제도개편 공론화 사례와 학교생활기록부 신뢰도개선 정책숙려제를 제외한 4개의 사례는 비교적 비용과 편익이 뚜렷이 분산되는 사안으로 실제로 시민 중심의 공론화 방식을 신택하였는데, 이러한 선택은 적절한 것으로 평가된다. 그러나 같은 시기에 서로 연동된 사안을 다룬 2022년 대입제도개편 공론화 사례와 학교생활기록부 신뢰도개선 정책숙려제 사례가 흥미로운데, 전자의 경우는 시민 중심의 공론화를 후자는 이해관계자 중심의 공론화를 시도하였다.[1] 대입제도가 전국민적 사안이라는 데 방점을 두어 2022년 대입제도개편 공론화를 시민 중심의 공론화 방식으로 기획하였다면, 학교생활기록부 신뢰도개선 정책숙려제의 경우 대입제도(특히, 학생부 개선)가 특정 집단에 이해관계가 집중되어 있다는 점에 주목하여 이해관계자 중심의 공론화가 적용되었다. 이에 대한 평가는 연구자 사이에서도 아직까지 논쟁적인 사안으로 독자들의 판단 영역으로 열어둔다.

둘째, 갈등발생 유무에 따른 적절한 공론화 모델의 선택과 관련된 것이다. '2014 미래비전 국민대토론회', '2018 국민참여예산제도와 예산국민참여단 운영' 사례, '2018 서울지역 균형발전 공론화' 사례, '제5차 국토종합계획수립을 위한 국민참여단 운영' 사례는 갈등이 발생하기 이전 갈등예방을 목적으로 공론화를 진행하였고, 나머지 사례들은 갈등이 발생한 이후 이를 해소하기 위한 목적이 포함된 공론화를 진행한 사례로 분류된다. 공론화는 기본적으로 갈등발생 이전 시민들의 광범위한 의견을 수렴하여 그 결과를 정책에 반영하고자 기획된 것이라 할 수 있다. 그러한 의미에서 공론화의 기본 모형은 일반시민 중심의 공론화일 수밖에 없고, 공론화의 중요 행위자는 일반시민(대표성을 확보한 시민참여단)과

---

1) 2022년 대입제도개편 공론화는 이해관계자의 역할을 제고하기 위한 방편으로 시나리오 워크숍과 시민참여형조사를 혼합한 모델로 볼 수 있지만, 핵심 공론화 모델이 시민참여형조사이기에 시민중심의 공론화로 유형화하였다.

특정 사안에 대해 전문적 지식을 보유한 전문가라 할 것이다. 그러나 갈등해결수단으로서의 공론화는 직간접적 이해관계자가 갈등당사자로 전환된 상태에서 진행하게 되는데 이럴 경우 공론화 과정에서 갈등당사자들에게 어떠한 역할을 부여하는지가 매우 중요하게 된다. 실제 갈등해소 수단으로 진행된 6개의 공론화 사례에서는 갈등당사자는 물론 핵심 이해관계자 집단이 하나로 묶여 '이해관계자'라고 통칭되어 역할이 부여되었다.

우선, 갈등발생 이전 공론화를 시도한 4개의 사례는 모두 시민 중심의 공론화 방식이 적용되었는바, 이는 적절한 선택으로 판단된다. 문제는 갈등발생 이후 이를 해결하기 위한 수단으로 공론화를 진행한 경우인데, 이에 대해서는 매우 다양한 평가가 가능하다. 우선 시민참여형조사를 주요 공론화 수단을 진행하였던 3개의 사례도 공론화 과정에서 이해관계자들의 역할 비중이 서로 달랐다. 이해관계자들의 역할 비중이 가장 적었던 사례는 '신고리 5·6호기 공론화' 사례였다. '신고리 5·6호기 공론화' 사례에서 이해관계자들은 공론화위원회에 의해 소집되어 '소통협의회'에 소속되어 공론화 과정에서 찬/반 의견 개진, 자료집 제작 참여 등의 역할을 수행했다. 2022년 대입제도 공론화 사례는 좀더 적극적인 역할을 수행했다. 이해관계자들이 공론화 의제를 직접 만들고, 공론화 의제를 만든 그룹의 대표들을 중심으로 '의제협의회'를 조직하여 공론화 과정에서 의견개진, 자료집 제작 등의 역할을 수행하였다. 광주도시철도 2호선 공론화 사례에서는 이해관계자들이 상대적으로 가장 적극적인 역할을 수행하였다. 공론화위원회를 만들기 전에 공론화 준비위원회를 조직하여 운영하였는데, 공론화 준비위원회는 주로 이해관계자로 구성되었으며 공론화 준비위원회에서 공론화 진행에 관한 대부분의 사항이 논의되고 합의되었다. 또한 이해관계자들은 본격적인 공론화 진행 과정에서도 의견개진 및 자료집 제작에 참여하는 등 적극적 역할을 수행하였다.

이해관계자 중심 공론화 사례인 '국립서울병원 이전 및 재건축 갈등 공론화', '4·16 세월호 참사 안산시추모공원 공론화' 및 '학교생활기록부 신뢰도개선 정책숙려제' 등의 사례에서도 이해관계자 역할은 차이가 난다. '국립서울병원 이전 및 재건축 갈등 공론화'와 '4·16 세월호 참사 안산시추모공원 공론화' 사례는 공론화 과정을 설계하고 실행을 총괄하는 공론화위원회 역할을 아예 이해관계자 협의체가 수행한 반면, 학교생활기록 신뢰도개선 정책숙려제 사례는 자문위원이라는 애매한 역할이 부여됐는바, 이로 인해 공론화의 최종 단계에서 많은 어려움을 노출하게 되었다.

요약하자면, 갈등이 발생하기 이전의 공론화의 경우 공론화 과정에서 이해관계자의 역할에 대한 논의가 핵심 요인이 아닐 수 있다. 반면 갈등해결 수단으로 공론화가 활용될 경우가 문제인데, 시민 중심의 공론화를 불가피하게 채택하게 될 경우 '광주도시철도 2호선 공론화' 사례가 비교적 모범적이라 할 수 있다. 본격적인 공론화를 실행하기 이전에 공론화 준비위원회(혹은 준비단)를 이해관계자 중심으로 구성하여 공론화를 진행하는 데 필요한 핵심적인 절차적 요소들을 사전에 합의하는 방식이 한국사회에 보다 타당한 것으로 보인다.[2] 심지어 '국립서울병원 이전 및 재건축 갈등 공론화'와 '4·16 세월호 참사 안산시추모공원 공론화' 사례의 경우처럼 이해관계자 협의체가 공론화 위원회를 대체한 경우도 있는데, 이 경우 이해관계자 간의 '합의안 도출' 또는 '합의안 도출을

---

2) 사용후핵연료 관리정책 재검토위원회의 경우 이해관계자 중심의 준비단이 구성 운영되었는데, 공론화 실행에 필요한 핵심적 요소를 준비단에서 합의하지 못하고 재검토위원회가 구성됨으로써 현재(2019년 12월)까지 시민 중심의 공론화(구체적으로 시민참여형조사)의 진행에 상당한 어려움에 처해 있다.

하지 않는다는 합의'가 선행되어야 유의미한 방식이 될 수 있다.

마지막으로 공론화의 목표에 따른 공론화 모델의 선택에 관한 것이다. 본 연구는 시민 중심의 공론화는 참여자들의 선호전환 또는 숙의 후 의견분포를 확인함으로써 공론에 근거한 의제발굴 및 구체화 또는 주어진 정책 옵션을 선택하고자 할 때 사용되고, 이해관계자 중심의 공론화는 의견분포를 넘어 합의형성을 목표로 할 때 활용되는 것이 적절한 것으로 진단하였다. 이러한 관점에서 볼 때, 분석 대상이 된 열 가지 사례 대부분은 공론화의 목적에 부합하는 공론화 유형을 채택한 것으로 평가된다. 다만, '제5차 국토종합계획수립을 위한 국민참여단 운영' 사례는 시민 중심의 공론화를 진행했음에도 불구하고 합의형성('국토계획헌장'의 도출)을 이루어 냈다는 점에서 의미 있는 사례라 할 수 있다.

그 밖에 공론화 추진 프로세스는 열 개 사례에서 보듯이 큰 틀에서 1) 공론화 사전준비 단계, 2) 프로세스 설계 단계, 3) 참여 및 숙의 단계, 4) 결과도출 단계를 거쳐서 진행되었고, 각 단계별 주요 요인에 따라 공론화 결과가 좌우된다는 점도 확인할 수 있었다.

3. 한국사회 공론화 모델 유형화

본 연구는 10개 사례를 대상으로 한 분석결과를 토대로 y축에 이해관계자 중심과 일반시민 중심의 유형으로 구분하고, x축에 세 가지 공론화 유형(합의형성, 옵션선택, 의제탐색 및 발굴)과 갈등발생 유무를 혼합형으로 배치하여 10개 사례의 공론화 유형을 정리했다. 주요 내용은 다음과 같다(<표 4-2> 참조).

표 4-2 한국형 공론화 모델 유형

		의제발굴 및 구체화형	찬반 등 옵션선택형		합의형성형	
		갈등 발생 전	갈등 발생 전	갈등 발생 후	갈등 발생 전	갈등 발생 후
비용-편익 집중	이해관계자 중심: ADR 확장형			⑤	③	①
비용-편익 분산	일반시민 중심: 참여적 숙의 모델	② ⑨	⑦	④ ⑥ ⑧	⑩	

A. 사례분석 list

① '국립서울병원 이전 및 재건축 갈등 공론화'(2009~2010)

② '2014 미래비전 국민대토론회'(2014.8~2014.12)

③ '4·16 세월호 참사 안산시추모사업 공론화'(2016.7~2017.6)

④ '신고리 5·6호기 공론화'(2017.7~2017.10)

⑤ '학교생활기록부 신뢰도개선 정책숙려제'(2018.4~2018.7)

⑥ '2022년 대입제도개편 공론화'(2018.4~2018.8)

⑦ '2018 국민참여예산제도와 예산국민참여단 운영'(2018.6~2018.8)

⑧ '광주도시철도 2호선 공론화'(2018.8~2018.11)

⑨ '2018 서울지역 균형발전 공론화'(2018.9~2018.11)

⑩ '제5차 국토종합계획수립을 위한 국민참여단 운영'(2018.11~2019.7)

이처럼 한국사회는 신고리 5·6호기 공론화 활동 이전부터 다양한 형태의 공론화 프로세스가 기획되고 실행되어 왔으며, 신고리 5·6호기 공론화 모델 이외에 다양한 공론화 모델이 가능하다는 것을 실증적으로 보여주고 있다. 각각의 공론화 경험들은 하나의 정형화된 모델에 입각하기보다는 주어진 환경 속에서 해결해야 할 과제의 특성에 따라 다양하게 설계되고 실행되어 왔다는 점을 보여준다. 따라서 신고리 5·6호기 공론화 모델을 획일화하여 무비판적으로 적용하려는 최근의 경향은 시급히 개선해야 한다.

또한 신고리 5·6호기에서 적용된 "시민참여형조사"나 2014 대한민국 미래비전 국민대토론회, 2018 서울지역 균형발전 공론화 등에서 활용된 "공공토의모델", 국립서울병원 이전 및 재건축 갈등 공론화, 4·16 세월호 참사 안산시추모사업 공론화에서 활용된 "협의체 & 공공토의(또는 숙의여론조사)모델"은 외국의 사례에서는 쉽게 찾아볼 수 없는 것으로 이를 잘 보완하고 개선하면 한국형 공론화 모델로 발전할 개연성이 크다 할 것이다. 물론 "시민참여형조사"가 원형인 숙의여론조사와 질적인 차이가 무엇인지, 우리가 한국형 21세기 타운홀 미팅으로 명명하는 "공공토의모델", 이해관계자 중심의 공론화 유형으로 명명한 "hybrid A(협의체＋숙의여론조사)과 hybrid B(공공토의＋협의체)의 보다 명확한 정의 또한 필요하다. 그러나 최근 시민배심원제(Citizen's Jury)가 전통적 개념인 24명 내외 숙의형태를 벗어나 300명 규모(남호주 사용후핵연료사이클 공론화)의 숙의로 확대되어 진행되고 50명 단위의 시민배심원단을 복수(영국 건강보험관련 개인정보제공 여부 공론화)로 구성하여 운영하듯, 공론화와 관련한 시민숙의방법론의 전통적 경계는 무너지고 서로 융합하여 실험되고 있다는 점을 고려해 볼 때, 한국사회에 부합하는 공론화 모델 개발을 위한 창의적 시도는 적극 권장되어야 한다.

표 4-3　한국형 공론화 모델 유형(안)

		의제발굴 및 구체화형	찬반 등 옵션선택형		합의형성형	
		갈등 발생 전	갈등 발생 전	갈등 발생 후	갈등 발생 전	갈등 발생 후
비용-편익 집중	이해관계자 중심: ADR 확장형		시나리오 워크숍	숙의적 공공참여회의**	hybrid B (공공토의+협의체)++	hybrid A (협의체+숙의여론조사)+
비용-편익 분산	일반시민 중심: 참여적 숙의 모델	공공토의모델*	숙의여론조사 (DP)	시민참여형조사***	합의회의 시민배심제 플래닝 셀	

[공론화 모델 설명]

* 공공토의모델: 정보제공과 토의를 통한 의제발굴(구체화) 등 정성적 의견과 숙의여론조사를 통한 정량적 의견 등을 종합하여 시민의견을 수렴하는 방식으로 한국형 21세기 타운홀 미팅이라고 할 수 있음: 2014 미래비전 국민대토론회, 2018 서울지역 균형발전 공론화

** 숙의적 공공참여회의: 당면한 문제에 대한 정보를 시민, 이해관계자, 전문가에게 사전에 제공하고 본회의와 소규모 세션으로 구성된 토론회를 다양하게 진행하는 숙의 방법임. 숙의의 결과는 공식적인 투표나 순위지정 등의 기법을 활용

*** 시민참여형조사: 신고리 5·6호기 공론화 사례에서 활용된 기법으로 숙의여론조사(Deliberative Poll)기법의 변형된 형태로, 숙의과정에 온라인숙의를 추가하고 DP가 시민참여단 개개인 합리적인 판단에 초점을 둔다면 시민참여형조사는 시민참여단 간에 적극적인 상호작용을 통한 합리적 판단을 도모함. 또한 DP가 상대적으로 정책결정의 참고수단으로 활용된다면 시민참여형조사는 정책결정의 수단으로 비중이 강화된 모델이라 칭할 수 있음(DP와 본질적 차이는 실증적 분석이 필요함)

+ hybrid A(협의체+숙의여론조사): 이해당사자 간 합의(협의)를 중심으로 일반시민 의견을 수렴하는 two-track 공론화 모델이라 할 수 있음. 국립서울병원 이전 및 재건축갈등 공론화

++ hybrid B(공동통의+협의체): 일반 시민 중심의 의견수렴 결과를 반영하여 이해관계자 간 합의(협의)를 도모하는 two-track 공론화 모델이라 할 수 있음(4·16 세월호 참사 안산시 추모사업 공론화)

본 연구는 10개 사례분석을 통해 도출된 공론화 모델을 바탕으로 향후 한국사회에서 적용할 공론화 모델유형으로 <표 4-3>과 같이 제시하고자 한다.

본 연구에서 제시한 한국사회 공론화 모델은 정답이 아닌 하나의 시론적 차원의 제안에 불과하기에 더 많은 이론적, 실증적 연구가 지속되어야 할 것이다. 그럼에도 불구하고 향후 공론화를 적용할 때 공공기관 종사자 및 공론화 전문가들이 참고할 가치는 충분하다고 자임한다. 우리는 향후 한국사회가 공론화를 활용할 때, 공론화 목적 및 의제 성격 등을 고려하여 창의적인 공론화 모델을 개발하고 활용하길 기대한다. 또한 사례분석을 통해 도출된 열 개의 미시적 이슈(다음 장 '부록'에서 자세히 논의)에 대해 사회적 논의와 해법을 모색하는 공론의 장이 필요하다고 본다. 동시에 공론화가 단순 이벤트를 벗어날 수 있도록 정책프로세스 전 과정에서 공론화 절차의 활용과 가이드라인 등 관련 법제도가 정비될 수 있도록 정부와 국회 차원의 뒷받침을 촉구한다. 끝으로 공론화가 결과도출 수단만으로 악용되거나 공론화에 참여한 이해관계자에게 승복만이 강조되는 억압의 도구가 되지 않도록 특별한 노력이 필요하다. 공론화의 진정한 의미는 이해관계자와 일반시민의 평등한 참여와 성찰적 숙의에 있기 때문이다.

공론화 10개 사례분석에 따른 주요 이슈

우리는 10개 사례분석을 통해서 한국사회 공론화에 대한 성찰과 합리적인 공론화 모델 탐색 및 활용을 위해 주요하게 제기되는 핵심이슈 10개를 도출했다.

Ⅰ. 공론화 유형의 선택

> **개요**
>
> 공론화를 진행할 때 가장 먼저 고려해야 할 사항은 어떤 공론화 유형과 방법을 선택할 것인가이다. 해당 이슈의 성격, 갈등발생의 유·무, 공론화 목적 등을 종합적으로 반영하여 적합한 공론화 유형과 방법을 채택해야 하지만, 최근 한국사회는 신고리 5·6호기 공론화 모델을 맹목적으로 활용하려는 문제점이 드러나고 있다.

　'신고리 원전 5·6호기 공론화' 등 10개 사례 공론화 특징을 분석하면 공론화 목적에 따라 세 개 유형으로 분류할 수 있다. 첫째, 특정 이슈에 대한 과제를 발굴하거나 구체화하는 '의제발굴 및 구체화' 유형의 공론화로서 '2014 미래비전 국민대토론회', '2018 서울지역 균형발전 공론화' 사례가 있다. 둘째, 특정 이슈에 대한 '찬/반 의견이나 옵션'을 확인하는 공론화 사례로서 '신고리 5·6호기 공론화', '2022년 대입개편 공론화', '학교생활기록부 신뢰도개선 정책숙려제 공론화', '광주도시철도 2호선 공론화', '2018 국민참여예산제도와 예산국민참여단 운영' 등이 있고, 셋째 특정 이슈에 대해 '합의'를 도출하는 공론화사례로서 '국립서울병원 이전 및 재건축 갈등 공론화', '4·16 세월호 참사 안산시추모사업 공론화', '제5차 국토종합계획 수립을 위한 국민참여단 운영 공론화'로 분류할 수 있다.

　한국사회는 신고리 5·6호기 공론화 이래 특정 이슈에 대해 찬/반 의견을 확인하는 공론화에 익숙하지만 실제로는 공론화 목적에 따라 다양한 공론화가 진행되었다는 것에 주목할 필요가 있다. 그리고 특정 이슈에 대한 '찬/반 의견이나 옵션'을 확인하는 공론화 유형은 '신고리 5·6호기 공론화' 사례처럼 대부분 갈등이 발생한 이후 갈등해결을 목적으로 활용되고 있는데, '국립서울병원 이전 및 재건축 갈등 공론화', '4·16 세월호 참사 안산시추모사업 공론화' 사례와 같이 '합의'도출을 통한 갈등해결 방법론도 활용될 수 있다.

또한 특정 이슈에 '찬/반 의견 및 옵션선택'의 공론화 유형은 대부분 숙의형 여론조사를 변형한 시민참여형조사 기법을 활용했으며, '의제발굴 및 구체화유형'은 특정 이슈에 대한 정보를 제공하고 시민참여단의 의견을 취합, 분류하고 선호도(주로 우선순위)를 확인하는 '공공토의(21세기 타운홀미팅 응용)' 기법을 활용했다.

시민참여형조사와 공공토의기법은 무작위로 선정된 일반 시민이 중심이 되어 숙의를 진행하는 공론화 방식이라는 점에서 유사하다. 하지만 두 기법은 시민참여형조사가 시민참여단 간에 적극적인 상호 토론을 통한 합리적 판단을 도모하며, 성찰적 숙의를 거쳐 사전에 구조화된 설문조사를 통해 (정량적으로) 공론을 확인하는 방식이라면, 공공토의기법은 정보제공과 토의를 통해 의제발굴 및 수단을 구체화하는 열린 숙의 방식을 지향한다는 점에서 차이가 있다. 실제로 공공토의기법은 열린 숙의를 통한 정성적 의견과 설문조사를 통한 정량적 의견을 포함하여 시민의견을 수렴하는 것이 통상적이다(2014 미래비전 국민대토회, 2018 서울지역 균형발전 공론화 등).

반면에 특정 이슈에 대해 '합의지향 유형'은 이해당사자로 구성된 협의체 중심의 논의를 진행하되 일반시민이 참여하는 공공토의(또는 숙의여론조사)기법을 병행하여 사용했다. '합의지향 유형'은 '찬/반 의견 및 옵션선택 유형', '의제발굴 및 구체화유형'과 달리 일반시민의 숙의결과를 반영하되 이해관계자 그룹이 최종 결론을 도출했다는 차별성을 지니는데 해당 이슈의 성격과 공론화 목적에 따른 결과이다. 한국사회 합의지향 유형이 갖는 또 하나의 특징은 참여형 의사결정 기법 중 합의도출에 유용한 '합의회의' 기법과 '시민배심원' 기법의 활용이 외국과 달리 미흡하다는 것이다.

이처럼 특정 이슈의 성격과 갈등발생의 유무, 공론화 목적에 따라 한국사회는 다양한 공론화 유형과 방법 등을 활용해왔는데 각각의 사례가 갖는 성과와 미비점을 객관적으로 분석하여, 공론화를 설계할 때 최적의 공론화 유형과 방법을 어떻게 선택 할 것인지 기준을 마련하는 것이 대단히 중요하다. 특히 '신고리 5·6호기 공론화' 모델이 유행처럼 확산되는 한국적 현실을 감안할 때, 공론화 유형과 방법의 합리적인 선택기준을 모색하는 사회적 논의가 필요하다. 공론화 유형과 방법을 올바로 선택하는 것이 공론화의 성패를 가르는 핵심 요인이라는 것을 환기할 필요가 있다.

Ⅱ. 합의지향과 의견조사

개요

공론화는 흔히 특정 이슈에 대한 사회적 합의를 도출하는 것이라고 간주된다. 사회적 합의를 어떻게 규정할 것인지에 따라 다양한 답변이 제시될 수 있지만 엄격한 의미에서 공론화 기법이 모두 합의를 지향하는 것은 아니다. 일반적으로 공론화 목적에 따라 합의지향과 합리적인 의견분포 확인(조사)으로 구분할 수 있다. 합의지향과 의견분포 확인은 구분해서 적용해야 한다.

'신고리 5·6호기 공론화', '광주도시철도 2호선 공론화', '2022년 대입개편 공론화' 등 우리 사회 대표적인 공론화 사례는 숙의과정을 거친 후에 합리적인 의견분포 확인을 통해서 해당 이슈에 대한 결론을 도출했다. 즉 해당 이슈와 관련해서 정보를 제공하고 시민참여단의 학습과 토의를 통해 최종적인 의견분포를 확인하는 '숙의형 여론조사' 기법을 응용한 '시민참여형' 조사 기법을 채용했는데 찬/반 의견의 오차범위(광주도시철도 2호선 공론화는 단순다수제 운영함)를 기준으로 '신고리 5·6호기 공론화'는 공사 재개와 원전 비중 축소를 권고했고 '2022년 대입개편 공론화'는 4개 시나리오의 통계학적 유의미한 차이를 확인하지 못해 특정한 결론을 도출하지 못했다. 일반적으로 '신고리 5·6호기 공론화' 사례는 사회적 갈등을 사회적 합의로 해소한 성공사례로 평가받고, 2022년 대입개편 공론화는 뚜렷한 결론을 도출하지 못한 사례로 평가하기도 하는데 이러한 평가가 타당한지 검토가 필요하다. 특히 '시민참여형조사 기법'이 시민참여단의 의견을 정량적으로 판단하여 결론을 도출하지만 숙의과정을 통해서 도출한 의견분포이기 때문에 일종의 '사회적 합의'로 간주해야 된다는 입장도 있지만, '시민참여형조사 기법'은 엄밀한 의미에서 일종의 여론조사 결과로서 특정 이슈에 대한 양질의 의견분포를 보여주는 것일 뿐 시민참여형조사 결과를 사회적 합의라고 지칭하는 것은 과도한 해석이라는 시각도 존재한다. 본질적으로 '시민참여형조사' 기법의 기초인 숙의여론조사(Deliberative Poll) 기법은 특정 이슈에 대한 사회적 합의를 도출하기 위해 고안된 기법이 아니기 때문이다.

'신고리 5·6호기 공론화' 사례와 달리, '국립서울병원 이전 및 재건축 갈등 공론화' 사례, '4·16 세월호 참사 안산시추모사업 공론화' 사례는 특정 이슈에 대한 찬/반 논란을 이해당사자와 일반시민의 숙의를 통해서 해결하되 "합의"를 기반으로 공론화를 진행했다는 차이점을 보여준다. '국립서울병원 이전 및 재건축 갈등 공론화 사례'는 갈등조정전문가의 지원을 받아 복지부, 병원, 광진구청, 범주민이전대책위 등 관련 이해관계자 및 전문가 등 20명이 참여하는 협의체를 구성하여 8개월 만에 잠정합의안을 도출했다. 그리고 잠정합의안에 대해 3개월 동안 타운홀 미팅 형식의 '주민보고회' 개최, '주민참여형 여론조사' 실시 및 인구통계학적 대표성을 고려한 1,000명의 주민을 대상으로 관련 정보를 제공하고 찬/반 여부를 묻는 '정보제공형 여론조사' 등 주민의견수렴(공론화)을 거쳐 가칭 종합의료복합단지를 신축한다는 최종합의안을 도출했다. 이해당사자 간 합의(갈등조정)와 공론화를 통한 주민의견수렴을 성공적으로 통합한 사례라 할 수 있다. 또한 '4·16 세월호 안산시추모사업 공론화' 사례는 유가족 및 시민사회, 지역주민대표 등 이해관계자가 참여하는 협의체를 구성하고 추모사업에 대한 시민적 합의안을 도출하기 위해 1년 동안 운영되었다. 추모사업협의회는 지역주민 의견 수렴을 위해 타운홀 미팅 형식의 '주민경청회', 전문여론조사기관 패널과 신청자를 대상으로 두 차례 '숙의

여론조사' 실시 등 공론화 절차를 진행했다. 시민 친화적으로 추모공원을 조성한다는 합의는 획득했지만 구체적인 청사진이 없는 상황에서 추모공원 1순위 후보지 주변의 재건축 주민들의 반대가 지속되자 협의회는 무리하게 결론을 도출하지 않고 공론화 결과(합의사항과 이견사항)를 국무조정실에 전달하고 활동을 종료했다. 특정 이슈에 대한 이견을 다수결을 통해서 손쉽게 해결하지 않고 합의를 원칙으로 결론을 유보함으로써 향후 문제해결에 기여했다. 즉 합의정신을 존중하여 결론을 유보함으로써 결과적으로 갈등완화에 기여하고 안산시와 정부의 최종결정을 견인했다.

이처럼 공론화는 목적에 따라 특정 이슈에 대해 합의를 도출하거나 양질의 의견을 확인(조사)하는 방법을 활용할 수 있다. 그러나 한국사회 공론화는 그동안 '합의지향'보다는 '의견확인(조사)' 기법에 비중을 두어 왔다. 특히, 공론화가 지나치게 "승·패 중심"으로 진행되고 "이해당사자 승복"이 공론화 성패의 관건이 되어버린 현실은 의견확인(조사)을 통해 갈등사안을 손쉽게 해소하려는 행정의 편의성에 기인한다는 비판에 직면할 수 있다. 공론화가 갈등사안을 해결하고 숙의민주주의에 기여하기 위해서는 이슈의 성격과 중요도를 고려해서 '합의형성'을 도모하는 공론화와 '합리적인 의견분포'를 확인하는 공론화를 균형 있게 활용하는 노력이 필요하다.

Ⅲ. 사전공론화의 필요성

개요

공공정책의 영역에서 공론화 절차가 널리 확산되는 가운데 공론화의 남용, 졸속시행에 따른 부작용 등을 우려하는 목소리도 높아지고 있다. 공론화에 대한 우려를 불식하고 이해당사자는 물론 국민과 지역주민으로부터 지지를 받는 공론화 활용을 위해서 사전 공론화가 대단히 중요하다. 국가와 지방 자치단체 등 공공기관이 해당 이슈를 왜 공론화하는지 공론화를 어떻게 추진할 것인지에 대한 이해당사자와 일반시민(주민)과의 충분한 사전 공감대 형성은 공론화 수용성 측면에서 매우 중요한 영향 요인이다.

성공한 공론화로 평가받은 '신고리 5·6호기 공론화' 사례도 문재인 대통령의 일방적 지시로 시작되었다. 따라서 신고리 5·6호기 공론화가 제기되었을 때 대통령이 공약을 이행하지 않고 공론화를 진행하는 것이 타당한지 논란이 제기되었다. 또한 공론화 방식(시민배심원제 vs 시민참여형조사), 공론화위원회의 역할(결정 vs 권고)을 두고 혼선을 거듭하는 준비 부족 양상을 보여주기도 했다. 결국 공론화위원회가 '공론화 방식과 공론화위원회의 역할'을 조기에 정리해서 소모적 논쟁을 해소함으로써 공론화 절차를 완수했지만 엄밀한 의미에서 사전 공론화 과정은 미흡했다고 볼 수 있다.

또한 2018년 교육부가 진행한 '학교생활기록부 신뢰도개선 정책숙려제 공론화', '2022년 대입개편 공론화' 사례도 사전 공론화가 미비한 사례라 할 수 있다. 교육부는 학교생활기록부 신뢰도개선과 관련해서 2017년 1년간 60차례 이해관계자 간담회를 개최하고 17만 명 대상 온라인 설문조사를 실시했다. 그럼에도 '학생부 정책숙려제를 왜 실시하는지'와 관련 이해관계자들로부터 충분한 공감을 형성하지 못하여 불신을 초래했다. 아울러 대입개편과 연관이 있는 학생부 정책숙려제를 별도로 진행하는 이유도 논란이 되었다. 2022년 대입제도개편 공론화는 교육부가 국가교육회의에 대입과 관련한 다양한 쟁점을 망라한 목록(수시·정시 비율 등 주요 쟁점 3개와 추가 논의사항 등)을 이송함으로써 국가교육회의가 의제 구체화를 위한 공론화 과정을 진행해야만 했다. 교육부는 공론화 과정을 이끌어나아갈 주관자로 국가교육회의를 지정했을 뿐, 공론화 의제와 관련된 사안은 국가교육회의에 무책임하게 떠넘겼다는 비난을 자초하기도 했다. 무엇을 중심으로 2022년 대입제도개편 공론화를 할 것인지, 이해관계자는 물론 국민들 사이에 충분한 논의와 공감 없이 교육부가 행정지침을 결정해야 하는 시점에서 갑자기 국민들에게 책임을 전가했다는 비판이 대두되었다. 이처럼 '교육 관련 이슈를 왜 공론화해야 하는지'에 대해 교육시민사회단체 등 이해관계자집단과 일반국민으로부터 충분한 공감을 얻지 못한 채 공론화를 진행하여 공론화 효과를 반감시키는 결과를 야기하였다.

아울러 2014년 국민대통합위원회가 개최한 2014 미래비전 국민대토론회 사례도 국민참여를 통해 최초의 국가미래비전 수립을 위한 공론화였다는 의미를 갖지만 온라인설문조사와 권역별 토론회와 종합토론회에 참여하는 일부 시민참여단을 제외하고 일반국민은 충분한 정보를 제공받지 못했다. 아울러 정부부처 내에서조차 충분한 공감대를 확보하지 못하여 공론화 결과활용에 제약을 가져왔다. 국민대통합위원회가 대통령 자문기구로서 자체로 실행력을 담보하고 있지 않다는 기구 특성도 있지만 타 정부부처의 무관심과 비협조도 문제라 할 것이다.

반면에 '광주도시철도 2호선 공론화' 사례는 시민사회와 지역사회로부터 충분한 사전공감대를 확보한 사례라 볼 수 있다. 광주도시철도 2호선 공론화는 시민사회의 요구로부터 시작되었고 민선 7기 광주광역시장이 시민사회의 요구를 수용하여 공론화가 진행되었다. 사실 광주도시철도 2호선 착공 여부는 2002년부터 광주지역의 수많은 토론과 논의의 대상이 되었던 오래된 지역현안이었지만 결론을 도출할 수 없었다. 2018년 6월 민선 7기 지방자치단체장 선거 국면에서 시민사회는 광주도시철도 2호선 건설 여부에 대한 공론화를 요구했고 새로 선출된 광주광역시장이 시민단체의 요구를 수용하여 '공론화 추진을 위한 준비위원회'를 구성하고 사전 공론화 절차를 진행한 모범사례로 평가할 수 있다. 물론 공론화위원회 구성방식 등을 두고 이견과 대립이 있었고 공론화 진행과정에 대해 불공정 시비 등도 노정되었지만 16년 동안 진행되어온 지역사회 현안을 공론화를 통해 해결하자는 지역사회 공감대가 있었기에 공론화가 성공적으로 진행되었다고 볼 수 있다. 또한 공론화추진위원회를 통한 사전 공론화 과정이 있었기 때문에 최종적으로 지방자치단체와 시민사회 모두가 공론화 결과를 수용하는 기초가 되었고, 이는 한국사회 숙의민주주의의 새로운 경험을 제공하였다.

　　공론화의 오·남용을 막기 위해서는 이해당사자와 일반시민(주민)을 대상으로 특정 의제와 관련하여 공론화의 필요성과 방식을 사전에 공감하는 준비된 공론화가 필요하다. 정부 및 지방자치단체장이 일방적으로 특정 의제와 관련한 공론화를 진행하는 것은 공론화 결과에 대한 수용성을 저해할 수밖에 없다. 정부 및 공공기관은 특정 이슈에 대해 공론화를 진행할 때 사전에 주요 이해관계자는 물론 일반시민 및 국회(의회)와 사전에 공감대를 형성하는 적극적 노력을 경주해야 한다. 특히, 공론화 오·남용을 막고 공공기관뿐만 아니라 이해관계자 및 일정요건을 갖춘 일반시민의 요구로 공론화를 활용할 수 있도록 공론화 시행과 관련한 법제도 (갈등관리기본법 및 공론화위원회 구성관련 법률 등)의 정비가 요청된다.

Ⅳ. 공론화기구 구성 및 권한

> **개요**
>
> 공론화를 요청한 공공기관이 특정입장을 견지하고 있을 때는 공정하고 중립적인 공론화기구 운영이 관건이다. 그러나 중립적 공론화기구 구성이 사회적 수용성을 갖지 못한 상황도 발생한다. 공론화의 성격과 목적에 따라서 공론화기구 권한은 다양하게 활용될 수 있어 때로는 공론화기구의 월권 여부가 논란이 되기도 한다. 더 나아가 공론화기구의 권고와 공론화 요청기관의 자율적 책임 간의 긴장을 합리적으로 해결하는 방안에 대한 사회적 논의가 필요하다.

신고리 5·6호기 공론화 이래로 우리 사회의 공론화는 신고리 방식으로 공론화를 진행한다. 특히 공론화 절차를 주관하는 공론화위원회 구성은 신고리 5·6호기 공론화위원회의 구성 방식처럼 관련 학회나 기관으로부터 추천을 받고 이해당사자부터 제척을 받아 중립적으로 구성되는 공론화위원회가 자리를 잡고 있다. 신고리 5·6호기 공론화 모델을 채용한 광주도시철도 2호선 공론화위원회도 이해관계자 참여를 두고 논란이 있었으나 관련 학회나 기관으로부터 추천을 받고 이해당사자 제척을 통해 최종적으로 중립적으로 구성하여 공론화를 관리했다. 대입개편 공론화는 교육부가 아닌 국가교육회의라는 별도의 기구를 통해서 공론화 '의제선정'과 공론화 '절차관리'를 구분·통합하여 2022년 대입개편 공론화 과정을 진행했다. 특정 이슈에 대해서 찬/반 대립이 명확하고, 정부 및 공공기관이 특정 이슈에 중립성을 유지해야 할 경우, 공론화를 중립적으로 진행할 관리기구 구성은 필수적임을 위 사례들은 보여주고 있다. 종합해보면, 갈등해결 수단으로 공론화 방식을 채택할 경우 공론화 요청기관으로부터 독립적인 공론화위원회를 구성하는 것이 중요하게 된다. 또한 갈등해결 수단으로서 공론화방식을 채택하는 찬/반 옵션 선택형 공론화를 진행할 경우에 이해관계자 간에 중립적인 공론화기구 구성이 일반적으로 타당해 보인다. 다만, 최근 '사용후핵연료 관리정책 재검토위원회'처럼 중립적인 공론화기구 구성이 오히려 갈등을 증폭시키는 사례도 있기 때문에 이슈의 성격, 갈등의 유무, 이해관계자들의 요구 등을 종합적으로 고려하여 독립적이고 중립적인 공론화기구 운영을 탄력적으로 활용해야 한다. 반면 국립서울병원 이전 및 재건축 갈등 공론화와 4·16 세월호 참사 안산시추모사업 공론화 사례는 이해관계자 협의체가 공론화위원회를 대체한 경우인데, 한국형 공론화 모델을 탐색하는 데 어느 방식이 보다 타당한가의 문제는 이해관계자들의 문제해결을 위한 의지와 관련된 것으로 평가된다. 이해관계자 간 합의를 통한 문제해결의 의지가 낮을 경우 중립적 인사로 구성된 공론화위원회가 보다 실효적으로 공론화 과정을 진행할 것으로 판단된다.

한편 교육부가 시행한 '학교생활기록부 신뢰도개선 정책숙려제 공론화'는 별도의 공론화기구를 두지 않고 위탁형태를 통해서 공론화를 진행하여 혼선과 부작용을 초래했다. 교육부는 외부위원이 포함된 '국민참여정책숙려제 선정위원회'를 구성하고 정책숙려제 1호 안건으로 '학생부 신뢰도 제고방안'을 확정했지만 정작 선정위원회의 기능을 공론화에 대한 모니터링과 점검역할을 수행하는 것으로 제한했다. 그 결과 학생부 정책숙려제를 위탁받은 기관은 정책숙려제 주관과 진행을 동시에 수행하게 되었고 안정된 공론화 추진에 어려움을 겪었다. 결국 교육부는 학생부 정책숙려제에 드러난 문제점을 수용해서 정책숙려제와 관련하여 별도의 운영기구를 두기로 제도개선을 했다. 또한 2018년 시행된 '대전 월

평공원민간특례사업 공론화(이하 민특사업공론화)' 사례도 처음에는 공론화 절차를 주관하는 별도의 관리 기구 없이 공론화 절차를 위탁받은 기관이 공론화 주관과 진행을 동시에 수행함으로써 부작용을 노정했고 결국엔 공론화위원회를 별도로 구성하여 민특사업 공론화를 진행하는 비효율성을 노정했다. 그러나 기재부의 '2018 국민참여예산제도와 예산국민참여단 운영', 국토교통부의 '제5차 국토종합계획수립을 위한 국민참여단 운영 공론화'는 소관업무를 담당하는 기재부와 국토교통부가 별도의 공론화기구 없이 위탁기관을 지정하여 공론화 절차를 수행했고, 국민대통합위원회 '2014 대한민국 미래비전 국민대토론회'는 국민대통합위 내부위원과 외부위원과 함께 운영위원회를 구성하여 공론화를 운영했다. 이들 사례들은 공히 의제발굴 및 구체화를 위한 공론화 유형으로, 이러한 유형의 공론화의 경우 별도의 공론화 기구 구성 없이 상대적으로 자유롭게 공론화 기구를 구성해도 될 것으로 판단된다. 이처럼 의제의 성격과 공론화 목적, 공론화위원회의 중립성과 독립성이 갖는 중요도를 고려하여 별도의 공론화기구 구성 여부를 결정해야 한다.

또한 공론화위원회 권한과 관련하여 '신고리 5·6호기' 공론화위원회는 공론화의 결과물로 1) 신고리 5·6호기 공사 재개와 2) 원전비중 축소를 권고했다. 공론화위원회는 신고리 5·6호기 공사 재개를 둘러싼 논쟁이 단순히 찬/반 택일로 귀결되지 않고 신고리 5·6호기 논란의 근원적 배경이 되고 있는 정부의 원전 정책방향에 대한 국민의견을 구해 통합적인 해법을 마련하고자 했다. 이 같은 공론화위원회의 노력은 당시에 혜안으로 평가 받기도 했지만 신고리 5·6호기 공사 재개를 촉구한 원전그룹 이해당사자로부터 공론화위원회가 국무조정실에 위임받은 권한을 뛰어넘은 것이라고 문제가 제기되어 사회적 논란을 야기했다. 공론화위원회는 특정 이슈에 대한 공론화 결과를 해석하여 정책을 결정하는 기구가 아니기 때문에 공론화 요청기관으로 부여 받는 범위 내에서 활동과 공론화 결과를 가감 없이 전달하는 데 일차적인 역할을 수행해야 한다. 그러나 공론화 목적에 따라서 '2018 서울지역 균형발전 공론화' 사례처럼 공론화위원회가 시민참여단 숙의결과를 바탕으로 숙의결과를 명확히 하는 차원에서 '서울시민이 제안하는 서울균형발전 정책가이드라인'을 제안할 수도 있다. 또한 2022년 대입개편 공론화도 공론화위원회가 참여단의 숙의과정에서 도출된 결과를 종합하여 분석 결과를 도출하였고 이를 근거로 국가교육회의가 최종 정책권고안을 확정했는데, 이 과정에서 시민참여단의 숙의과정에서 도출된 결과가 일정 부분 재해석되어 정책권고안에 반영되었다.

결국, 공론화기구는 공론화 절차 관리와 공론화 결과의 전달이란 대원칙을 준수하면서, 공론화 목적이나 갈등 유·무 등을 반영하여 숙의결과를 명료화하는 부가적 기능도 수행할 수 있다고 할 수 있다. 원칙적으로 공론화기구는 공론화 결과를 권고하는 역할을 담당하고 공론화 요청기관은 공론화 결과를 존중하되 궁극적인 책임과 권한을 갖는다. 따라서 공론화기구의 권고 기능과 공론화 요청기관 간의 자율적 책임 간의 긴장을 합리적으로 해결하는 사례의 축적이 필요하다.

V. 공론화 의제의 적절성

> **개요**
>
> 공론 및 공론화(公論化)의 개념은 이론적·실천적 차원에서 다양하게 활용되고 있지만 공론화란 일반적으로 특정 이슈에 대한 이해관계자 및 일반시민의 심층적인 의견수렴을 통해 공론을 확인하는 과정을 지칭한다고 할 수 있다. 문제는 어떤 이슈를 공론화 대상으로 삼을지가 논란이 되고 있다. 모든 이슈에 공론화를 활용하는 것은 비효율적이며, 공론화에 부적합한 의제를 공론화하는 것은 논란과 부작용을 초래한다.

본격적인 공론화 1호로 평가받은 '신고리 5·6호기 공론화' 사례도 우리 사회 일각에서는 의제설정이 잘못되었다는 논란이 제기되고 있다. 즉 신고리 5·6호기 문제가 아니라 에너지 정책과 관련하여 원전정책을 공론화 의제로 채택했어야 한다는 주장이 그것이다. 신고리 5·6호기 중단 및 재개 이슈는 이미 신고리 5·6호기 건설이 진행 중인 사안이기에 공론화 의제에 부적절하며, 해당 이슈가 단순히 신고리 5·6호기 건설 여부가 아닌 근본적으로 우리 사회 에너지 정책과 관련하여 원전비중에 대한 사회적 이견을 배경으로 하고 있기 때문에 부적절하다는 것이다. 물론 정반대로 신고리 5·6호기 문제는 에너지정책과 연련된 원전이슈와는 별개로 독립적으로 원전이슈 그 자체로 다룰 사안이라는 반론도 있다. 또한 '2022년 대입개편 공론화' 사례도 국가교육회의가 선정한 이슈(수시·수능위주전형 간 비율, 수시 수능최저학력기준의 활용 여부, 수능평가방법)가 공론화 의제로 적절한지도 논란이다. 한국사회에서 대입제도는 이해관계자가 첨예하게 대립되어 왔기 때문에 110일이란 짧은 시간에 사회적 공론을 형성하기가 어렵다는 것과 근본적인 교육철학에 대한 사회적 합의를 모색하는 공론화가 아니라 수시와 정시 비율 등 기능적 사안을 의제로 다루는 것이 적절한지도 논쟁의 대상이었다. 더불어 엄격한 의미에서 수시와 정시비율은 관련법에 대학자율로 정하게 되어 있는데 공론화를 통해 수시와 정시비율을 정하는 것이 타당한 것이지도 논란의 대상이었다.

또한 단순 의제가 아닌 포괄적 의제를 단기간의 공론화를 통해서 다루는 것이 바람직한지도 검토대상이다. 교육부의 '학교생활 기록부 신뢰도개선 정책숙려제 공론화' 사례는 교육부가 마련한 학생부 개선안(11개 항목→8개 항목 축소)을 중심으로 공론화가 진행되었지만 수상경력, 자율동아리, 소논문기재 여부 등 토의 의제가 너무 많고, 초·중·고등 학생부 분리 운영 등 교육부의 개선안 외에 기타의견을 두 차례 숙의를 통해 공적의견을 도출하기에는 숙의시간이 절대적으로 부족했다. 결국 시민참여단은 11개 항목에 대한 전체 검토를 한 후에 중요도를 고려해서 수상경력기재 여부 등 세부 의제 4개를 중심으로 숙의를 진행하고 나머지 이슈는 설문조사로 대체하는 등 학생부 개선에 대한 충분한 논의를 하지 못하는 한계점을 노정했다.

그 밖에 광주도시철도 2호선의 경우 시민대상의 일반 여론조사(공론화 1차 조사)에서 찬/반 의견분포가 매우 큰 차이(57.2%)를 나타냈는데 이를 공론화로 다루는 것이 적절한지, 이미 중앙정부가 승인한 제주녹지병원에 대해서 '녹지병원개원' 여부를 다루는 공론화가 타당한지도 논란이 된다.

공론화에 적합한 의제는 우선 구속력의 측면에서 공론화 요청기관의 권한에 맞는 의제로 구성되어야 하며, 더 나아가 의제가 갖는 공공성(특정인이 아닌 전체 일반시민이나 주민에 영향을 미침), 복합성(불확실성 및 찬반 쟁점 내포 등) 등을 고려해서 채택하는 것이 필요하다.

VI. 기울어진 운동장 논란(공정성)

개요

특정 이슈가 찬/반 대립을 내포할 때 공론화 과정에 대한 공정성 여부는 공론화 진행에서 주요한 논점이 된다. 신고리 5·6호기 공론화 이후 우리 사회가 찬/반 대립을 해소하는 갈등해소 기제로서 공론화 절차를 활용하면서 공론화 과정에서 기울어진 운동장(불공정) 시비는 불가피하게 제기될 수밖에 없으며, 이를 효과적으로 예방하는 방안 모색이 중요하다.

'신고리 5·6호기 공론화' 사례는 불공정 시비로 두 차례 중단될 위기가 있었다. 건설중단 측은 한수원 등 원전관련 정보독점에 따라 원활한 정보공개가 이뤄지지 않은 점, 중립을 지켜야 할 한수원(노조)의 적극적인 홍보, 야당의 신고리 원전 찬성 관련 적극적인 반대활동, 산업부와 여당의 소극적 행위 등을 이유로 불공정한 숙의여건이 조성됐다며 문제제기를 했다. 반면에 산업부가 탈원전 정책을 적극적으로 홍보하며, 2차 숙의에 시민참여단에게 정보를 제공하는 역할자로 특정인의 참여가 논란이 되는 상황에서 건설재개 측은 공론화 참여 유보를 주장했다. 또한 이해당사자들의 수용으로 광주도시철도 2호선 착공 여부를 매듭지은 공론화 사례도 기울어진 운동장(불공정) 논란에 의해 공론화 절차가 좌초될 위기가 있었다. 광주도시철도 2호선의 착공 여부를 합리적으로 판단하기 위해서 정확한 정보제공과 시민참여단의 알권리를 충족시키기 위해 광주시 교통건설국(광주시도시철도공사)을 찬성 측 이해당사자로 인정해야 된다는 공론화위원회와 광주시 교통건설국(광주시도시철도공사)의 개입은 공론화 요청기관으로서 공론화의 중립성을 훼손한다는 시민모임 간의 대립으로 논란이 끊임없이 재현되었다. 특히 광주도시철도공사의 조직과 재원을 통한 홍보도 불공정 논란의 원인이었다. 광주도시철도 2호선 착공을 찬성하는 측의 홍보재원을 광주시 세원으로 활용하는 것이 공정성에 위배된다는 문제였는데, 사후 공론화를 평가하는 자리에서 공론화위원장뿐만 아니라 공론화에 참여한 시민참여단은 찬/반 이견과 관련한 공론화 과정에서 홍보 재원은 위원회의 공동경비로 활용하는 것이 공정하다는 데 이해를 같이했다.

최근 창원시의 스타필드 입점 관련 공론화 과정에서 스타필드 입점을 반대하는 소상공인연합회는 시민참여단에 균형 잡힌 정보제공을 위해 자신이 직접 스타필드 입점에 따른 교통영향평가와 상권영향평가를 발주할 수 있기를 제안했고, 공론화위원회가 이를 수용하여 공론화위원회 자체 비용으로 연구비를 지원했다. 이는 공론화 과정에서 스타필드 입점 여부와 관련한 정보제공 차원에서 찬/반 그룹이 지닌 정보와 재원의 비대칭성을 개선하는 데 긍정적 역할을 한것으로 좋은 사례가 될 것이다.

찬/반 이견과 대립이 극심한 공론화 상황에서 기울어진 운동장 시비를 차단하기 위해서는 1) 발주처 중립: 공론화기구 개입 및 정보제공, 홍보 등, 2) 정보의 비대칭성 완화 노력, 3) 홍보재원의 공정성, 4) 정치권의 개입 자제 및 언론의 공정보도 등 공정한 숙의환경 여건조성이 필요하다.

Ⅶ. 숙의의 성찰성

개요

공론화는 특정 이슈에 대한 '학습과 토의'를 기반으로 이성적 논의, 즉 숙의가 관건이다. 한국사회 공론화 경험은 정확하고 균형잡힌 정보제공과 이해관계자와 일반시민, 일반시민 간의 이성적 토의를 도모하는 효과적인 숙의구조를 마련한다는 것이 생각보다 쉽지 않다는 점을 보여준다. 숙의의 충분성이 담보되지 않은 공론화는 무늬만 공론화란 비판에 직면할 수 있다.

대부분의 시민 중심의 공론화는 공론화 과정에 참여한 일반시민을 대상으로 만족도조사를 한다. 시민참여단의 공론화 과정에 대한 만족도는 90% 이상을 상회하지만 숙의수단 - 자료집 및 발표와 질의·응답 등 - 의 만족도는 상대적으로 매우 낮다. 특히 해당 이슈에 대한 찬/반 등 옵션선택유형의 경우 공론화 과정에 참여한 시민참여단은 찬/반 이해관계자들이 제시하는 정보간의 불일치, 정보의 불충분성을 지적하고 합리적 숙의의 어려움을 호소한다. 신고리 5·6호기 공론화 사례도 당일 최종선택을 앞두고 일부 시민참여단이 찬/반 이해관계자의 상이한 정보전달을 두고 팩트체크를 요구했지만, 주어진 상황에서 소신껏 판단해 달라는 답변만을 들을 수밖에 없었다. 또한 일부 공론화위원회가 찬/반 이해관계자들이 활용하는 주요 정보와 통계에 대한 '팩트체크'를 시도하지만 물리적 시간의 한계와 찬/반 이해관계자들의 불인정 등을 이유로 효과적인 팩트체크가 이루어지지 못한 것이 현실이다. 더욱이 '중립적 전문가' 부재(찬/반 대립된 상황에서 중립적 전문가를 인정하지 않는 상황을 포함해서)는 찬/반 이해관계자의 정보제공만을 토대로 숙의를 진행해야만 하는 한계를 노정했다.

아울러 시민참여단의 규모와 일정, 승·패식 숙의구조도 숙의의 충실성을 방해하는 요인으로 작용한다. 한국사회 공론화는 통상 "250～500명을 대상으로 3개월간 숙의일정"으로 진행된다. 대규모 인원이 참여하는 숙의는 시민참여단의 주도적인 학습과 토의를 어렵게 한다. 특히 숙의기간은 말은 3개월이지만, 의제구체화·숙의준비기간을 빼면 실제 숙의는 한 달에 불과하다. 한 달 동안 두 차례 숙의(1차 오리엔테이션을 겸한 숙의－온라인학습－2차 숙의)는 숙의의 집중성을 높이는 데는 도움이 되고 결론을 도출하는 데는 효과적이지만 숙의의 충분성엔 많은 한계를 가진다. 또한 찬/반 옵션선택 유형의 공론화 경우 대부분 찬/반 이해당사자들은 승·패식 숙의구조에 압박을 느끼며, 마치 '로마 검투사처럼' 내몰리다보니 시민참여단 숙의에도 부작용을 초래한다.

지속가능한 공론화, 신뢰받는 공론화를 위해 숙의의 충분성과 효과성을 어떻게 획득할 것인지, 숙의의 성찰성에 대한 대안마련이 시급하다. 대규모 인원을 대상으로 짧은 기간 숙의를 진행해야만 하는 현재의 통상적 공론화 방식의 극복이 필요하다.

Ⅷ. 시민참여단 구성(대표성)

> **개요**
>
> 특정 이슈에 대한 공적인 의견을 확인하는 공론화 절차를 실행할 때 누구를 참여시킬 것인지가 중요하다. 즉 일반적으로 공론화 절차에 참여하는 '작은 대한민국'이라 불리는 시민참여단을 어떻게 구성할 것인지를 두고 논란이 발생하는데 인구통계학적 대표성을 중심으로 할 것인지 아니면 해당 이슈의 특성을 고려해서 대표성을 고려할지 합리적인 접근이 요구된다. 시민참여단 구성의 정합성에 따라 공론화 결과의 수용성이 좌우될 수 있기 때문이다.

통상 시민중심의 공론화는 인구통계학적 대표성을 고려해서 시민참여단을 구성하여 공론화 절차를 완주했다. 광주도시철도 2호선 공론화, 2022년 대입개편 공론화 신고리 5·6호기 공론화 모두 같은 방식으로 시민참여단을 구성했다. 그러나 '신고리 5·6호기' 공론화 초기에 신고리 5·6호기 주변지역 주민들 비중을 늘려야 된다는 주장이 제기되었고 (당시 시민참여단 구성 시 울주군(울산시)이 17명밖에 되지 않아서 잘못되었다는 문제제기는 지금도 해당지역 시민사회단체는 주장하고 있음) 일부 정치인과 전문가들은 신고리 5·6호기 건설과 관련하여 국민적 등가성이 낮기 때문에 전국민을 대상으로 하지 않고 울산(경남)지역을 대상으로 '주민투표나 공론화'를 진행해야 된다고 주장했다. '신고리 5·6호기' 공론화 결과를 당시에 이해당사자가 수용함으로써 시민참여단 구성을 둘러싼 이견은 지속되지 않았지만 인구통계학적 대표성을 고려한 시민참여단 구성이 타당한지는 잠재적 논란사안이다.

교육부의 '학교생활기록부 신뢰도개선 정책숙려제 공론화'와 '2022년 대입개편 공론화'와 관련한 시민참여단 구성도 성찰의 대상이다. 교육부는 '학교생활기록부 신뢰도개선 정책숙려제 공론화'와 관련하여 학생·학부모·교사·대학관계자·일반시민을 동일비중으로 20명씩 구성했는데 당시에 교육관련 시민사회단체들은 학생부에 대한 이해관계를 고려하지 않은 기계적 구성이고, 학생부의 '학생지도와 상급학교진학'이란 두 가지 성격 중에서 상대적으로 상급학교 진학측면에 관심이 있는 대학관계자의 비중이 지나치게 크다며 학생·학부모·교사 비중을 늘려줄 것을 제안했지만 이미 언론에 동일비중으로 시민참여단을 구성한다는 방침을 수정하기 어렵다며 시민참여단 구성관련 논란을 봉합했다. 또한 2022년 대입제도개편 공론화도 교육이슈가 갖는 특성상 학생·학부모·교사·대학관계자 등의 이해를 고려하지 않고 인구통계학적 대표성을 고려해서 시민참여단을 구성함으로써 교육주제가 갖는 특성을 합리적으로 반영했는지도 논란의 대상이었다. 설사 인구통계학적 대표성을 고려해서 시민참여단을 구성하더라도 대입개편에 직접적 영향을 갖는 연령에 가중치를 두어야 된다는 주장도 제기되었다.

서울시가 시행한 '2018 서울지역 균형발전 공론화'는 단순 인구통계학적 대표성이 아닌 25개 자치구별 20명씩 인원을 할당해서 시민참여단을 구성하여 서울지역 자치구별 균등성을 반영하고자 했고 국토부의 '제5차 국토종합계획수립을 위한 국민참여단 운영 공론화'는 국토종합계획 전용 누리집 등을 통해 자발적으로 신청을 한 국민들 중에서 17개 광역지자체의 의견을 고르게 들을 수 있도록 각 광역지자체별로 우선 5명씩을 선정하고, 나머지 인원은 나이·성별 등을 고려하여 전체적으로 추첨을 통해 국민참여단을 선정하기로 했다. 이처럼 공론화 성격 및 갈등발생의 유·무, 공론화 목적에 따라 시민참여단 구성은 적합하게 운영될 필요가 있다.

현재 한국사회 진행된 공론화를 성찰해 보건대, 숙의성보다는 대표성에 보다 민감하게 반응하여 대표성 확보에 과도하게 초점을 맞추어 왔다고 평가할 수 있다. 이에 대한 보다 심층적 논의가 필요하다.

Ⅸ. 온라인참여단 활용

개요

일반시민의 참여와 숙의를 통해 공적인 의견을 수렴 또는 형성하는 공론화는 대표성을 고려한 시민참여단의 운영뿐만 아니라 다양한 일반시민의 의견을 폭넓고 체계적으로 수렴하는 기법을 적극적으로 활용해야 한다. 특히 대규모 시민참여단 구성 및 운영에 따른 비용 대비 효과성을 위해서 온라인시민참여단 운영 등을 적극 검토할 필요가 있다.

한국사회에서 진행된 공론화 사례들은 대부분 인구통계학적 대표성을 갖는 시민참여단을 구성하고, 시민참여단의 숙의과정을 지원하기 위한 온라인 학습 등 온라인 이러닝 과정을 운영했다. 이처럼 시민참여단의 숙의를 지원하기 위해 온라인상에 다양한 프로그램을 운영하는 것이 기존의 '숙의형 여론조사 기법'과 다른 '시민참여형조사 기법'의 특징으로 소개되며 '광주도시철도 2호선 공론화', '2022년 대입개편 공론화', '학교생활기록부 신뢰도개선 정책숙려제 공론화', '2018 국민참여예산제도와 예산국민참여단 운영' 등 많은 공론화 사례에서 활용되었다. 그동안 한국사회 공론화는 오프라인으로 구성되는 시민참여단 중심의 공론화 과정이라고 할 수 있다. 물론 공론화 관련 홈페이지와 토론회에 일반시민이 간헐적으로 참여하고 그 결과를 일정하게 시민참여단 숙의과정에 소개하지만 시민참여단과 일반시민의 의견이 체계적이고 효과적으로 공유되는 사례는 흔치 않다. 공론화를 단순히 '시민참여단만의 리그'로 폄하되지 않기 위해서는 다양한 대안을 마련할 필요가 있다.

서울시의 '2018 서울지역 균형발전 공론화'는 서울지역 균형발전에 대한 정책방향, 주요수단, 재원마련 방안 등 시민의견을 수렴하기 위해 '시민참여단' 외에 별도의 '온라인 시민참여단'을 최초로 구성하고 운영한 사례이다. 자치구의 형평성을 고려 25개 자치구별 18명씩 총 450명으로 시민참여단을 구성하고 서울시 인구특성(자치구별/연령별/성별 인구분포 현황)을 반영하여 1,000명의 온라인 참여단을 별도로 운영했다. 본격적인 숙의과정에 들어가기 전에 오프라인 시민참여단과 온라인 시민참여단에게 기본정보를 제공했고 1차 온라인시민참여단 설문조사 결과를 시민참여단에게 제공하여 1차 숙의과정에 시민참여단의 학습과 토의자료로 활용하였다. 또한 1차 숙의결과(시민참여단이 제안하는 서울균형발전 주요과제)에 대해 온라인시민참여단의 2차 인식조사를 실시하여 그 결과를 시민참여단 숙의에 공유하는 등 온·오프라인 시민참여단의 숙의과정에 상호 환류기능을 담당했다. 이처럼 대표성을 고려하되 시민참여단 구성과 운영을 온·오프라인으로 이원화하고 특정의제에 관련 의견을 환류시켜 숙의의 포괄성과 심층성을 높이려는 시도는 더욱 개발될 필요가 있다. 특히 공론화의 비용과 관련하여 판단해 볼 때 온라인 공론화의 개발은 시급한 과제라 할 것이다.

X. 공론화 확장성

개요

일반시민의 참여와 숙의를 통해 공적인 의견을 수렴 또는 형성하는 공론화
는 국가나 지방자치단체의 주요 정책(특히 시설입지) 결정 과정에 주로 활
용되어 왔다. 더 나아가 공론화는 국가예산편성과정이나 공공기관 기관장
선정 등 다양한 영역에서 활용될 수도 있다.

'신고리 5·6호기 공론화', '광주도시철도 2호선 공론화', '2022
년 대입개편 공론화', '학교생활기록부 신뢰도개선 정책숙려제 공
론화', '2014 미래비전 국민대토회', '2018 서울지역 균형발전 공론
화', '제5차 국토종합계획수립을 위한 국민참여단 운영 공론화' 등
은 국가나 지방자치단체의 주요 정책결정 과정에 시민의 참여와
숙의절차를 활용한 사례라 할 수 있다. 대표성을 고려하여 시민참
여단을 구성하고 학습과 토의 등 숙의과정을 통해 특정 목적을 달
성하는 공론화는 국가예산편성 및 운영과정, KBS 사장 선임 같은
공공기관장의 선임에도 유용성이 확인되고 있다.

기재부 '2018 국민참여예산제도 운영' 사례는 국가예산 편성
과정에서 국민의 참여와 숙의과정을 활용한 국·내외 최초사례로
서 국가재정운영의 투명성을 제고하고, 재정민주주에 기여했다.
인구통계학적 대표성의 반영 및 무작위 추출을 통해 선정된 예산
국민참여단은 일반국민을 대상으로 공모를 통해 선정된 '2018년
참여예산 후보사업'을 논의하고 압축된 후보사업에 대해 투표를
통해 최종 2019년 국민참여예산사업을 추천하는 역할을 담당했다.
최종 숙의를 통해 2019년도 국민참여예산 39개 사업, 835억 원 사
업을 확정했고 국회 심의를 거쳐 2019년 예산안으로 최종확정되

었다. 주관부서인 기재부는 2018년 성공적인 본사업을 거쳐 2019년 국민참여예산제도를 확대 시행 예정으로 국민참여예산제도가 제도로서 안착되는네 기여했나고 평가할 수 있다.

또한 KBS이사회는 KBS 사장 선임과 관련해서 2018년 2월 투명한 선임 절차 및 공정성을 바탕으로 국민의 신뢰도를 제고하기 위하여, 처음으로 일반시민의 참여와 의견수렴을 통한 KBS 사장 선임 정책발표회를 도입했다. 전국의 만 19세 이상 성인을 대상으로 2월에 열린 사장후보자 정책발표회(잔여임기 사장선출)에는 142명의 시민자문단이 참여하였으며 24대 KBS사장후보자 정책발표회에는 170명의 시민자문단이 참석하여 3인 후보자를 대상으로 주요 정책과 공약에 대한 시민자문단의 숙의와 평가를 거쳐 24대 KBS 사장 후보자를 추천했다. KBS 사장 선임 과정에 최초로 도입된 시민참여와 숙의절차는 그동안 KBS 사장 선임 과정을 두고 공정성과 투명성 논란을 해소하는 데 크게 기여하는 것으로 평가받고 있다.

이처럼 공론화는 정책(사업), 재정운용, 공공기관장 선임 등에 널리 활용될 수 있으며, 이슈 특성을 반영한 차별화된 방법론이 지속적으로 모색되어야 할 것이다.

강지선(2019). "공론화 연구의 경향 분석: 신고리 5·6호기 공론화 사례연구
　　의 경향과 연구과제를 중심으로,"『정부학연구』25(1): 165 – 207.

광주도시철도2호선공론화위원회(2019).『소통 & 경청, 기록은 미래다』, 광주
　　도시철도 2호선 공론화 백서.

국민대통합위원회(2014a).『2014 국민대토론회: '국민대통합을 위한 미래가치'
　　대한민국, 국민에게 길을 묻다』.

국민대통합위원회(2014b).『2014 국민대토론회 종합백서』.

국립서울병원 관련 갈등조정위원회(2010) 1 – 31차 회의록.

교육부(2018).『대학입시제도 국가교육회의 이송안』.

교육부(2018),『학생부 신뢰도 제고방안마련관련 현장전문가·일반시민 1차
　　토론회자료집』.

국토교통부(2018).『제5차 국토종합계획수립 2020 – 2040 1차 국민참여단
　　회의자료집』.

국토교통부(2018).『제5차 국토종합계획수립 2020 – 2040 국민참여단 2차
　　회의 보고서』.

국토교통부(2019). 제5차 국토종합계획 2020 – 2040 홈페이지(http://cntp.kr).

권숙도(2016). "국민대토론회를 통해 본 숙의민주주의의 발전 가능성,"『사
　　회과학연구』42(3): 355 – 377.

기재부(2018).『2018국민참여예산 운영보고서』.

기재부(2019). 국민참여예산 홈페이지(www.mybudget.go.kr).

김광구·이선우(2011), "조정기제를 이용한 갈등해소", 한국지방자치학회보
　　제23권 제1호.

김대영(2005).『공론화와 정치평론 – 닫힌 사회에서 광장으로』서울: 책세상.

김원용(2003). "공적이슈에 대한 효과적 국민의사 수렴수단으로서 공론조사
　　(deliberative poll)에 대한 연구,"『사회과학연구논총』11: 209 – 232.

김학린·이강원(2017). "갈등해결과 공론화 활용방안: 신고리 5·6호기 공론화위원회의경험과 성찰을 중심으로," 『한국갈등학회 공론화 기획세미나 발표자료』.

김학린·전형준(2018). "국책사업갈등에 있어 시민참여형 갈등해결프로세스 설계에 관한 탐색적 연구: 신고리 5·6호기 공론화위원회 사례를 중심으로. "『Crisisonomy』 14(7): 81－100.

대입제도개편공론화위원회(2018). 『대입제도개편 공론화 시나리오 워크숍 검증보고서』

대입제도개편공론화위원회(2018a). 『시민의 지혜! 숙의하고 대안을 찾다』, 대입제도 개편 공론화 백서.

대통령자문 지속가능발전위원회 편(2005). 『공공갈등관리의 이론과 기법』 서울: 논형.

마크로밀 엠브레인·한국사회갈등해소센터(2018), "학생부 신뢰도 제고방안 시민정책참여단 종합의견서."

박재근·장현주·은재호(2014). "'프랑스 국가공론위원회' 설립에 관한 연구 － 프랑스 공공토론위원회(CNDP)의 한국 내 도입을 위한 탐색적 연구," 『한국비교정부학보』 18(1): 229－254.

박진(2017). "사회적 수용성을 갖는 신고리 5·6호기 공론화, 어떻게 추진할 것인가? 토론문," 한국갈등학회 신고리 5·6호기 공론화방안 토론회.

박해육·김지수(2018). 『지방자치단체 정책결정방식의 민주적 혁신에 관한 연구: 숙의형 정책결정과정을 중심으로』. 한국지방행정연구원.

사용후핵연료공론화위원회(2015). 『사용후핵연료 관리방안에 대한 공론조사 결과』.

사람중심미래교통시민모임(2019). 『광주도시철도 2호선 공론화 시민모임 백서』.

서울시 갈등조정담당관(2018). 『2018 서울 균형발전 공론화 결과보고서』.

신고리 5·6호기 공론화검증위원회(2017). 『신고리 5·6호기 공론화 검증위원회 검증보고서』.

신고리 5·6호기 공론화위원회(2017a). 『숙의와 경청, 그 여정의 기록: 신고리 5·6호기 공론화 백서』.

신고리 5·6호기 공론화위원회(2017b). 『신고리 5·6호기 공론화 시민참여
　　형조사 보고서』.

염형철(2017). "신고리 5·6호기 공론화 경과와 시사점," 『한국갈등학회 공
　　론화 기획세미나 발표자료』.

윤종설(2012). 『지역갈등 해소를 위한 '지역공모제' 개선방안』. 한국행정연
　　구원.

윤종설·주용환(2014). "공공갈등 문제 해소를 위한 민주적 갈등관리의 효
　　과와 한계: 시화호 개발 사례와 호남선 고속철도 사례를 중심으로." 『지
　　방정부연구』 18(1): 565 – 593.

이선우·이강원(2010), 『국립서울병원 관련 갈등조정위원회 백서』. 경실련
　　(사)갈등해소센터.

장경석(2002). "시민배심원." 『과학기술·환경·시민참여(참여연대시민과학
　　센터 편)』. 서울: 한울

정범진(2017). "신고리 5·6호기 공론화에서 나타난 문제점," 『한국갈등학
　　회 공론화 기획세미나 발표자료』.

정정화(2018). "공론화를 통한 사회적 합의형성의 성공조건." 『한국정책과
　　학학회보』 22(1): 101 – 124.

주영효·김상철(2017). "학생부종합전형 정책분석 및 개선방안," 『한국교육
　　행정학회』 35(1): 141 – 168.

채영길(2017). "새정부의 공론화 정책과 사회통합 토론문," 『2017년 한국행
　　정행전연구원 갈등관리 학술대회 발표자료』.

채종헌(2017). 『공론화 절차 활성화를 통한 정책수용성 제고 및 사회통합
　　증진에 관한 연구』. 한국행정연구원.

채종헌·정지범(2010). 『고준위 방사성 폐기물 처리시설 정책의 공론화와
　　갈등예방에 관한 연구』. 한국행정연구원.

최병선(2006). 『정부규제론』, 법문사.

하동현·서정철(2019). "한국사회 공론화 사례의 현황분석: 전문가 조사를
　　대상으로," 『한국갈등학회 하계학술대회 발표자료』.

한국공론장네트워크(2018). "민주주주의 심화를 위한 공론장 활성화 방안 2차 공론장 집담회 토론문."

한국사회갈등해소센터(2019). 『한국인의 공공갈등의식』. www.kadr.or.kr

한국사회갈등해소센터(2015). 『안산시 4·16 세월호 참사 피해극복 대책 협의회 및 유가족. 지역주민 워크숍 최종 보고서』.

2014 국민대토론회 운영위원회(2014a), 『2014 국민대토론회 실행결과보고서』.

2014 국민대토론회 운영위원회(2014b), 『2014 국민대토론회 운영위원회 자료집』.

4·16 세월호 참사 안산시 추모사업협의회(2016), 1-16차 회의록.

Fishkin, J. S. 2009. *When the People Speak: Deliberative Democracy and Public Consultation.* New York, NY: Oxford University Press.

Kim, Haklin. 2015 Kim, Haklin. 2015. "The Potentials of Public Debate and Deliberative Democracy: A Focus on the Experiance of the 2014 Korean National Public Forum." *Korean Regional Sociology.* 16(2): 95-128.

Public Engagement Commission on Spent Nuclear Fuel Management Task Force. 2008. *Suggestion Report for the Public Deliberation on Spent Nuclear Fuel.*

Renn, Ortwin, Thomas Webler, Horst Rakel, Peter Dienel & Branden Johnson. 1993. "Public Praticipation in Decision Making: A Three-Step Procedure." *Policy Sciences* 26(3): 189-214.

Wilson, James Q. 2009. American Government: Brief Edition(9th Edition).

Webler. T. 1995. "Right Discourse in Citizen Participation: An Evaluative Yardstick," in Renn. O. et al.(eds.) *Fairness and Competence in Citiizen Participation: evaluating Models for Environmental Discourse.* Dordrecht: Kluwer Academic Publishers.

찾아보기

저자 약력

이강원

약력
- KDI 국제정책대학원 공공정책 석사
- 미국 Program on Negotiation Harvard Law School 객원연구원
- 미국 Consensus Building Institute 인턴십
- (사)한국사회갈등해소센터 소장(현재)
- (사)한국갈등학회 부회장(현재)
- 경실련갈등해소센터소장 역임
- 국립서울병원이전관련 갈등조정위원회 부위원장 역임
- 신고리 원전 5 · 6호기 공론화 등 숙의 진행 등

저서
- 한국사회 공공갈등 이렇게 풀자(이선우 · 이강원 편저, 호두나무, 2013)
- 소통과 갈등관리 방법찾기(공저, 교보문고, 2014)
- 소통과 갈등관리 방법찾기(공저, 교보문고, 2015)

김학린

약력
- 서울대학교 공과대학 건축학과 졸업(공학사)
- 숭실대학교 통일정책대학원 졸업(정치학 석사)
- 뉴욕주립대학교(Binghamton) 정치학과 졸업(정치학 박사)
- 단국대학교 경영대학원 협상학과 주임교수(현재)
- (사)한국갈등학회 회장(현재)
- 중앙노동위원회 공익위원(현재)
- 환경부갈등관리심의위원회 위원(현재)
- 인천광역시 공론화위원회 부위원장(현재)
- 신고리 5 · 6호기 공론화위원회 자문위원(숙의분과) 역임
- 2022년 대입제도개편 공론화위원회 위원 역임

저서
- 갈등관리와 협상(공저, 노스보스, 2018)
- 소통과 갈등관리 방법찾기(공저, 교보문고, 2014)
- 리더의 소통전략(공역, 지식노마드, 2012)

논문
- A Study on Public Deliberation Process Design in Local Community – A Focus on the Gwangju Metro Line 2 Public Deliberation Case (단독저자, Lorean Regional Sociology, 2019)
- 국책사업갈등에 있어 시민참여형 갈등해결프로세스 설계에 관한 탐색적 연구 – 신고리 5 · 6호기 공론화위원회 사례를 중심으로(제1저자, Crisisonomy, 2018)
- 전략적 선택이론의 관점에서 본 비선호시설 입지선정과정 분석: 장성광산 변전소 공모사례를 중심으로(제1저자, 정책분석평가학회보, 2018)

한국갈등학회 공론화총서①

한국 사회 공론화 사례와 쟁점
–한국형 공론화 모델의 탐색

초판 발행	2020년 4월 1일
중판 발행	2020년 5월 25일

지은이	이강원·김학린
펴낸이	안종만·안상준

편 집	이면희
기획/마케팅	김한유
표지디자인	이미연
제 작	우인도·고철민

펴낸곳	(주) **박영사**
	서울특별시 종로구 새문안로3길 36, 1601
	등록 1959. 3. 11. 제300-1959-1호(倫)
전 화	02)733-6771
f a x	02)736-4818
e-mail	pys@pybook.co.kr
homepage	www.pybook.co.kr
ISBN	979-11-303-0926-2 93350

copyright©이강원·김학린, 2020, Printed in Korea

* 잘못된 책은 바꿔드립니다. 본서의 무단복제행위를 금합니다.
* 저자와 협의하여 인지첩부를 생략합니다.

정 가 18,000원